Walter Homolka,
Johann Hafner, Admiel Kosman,
Ercan Karakoyun (Hg.)

Muslime zwischen Tradition und Moderne

Die Gülen-Bewegung als Brücke
zwischen den Kulturen

HERDER

FREIBURG · BASEL · WIEN

Originalausgabe

© Verlag Herder GmbH, Freiburg im Breisgau 2010
Alle Rechte vorbehalten
www.herder.de

Umschlagfoto: © Gettyimages

Satz: Barbara Herrmann, Freiburg
Herstellung: fgb · freiburger graphische betriebe
www.fgb.de

Gedruckt auf umweltfreundlichem,
chlorfrei gebleichtem Papier
Printed in Germany

ISBN 978-3-451-30380-7

Inhalt

Vorwort

Eine friedliche Koexistenz von Menschen, insbesondere auch von Muslimen und Nichtmuslimen, setzt das Zueinander von Kulturen und Religionen voraus. Es kommt der Gesellschaft als Ganzer wie auch jedem Einzelnen zugute, wenn Kulturen und Religionen sich nicht nur um Konfliktvermeidung bemühen, sondern sich zusammen für ein gedeihliches Gemeinwesen einsetzen. So selbstverständlich diese Erkenntnis zu sein scheint, so oft wurde sie in der Geschichte und in der Gegenwart vernachlässigt.

Immer wieder kommt es zu Konfrontationen und Rückschlägen, nicht nur in instabilen Regionen der Welt, sondern auch hier in Deutschland. Grund genug also, die Bemühungen für ein friedliches Zusammenleben zu verstärken. Dies ist umso wichtiger, als der rasche sozioökonomische, politische und intellektuelle Wandel die Religionen auch die Muslime unter Stress setzt. Noch nie in der Geschichte war die Simultanpräsenz von Religionen so sichtbar und so eng wie in den letzten Jahrzehnten. Als Gegenreaktion treten Vorurteile und Klischees zwischen den Menschen in West und Ost im europäischen Erweiterungsprozess zunehmend hervor und drohen unüberwindbar zu werden.

Ob und wie die Religionen diese Herausforderungen meistern werden, wird sich zwangsläufig auf das Zusammenleben der Kulturen auswirken.

Eine der religiösen Stimmen, die trotz unterschiedlicher kultureller Hintergründe gemeinsam erfolgreich im Dienste der Menschen tätig sind, soll in diesem Band zu Wort kommen und wissenschaftlich betrachtet werden. Sie stammt von dem türkisch-islamischen Gelehrten Fethullah Gülen.

Von vielen wird er als Mentor einer auf moralischen Werten basierenden Bewegung gesehen, die ihre Dynamik zunächst in der Türkei, inzwischen aber auch weltweit entfalten konnte. Skeptiker werfen dieser Bewegung allerdings vor, eine unterschwellige islamistische Agenda zu vertreten. Genau diese Kontroversen wecken großes Interesse an den gesellschaftlichen und religiösen Positionen von Fethullah Gülen sowie an den Strukturen und Aktivitäten der Gülen-Bewegung in Deutschland.

Vor dem Hintergrund dieser kontroversen Debatte veranstalteten 2009 das Institut für Religionswissenschaft der Universität Potsdam sowie FID BERLIN e.V. in Zusammenarbeit mit dem Deutschen Orient Institut, dem Abraham Geiger Kolleg an der Universität Potsdam und der Evangelischen Akademie zu Berlin eine internationale Konferenz mit dem Thema „Muslime zwischen Tradition und Moderne – Die Gülen-Bewegung als Brücke zwischen den Kulturen". Ziel der Konferenz war es, die Gülen-Bewegung und ihr Wirken in einem akademischen Kontext zur Diskussion zu stellen. Nationale und internationale Experten kamen zu Wort, um ein breites internationales und interdisziplinäres Spektrum von Stimmen, Selbstreflexionen und Außenbetrachtungen zu entfalten. Der vorliegende Sammelband erschließt die interessantesten Beiträge und stellt sie zur Diskussion.

Die Herausgeber

Bekim Agai

Die Arbeit der Gülen-Bewegung in Deutschland: Akteure, Rahmenbedingungen, Motivation und Diskurse

In jüngster Zeit findet eine Entdeckung der Gülen-Bewegung in der deutschen Öffentlichkeit statt. Mancher Beobachter, der sich mit Aktivitäten beschäftigt, die aus dem Migrationskontext heraus entstanden sind, stellt die Frage, wie scheinbar ganz plötzlich diese Aktivitäten, die sich entweder auf Fethullah Gülen berufen oder aber mit ihm in Verbindung gebracht werden und nicht in die etablierten Muster von „migrantischen Aktivitäten" passen, in Deutschland entstanden sind. Dies hat zum einen mit einer auf Probleme und Defizite konzentrierten öffentlichen Debatte zu tun, die langfristige und graduelle Integrationsentwicklungen ausblendet und offensichtlich stark auf Akteure schaut, die sich explizit islamisch präsentieren. Die Gülen-Bewegung, ihr Auftreten und ihre Aktivitäten passen genau nicht in diese Muster. Sie stellt durch ihr Handeln die Dichotomien „muslimisch-traditionell" vs. „säkular-modern" in Frage und hinterlässt beim Beobachter Fragezeichen, weil sie sich den Schubladen entzieht, derer man sich nur allzu lange bedient hat. So besteht die Gefahr, dass sie, weil sie in Zeiten der Migrations- und Islam-Debatte nicht in gängige Schubladen passt, wegen partieller Aspekte der eigenen Aktivitäten und Ideen in die falsche Schublade gesteckt wird. Die Gülen-Bewegung will sich so präsentieren, dass sie sich verstanden fühlt, und gleichzeitig auch die Fragen zufriedenstellend beantworten, die sich in der deutschen Öffentlichkeit stellen.

Der folgende Beitrag wird die Arbeit der Gülen-Bewegung in Deutschland und einige wichtige Akteure vorstellen und die sie prägenden historischen und aktuellen Rahmenbedingungen, Motivation und Diskurse darlegen. Die Erkenntnisse beruhen dabei auf der Auswertung von Fethullah Gülens Schriften, Langzeitbeobachtungen und Interviews, die für diesen Beitrag geführt wurden.[1] Hierbei soll eine integrierte Perspektive vorgestellt werden, die scheinbare Paradoxa aufklärt, die das Resultat des Schubladendenkens sind. Ich möchte aufzeigen, dass die Gülen-Bewegung und ihre Aktivitäten das Resultat der zutiefst islamischen Ideen Fethullah Gülens sind und dass sie deshalb so erfolgreich sind, weil – anders als man es erwarten könnte – ihre Aktivitäten in vielen Fällen eben keinen religiösen Charakter haben. Auch möchte ich zeigen, dass die Aktivitäten in Deutschland ein Resultat der deutschen Rahmenbedingungen sind und dass sie dennoch durch Entwicklungen geprägt wurden, die in der Türkei ihren Ursprung hatten bzw. heute eine internationale Dimension haben. Es sollen dabei sowohl das eigene historische Erbe wie auch aktuelle Entwicklungen und Herausforderungen beleuchtet werden, die sich aus dem deutschen Kontext ergeben. Es muss dem jeweils lokalen Ursprung der jeweiligen Aktivitäten ebenso Rechnung getragen werden wie der Verbindung zu den Aktivitäten der Anhänger auf nationaler und globaler Ebene. Denn in genau diesen Schattierungen liegen die Erfolgsgründe der Bewegung in Deutschland, auch wenn die derzeitige Debatte um Migration und den Islam solche Differenzierungen nur allzu gerne zulasten einer Schwarz-Weiß-Sicht aufgibt.

Eine nuancierte Betrachtung zu leisten fällt dabei nicht nur dem Betrachter schwer. Auch die Selbstdarstellung reagiert auf die vorhandenen Schubladen und versucht entsprechende Bilder zu zeichnen. So werden einige Aspekte der Bewegung – als Resultat der historisch-politischen Erfahrun-

---

[1] Eine detaillierte Betrachtung einzelner Aspekte in ihrer historischen Entwicklung findet sich in: Agai, Bekim: Zwischen Netzwerk und Diskurs. Das Bildungsnetzwerk um Fethullah Gülen (geb. 1938). Die flexible Umsetzung modernen islamischen Gedankenguts. Schenefeld 2004. In dem Buch werden auch Gülens Argumentationen ausführlich anhand von Originalquellen diskutiert.

gen in der Türkei und in Deutschland – betont, andere vermieden. Insbesondere die antizipierten Vorurteile über den Islam in der Öffentlichkeit spielen dabei eine wichtige Rolle. Doch ist Fethullah Gülen eben beides, der Prediger im islamischen Gewand und mit islamischer Rhetorik, der die Grundfeste des Islams leidenschaftlich predigende und lehrende „Hocaefendi", der die muslimischen Gläubigen eindringlich dazu aufruft, sich am Leben des Propheten zu orientieren,[2] ebenso wie der Anzug tragende „Intellektuelle", der von universalen Werten ohne islamisches Vokabular spricht und in anderen Kontexten die Gemeinsamkeiten aller Religionen und die Notwendigkeit eines globalen Miteinanders betont.[3] Einer Vorstellung des „entweder oder", „islamisch oder westlich-modern" mag dies nicht passen, aber es ist der Erklärungsschlüssel für den Erfolg der Bewegung, ihren Weg in einem „sowohl als auch" gefunden zu haben. Das Kategorisierungsproblem, das durch das Hinwegsetzen über die Grenzen zwischen „islamisch" und „säkular" entsteht, haben übrigens auch muslimische Gruppen mit der Bewegung, die die Predigten und religiösen Schriften Fethullah Gülens schätzen können, aber nicht verstehen, warum die Anhänger sich nicht im Moscheebau, sondern im Bildungsbereich engagieren und sich ihre Kooperationspartner nicht aus der islamischen Organisationslandschaft, sondern aus Akteuren der Mehrheitsgesellschaft aussuchen. Um dem „sowohl als auch" gerecht zu werden, möchte ich zuerst eine ideengeschichtliche Genese von Fethullah Gülens Wirken und Aktivitäten vornehmen, um dann auch die Aktivitäten, Akteure und Diskurse in Deutschland zu betrachten sowie die derzeitigen Herausforderungen aufzuzeigen, die sich hierbei ergeben.

---

[2] So dargestellt u. a. auf den Internetseiten von www.herkul.org (22.3.2009).
[3] So dargestellt u. a. auf den Internetseiten von www.fethullahgulen.org (22.3.2009).

11

Fethullah Gülen – Ein muslimischer Prediger in der säkularen türkischen Republik

Um die Aktivitäten der Anhänger heute zu verstehen und die Frage zu beantworten, wen Fethullah Gülen zu welcher Zeit zu welchen Aktivitäten bewegt hat, muss Gülen in seiner Bedeutung als islamische Persönlichkeit in der türkischen Republik verstanden werden. Hätte er nicht seine religiösen Anhänger davon überzeugt, sich aus einer islamischen Motivation heraus für die später skizzierten Aktivitäten jenseits des klassischen religiösen Tätigkeitsfeldes zu engagieren, so hätten diese nie Gestalt angenommen. Durch sein Wirken kommt es dazu, dass seine Anhänger sich aus einer zutiefst inneren islamischen Motivation heraus für weltliche Bildung, Medien und Dialog engagieren und aus dieser heraus auch ethnische und religiöse Trennlinien überwinden. Die eigene religiöse Identität wird dabei nicht nach außen getragen, nach innen bewahrt und gepflegt, doch ist sie eben nicht Grundlage einer Abkapselung von der Gesellschaft, sondern der Öffnung in sie hinein.

Die Frage danach, was islamische Ideale in Verbindung mit der säkularen türkischen Republik in der Gesellschaft praktisch sein können, haben Gülens Leben und Wirken stark geprägt und zu Ideen geführt, die unter zahlreichen unterschiedlichen säkularen Bedingungen Anwendung finden können.[4] Fethullah Gülen, tief verwurzelt im traditionellen islamischen Milieu Anatoliens, erhielt hier eine islamische Ausbildung, die ihn später zum staatlichen Prediger befähigte.[5] 1956/1957 bekam er Kontakt zu den Anhängern Said Nursis (1876–1960),[6] dessen Ideen und Organisationsmodell

---

[4] Es ist auffällig, dass beispielsweise Aktivitäten in „islamischen" Staaten des Nahen Ostens in der Bewegung kaum eine Rolle im Vergleich zu Ländern spielen, in denen es praktisch kaum Muslime gibt (s.u. S. 17).
[5] Eine ausführliche und in die türkische Geschichte eingebundene Biographie findet sich bei: Agai (2004), S. 120–190.
[6] Zu Nursi, Gülen und ihrem Wissensideal s. ausführlich: Agai, Bekim: ‚Die Wissenschaft als Weg zu Gott? Zum Verhältnis von Offenbarung und Wis-

in wichtigen Bereichen Fethullah Gülen selbst und seine Anhänger bis heute prägen (s.u. S. 123f.). Er selbst trennte sich organisatorisch in den 1970er Jahren von dieser Gruppe und wurde das Zentrum seiner eigenen Anhängerschaft, die zunächst aus seinem direkten Schülerumfeld stammte. Aus der ersten Generation der „älteren Brüder" (*ağabeys*), die von Gülen unterrichtet und ausgeschickt wurden, um eigene Gruppen zu gründen, entwickelten sich die Keimzellen der Bewegung zuerst in der Türkei und später auch im Ausland. Sie sollte nach lokalen Umsetzungsmöglichkeiten seiner Ideen eines islamischen Engagements in der Moderne suchen. Diese können hier nur skizziert werden, doch werden sehr schnell konzeptionelle Unterschiede zu anderen bekannten Ideen von Islam in der Moderne sichtbar.

Wie Said Nursi Anfang des 20. Jahrhunderts sah und sieht auch Gülen den Islam durch die Moderne herausgefordert. Gewinnt man demnach keine neuen Antworten auf die Fragen, die sich angesichts einer sich verändernden Welt an den Islam stellen, so laufen die Muslime Gefahr, ihren individuellen Glauben (*iman*)[7] zu verlieren. Diese Gefahr besteht in säkularen wie in vermeintlich „islamischen" Staaten, denn für Nursi und Gülen geht es im *iman* nicht um das blinde Befolgen von verordneten Regeln, sondern um die innere Dimension, ohne die islamische Handlungen für sie wertlos sind. Der *iman* ist also elementar für das Heil der Muslime.

Sowohl Nursis wie auch Gülens Gesellschaftsanalyse macht drei metaphorische Feinde aus, deren Bekämpfung die Muslime sich (mit anderen Gruppen in der Gesellschaft) verschreiben müssen:

---

senschaft bei Fethullah Gülen'. In: Meyer, Lidwina (Hg.): Die unbekannte Seite des Islams. Rollen und Positionen des Sufismus. Loccum 2009 (Loccumer Protokolle 66/07), S. 43–62, und Agai (2004), S. 195–211.

[7] Im Folgenden gebe ich die islamischen Termini in der türkischen Schreibweise wieder, es sei denn sie unterscheiden sich erheblich vom arabischen Original.

1. Unwissenheit und Ignoranz (*cehalet*)
2. Armut (*zaruret*)
3. Zwietracht (*ihtilaf*).[8]

Die drei Problemfelder geben die Aktivitätsfelder der Bewegung vor. Die Unwissenheit (Problem 1) hat im islamischen Kontext zwei Bedeutungen. Zum einen bezeichnet *cehalet* die vorislamische Unkenntnis von dem einen Schöpfergott. Diese kann nach Nursi in der modernen Zeit nur abgelegt werden, wenn der Mensch neben dem Studium des klassischen religiösen Wissens auch die Unwissenheit über die materielle Welt überwindet und über das Studium der Schöpfung Sicherheit im Glauben erfährt und damit *iman* erlangt und stärkt. Das „Buch des Universums", d. h. die geschaffene Welt, wird neben dem Koran in diesem Kontext eine zweite Quelle, durch die Gott über sich selbst den Menschen Auskunft gibt.[9] Der Wissenschaft und der Bildung im modernen Sinne ist somit eine religiöse Bedeutung inhärent. Durch wirtschaftliches Engagement und Fleiß soll die Armut (Problem 2) überwunden werden. Denn materielle Not verhindert den Erwerb von Wissen und führt zu Konflikten (Problem 3). Zur Überwindung dieses Problems sollen Gemeinsamkeiten gesucht werden, die sich aus der allgemein menschlichen Erfahrung und den gemeinsamen Problemen ergeben.[10] Said Nursis Annäherung an die Christen im Kampf gegen die negativen Aspekte der Moderne antizipiert hier Gülens spätere Aktivitäten, die seit den 1990er Jahren

---

[8] Diese Einteilung als Grundlage einer Problemanalyse wurde auch in zahlreichen Gesprächen mit Akteuren aus dem Bildungs-, Medien- und Dialogbereich in Deutschland immer wieder vorgebracht.

[9] Diese Verbindung wird dann auf privater Ebene durch Lesekreise im sogenannten *ders* geleistet, in dem man lernt, wie das „Buch des Universums", d. h. die physische Realität/Schöpfung, zu lesen ist. Agai (2004), S. 202–205, 211.

[10] Agai (2004), S. 65f., 198.

Gestalt annahmen.[11] Die Umsetzung dieser Lösungsansätze, den aus religiöser Motivation geleisteten Dienst am Menschen, bezeichnen beide als *hizmet*. Nur durch die Lösung dieser Probleme, d. h. die Arbeit in der Gesellschaft, kann vermieden werden, dass sich die Muslime vom Glauben abwenden und in anderen Religionen oder in Ideologien die Lösung suchen, aber auch, dass Muslime von anderen negativ betrachtet werden. Dem Rückzug von der Gesellschaft und der Abkapselung setzte bereits Said Nursi die Stärkung des Glaubens im Privaten und die gleichzeitige Partizipation an der Gesellschaft entgegen. Said Nursi nannte diese kontextabhängige, auf die Gesellschaft ausgerichtete ständige Transformation des Glaubens in neue Handlungsfelder *müsbet hareket*,[12] positives (d. h. produktives) Handeln.

Diese Analyse und damit auch die Lösungsansätze unterscheiden sich von denen anderer islamischer Gruppen. Nicht das System, der Imperialismus oder die unislamische Herrschaft, die durch einen Systemwechsel von oben verändert werden können, stehen hier im Fokus, sondern die Gesellschaft und ihre kritisierten Missstände sind durch das geläuterte Individuum von unten reformierbar.[13]

Fethullah Gülen fand seit den 1970er Jahren eigene Formen des *hizmet*. Hierbei setzte er von Anfang an auf parallele Strukturen, um aus der eigenen Kernanhängerschaft (der sogenannten *cemaat*) heraus in die weitere Öffentlichkeit zu wirken. Hierzu sollte die Zugehörigkeit zur eigenen

---

[11] Michel, Thomas: Gedanken zu muslimisch-christlichem Dialog und Kooperation von Bediuzzaman Said Nursi-1, Fontäne-Online, Juli-September 1999. http://www.fontaene.de/archiv/nr-5/dialog.html (22.3.2009).
[12] Dieses Konzept geht auf Said Nursi zurück. Vgl. Şahinöz, Cemil: Die Nurculuk-Bewegung. Entstehung, Organisation und Vernetzung. Istanbul 2009, S. 195–200.
[13] Agai, Bekim: ‚Fethullah Gülen and his Movement's Islamic Ethic of Education'. In: Yavuz, Hakan M. und Esposito, John (Hg.): Turkish Islam and the Secular State. New York 2004, S. 48–68, S. 50; Interview mit Süleyman Bağ, Redaktionsleiter *Zaman* Berlin, 19.1.2008.

Gruppe und ihrem spezifischen Diskurs in den Hintergrund gestellt, phasenweise auch nach außen abgestritten werden.[14] Problemfeld 1 folgend, etablierte sich innerhalb der *cemaat* ein Netzwerk zur Vermittlung religiösen Wissens, darüber hinaus sollte der säkulare Bildungsbereich die andere Seite des Wissens abdecken, das ja intern auch religiös konnotiert war. Das Personal entstammte in der Türkei oft der eigenen Anhängerschaft, musste aber nicht aus dieser kommen. Die Lehrer aus dem eigenen Umfeld verkörperten die Vorstellung Gülens von der Vereinbarkeit von Religiosität und Partizipation am „modernen" Leben durch ihr eigenes Beispiel.

Hier liegt auch der Schlüssel zum Verständnis der Finanzierung und dem starken Engagement der Beteiligten. Jede Aktivität, von der Fethullah Gülen oder sein Umfeld Menschen als „islamisch verdienstvoll" überzeugen konnte, war eine gute Tat (*sevap*), deren Unterstützung ebenfalls Gottes Wohlgefallen (s.u. S. 19) einbringen konnte.[15] So bildeten Unternehmer und Angestellte, die von ihrem Verdienst aus einer religiösen Motivation heraus spendeten, das materielle Rückgrat der Bildungsbemühungen, während für andere die Arbeit in den Einrichtungen religiös verdienstvoll sein konnte. In dieser Mischung aus Engagement für die islamische Sache mit materiellen oder immateriellen Dingen und dem gleichzeitig sehr weltlichen Nutzen der dabei entstehenden Produkte (i.e. Schulen), die ihrerseits eine religiöse Rechtfertigung erfuhren, konnte das seit jeher unter den Muslimen vorhandene Potential für „islamische Aktivitäten" (so ist ja

---

[14] Dies war ein Kernstreitpunkt mit den Nurcus, die ein solches Vorgehen für sich nicht akzeptierten. Zu den diesbezüglich unterschiedlichen Positionen aus der Sicht der damals wichtigen Nurcus s. Şahinöz (2009), S. 107–112.

[15] Diese Erweiterung des religiösen Wissensbegriffs wurde von anderen islamischen Gruppen nicht geteilt, denn nicht zuletzt konkurrierten sie um dieselben Ressourcen: Wer sein islamisches Spendengeld für eine Schule spendete, konnte es weder im Moscheebau noch in der Unterstützung des politischen Islam einsetzen.

das Spenden für wohltätige Aktivitäten eine der fünf Säulen des Islams) u. a. in den Bildungsbereich gelenkt werden.

In den 1980er Jahren wurden die Aktivitäten in der Türkei ausgebaut, seit den 1990er Jahren globalisiert. Die Resultate der geleisteten Arbeit waren dabei Ausgangspunkte für neue Formen der Arbeit. Zahlreiche Schüler der 1980er Jahre wurden die Lehrer der 1990er Jahre oder entwickelten andere Aktivitäten weiter. So entstanden hunderte Schulen (man spricht von 500–700)[16] und andere Bildungseinrichtungen in der Türkei und in der ganzen Welt, vom Balkan über den Raum der ehemaligen Sowjetunion, den kurdischen Nordirak, bis hin nach Kambodscha, Thailand und Südafrika. In den meisten Fällen gründeten sie private, staatlich anerkannte Bildungseinrichtungen ohne religiösen Fächerschwerpunkt, mit Englisch als erster Unterrichtssprache und einem Schwerpunkt auf modernem, naturwissenschaftlichem Wissen. Auch wenn sich die meisten Schulen nicht als Bestandteil der Bewegung präsentieren, so werden sie als solche in den Medien der Anhänger dargestellt und auch Sprache und Präsentation weisen oftmals eindeutig schon äußerlich auf die Zugehörigkeit hin.[17]

---

[16] Genaue Zahlen sind aufgrund der dezentralen Organisation und des unterschiedlichen rechtlichen Status der jeweiligen Einrichtungen schwer zu geben. Eine Einrichtung kann z. B. Kulturzentrum (z. B. durch Organisation von Lesungen) oder Bildungszentrum (Erteilung von Nachhilfe oder Musikunterricht) sein und sich gleichzeitig in dieser Rolle als „Dialogverein" sehen. Ein Versuch der Auflistung findet sich für das Jahr 2004 in Agai (2004), S. 14; vgl. auch Agai, Bekim: ‚The Gülen educational network in Western Europe and North America: local adaptations of a global discourse'. In: Mandaville, Peter (Hg.): Transnational Islam in the West: Identies, Networks & Movements in Public Life. (Angenommener Beitrag). Hier werden auch die Gründe für die teilweise verwirrenden Angaben über die Anzahl der Einrichtungen weiter ausgeführt.

[17] Inwiefern Deutschland eine Ausnahme darstellt, wird unten erläutert (S. 19). Medienberichte über diese Schulen werden u. a. auf den Internetseiten http://www.turkokullari.net/index.php und http://www.diyalogsitesi.com/ gesammelt. Hier lassen sich auch Videos, die durch den Fernsehsender Samanyolu der Anhänger Gülens produziert wurden, ansehen.

In der Zeit der 1980er und 1990er Jahre begann auch ein starkes Engagement in den Medien, das den eigenen Ideen eine Öffentlichkeit geben sollte. Bei der Gründung und Gestaltung spielten Personen aus dem Umfeld Gülens eine wichtige Rolle, aber auch die Tageszeitung *Zaman,* heute die größte türkische Tageszeitung mit Kommentatoren verschiedenster Hintergründe. Sie ist ein Forum, in dem eine von Gülen propagierte Medienkultur Gestalt annahm. Zahlreiche weitere Medienprodukte folgten.[18] Seit den 1990er Jahren bilden Aktivitäten für einen innergesellschaftlichen und interreligiösen Dialog in der Türkei und darüber hinaus einen weiteren Schwerpunkt der Aktivitäten der Anhänger.[19] Seit 1999 lebt Gülen in den USA, wo er sich seitdem jenseits der türkischen Tagespolitik um die Weiterentwicklung seiner religiösen Ideen und seiner Anhängerschaft sowie um die Ausbildung eines engen Kreises von Schülern kümmert. Die Globalisierung seines Denkens hat hier weiter zugenommen. Es richtet sich an eine Anhängerschaft, die sich in den letzten 30 Jahren stark verändert hat: Aus (selbst-)marginalisierten Skeptikern gegenüber ihrem Platz im modernen Staat wurden dessen Mitgestalter. Derweil haben die Bildungseinrichtungen, Medien, Dialogbemühungen und auch Wirtschaftsvereinigungen weltweit jeweils eigene Gestalt angenommen, auch wenn sich übergreifende Muster finden lassen.

Wie ist es Fethullah Gülen nun gelungen, Menschen mit einem muslimischen Hintergrund zu diesen neuen Aufgaben zu motivieren? Fethullah Gülen ist kein Begründer einer neuen Theologie. Nicht in der Infragestellung des Bekannten, sondern in der praxisorientierten Kombination verschiedener, allgemein anerkannter Elemente liegt seine Überzeu-

---

[18] Vgl. Agai (2004), S. 167–172.
[19] So traf sich Fethullah Gülen u. a. mit dem armenischen und dem griechischen Patriarchen, dem Oberrabbiner Istanbuls und 1998 mit Papst Johannes Paul II. und hob die gemeinsamen Verantwortlichkeiten für die Gestaltung der Welt hervor. Agai (2004), S. 158–162.

gungskraft. Es ist der ausgesprochen konventionelle Rahmen, der die Menschen von Neuem überzeugen kann.

Gülen predigt für seine muslimischen Anhänger klassisch-islamische Handlungsmaximen: Rechtleitung (türk. *irşad*), die Verbreitung des Glaubens (türk. *tebliğ*, arab. *tablīġ*), die Auswanderung mit dem Ziel, den eigenen Glauben zu stärken und den Islam weiterzutragen (türk. *hicret*), das Bemühen auf dem Weg Gottes durch die Transformation des Selbst (den großen *ğihād*) und vor allem den „Dienst für die Sache Gottes" (türk. *hizmet*, arab. *ḫidma*). In der Übertragung dieser Begriffe auf die heutige Situation und in Kombination mit den von Nursi beeinflussten Ideen ergeben sich aber sehr neue praktische Implikationen dafür, wie sie im säkularen Kontext praktisch überall und weltweit umgesetzt werden können. So bieten Bildungs-, Dialog- und Medienengagement wichtige Umsetzungsmöglichkeiten. Doch neben den Arbeitsfeldern gibt Gülen auch eine Arbeitsethik vor, die den gläubigen Menschen motiviert und zu effizientem Handeln antreibt. Das menschliche Tun des Muslims muss für Gülen insgesamt auf die Erlangung des Wohlgefallens Gottes (*Allah'in rizasi*) ausgerichtet sein, wozu die reine Beachtung von Regeln nicht ausreichend ist. Der Muslim ist zur Gestaltung der Welt angehalten, muss dabei aber gleichzeitig auf die Umstände, die Partner und ihre Ideen Rücksicht nehmen und die eigenen Anliegen so präsentieren, dass sie umsetzbar sind. Letztlich ist die Realisierung eines Bruchteils der eigenen Anliegen besser als ein gescheitertes großes Anliegen.[20] Mit reinem Glauben (*ihlas*) und reiner Absicht (*niyet*) soll der Gläubige versuchen, durch Engagement im Diesseits seiner Dienerschaft (*kulluk*) gegenüber Gott gerecht zu werden. Hierzu gehört auch, alles Mögliche zur Umset-

---

[20] Agai, Bekim: ‚Das Leben in der cemaat als religiöser Akt. Über das Ideal einer erweiterten Religionspraxis bei den Anhängern von Fethullah Gülen.' In: Simon, Udo und Schrode, Paula (Hg.): Die Sunna leben. Islamische Religionspraxis in der Diaspora zwischen Norm und Umsetzung (im Druck).

zung zu tun, sich mit anderen zu beraten (*meşrevet*) und das eigene Handeln zu rationalisieren (*fetanet*). Mit Logik und Sachverstand, Flexibilität und Offenheit sollen die jeweiligen Aktivitäten begangen werden. Letztlich erhalten Reibungsverluste, Ineffizienz oder Planungsfehler so einen aus islamischer Sicht verwerflichen Zug – die Gemeinschaft schützt davor wie auch vor religiösen Verfehlungen. Die Arbeit im weltlichen *hizmet* selbst wird zum Dienst gegenüber Gott.[21]

Handlungen müssen für Gülen immer in Bezug auf die Gesellschaft produktiv sein (*müsbet hareket*, positives Handeln). Nicht die Kritik der Defizite, sondern eigenes Handeln steht im Vordergrund, denn bei Gülen kann man lesen: „Beklage dich nicht über die Dunkelheit, zünde eine Kerze an".[22] Diese apolitische Haltung mit gesellschaftspolitischem Gehalt des *hizmet* vor allem im Ausland ermöglicht auch das Engagement in Konfliktregionen (Zentralasien, Thailand etc.) und unter den verschiedensten Bedingungen. Dies trifft vor allem auf die Bildungseinrichtungen zu, die sich politisch oder weltanschaulich nicht konkret positionieren. Dort wo es Medienaktivitäten gibt, wird natürlich über Gesellschaft und Politik kritisch und damit auch mit politischen Positionen berichtet. Diese sind aber im Vergleich zu den Bildungsaktivitäten eine zahlenmäßige Ausnahme.

Hizmet kann demnach immer geleistet werden, muss sich aber fortwährend selbst neu erfinden. Nie darf der Gläubige dabei stolz auf das Erreichte sein, sondern muss stets Reumütigkeit zeigen (*tevazu*) und sich fragen, ob das alles war, was er für Gott hat leisten können.[23] Die sufische Vervollkommnung des Selbst wird hier in gesellschaftliche

---

[21] Die folgenden Ausführungen sind ausführlich nachzulesen in: Agai (2004), S. 230–243 und Ünal, Ali, M. Fethullah Gülen. Bir Portre Denemesi. Istanbul 2002, S. 199–205. Hier finden sich auch ausführliche Verweise auf die Primärquellen.
[22] Ünal (2002), S. 202.
[23] Es ist genau dieser Aspekt der Einsicht in die eigene Fehlerhaftigkeit angesichts der Gnade Gottes im individuellen und kollektiven Sinne, die Gülen

Relevanz umgeformt. Letztlich muss der Muslim den ersten Schritt machen, proaktiv sein.[24] So kann auch verständlich werden, warum der Dialog anstatt der politischen Auseinandersetzung gesucht wird. Für Gülen sind Toleranz und Respekt wichtig zur Lösung von gemeinsamen Problemen, denn sie ermöglichen das gemeinsame Handeln. Toleranz hat aber auch eine innere Dimension, denn das Zugehen auf andere zwingt dazu, den eigenen Stolz zu beherrschen.[25] So hat *hizmet* stets eine innere und äußere Dimension. Angemerkt sei, dass sich Fethullah Gülen mit dem Begriff Toleranz stark spirituell und weniger gesellschaftsanalytisch-politisch beschäftigt. Wie auch bei anderen Begriffen, konkretisiert er in Fällen, in denen sich keine Gemeinsamkeiten finden lassen, nicht die Grenzen von Toleranz im Politischen und Gesellschaftlichen. Auch thematisiert er den teilweise vorhandenen rechtlich auftretenden Gegensatz von innerer Toleranz bei gleichzeitiger rechtlicher, d. h. politischer Ungleichstellung und vermeidet politische Stellungnahmen oder die Benennung von Verantwortlichen. Eine Bearbeitung solcher Grenzen und eine konkrete Positionierung im Politischen findet nicht durch ihn, sondern durch seine Anhänger in ihren Funktionen als Bürger, Journalisten oder Politiker statt, die seinen Ideen dann ihre (heterogenen) Interpretationen geben.

Gülens eigene Dialogbemühungen richteten sich auf Gesellschaftszweige, die vorher nicht miteinander geredet hat-

---

hervorhebt und dann in eine Quelle für Engagement transformiert. Agai (2004), S. 232. Ünal (2002), S. 205.

[24] Eyüp Beşir, Vorsitzender FID e.V., sagte in diesem Zusammenhang, wenn es darum gehe, etwas für das Zusammenleben zu tun, habe Gülen das Motto Mevlanas „Komm, wer immer du auch bist …" weiterentwickelt – man solle selbst nicht nur einladen, sondern stets den ersten Schritt machen, auf den anderen zuzugehen. Interview mit Eyüp Beşir, Vorsitzender FID e.V., Frankfurt 16.1.2009.

[25] Ein Interviewter bezeichnete die Vorurteile in den Köpfen als Götzen (d. h. man ordnet sich falschen Autoritäten unter) des *nefs*, die man überwinden müsse. (Interview mit Ejder Sabancı, Vorsitzender IKULT Köln, 20.1.2008)

ten. Hier war das Zusammenkommen und miteinander Reden erst einmal das erste Ziel, und entsprechend geht es ihm nicht darum, direkt politische Parteinahme zu üben.[26] Entsprechend findet man die Anhänger beispielsweise in Deutschland oftmals als Organisatoren des Dialogs, aber nicht auf dem Podium als Akteure, die die eigenen Ansichten im intellektuellen Streitgespräch darlegen.

Die eigene islamische Identität wird in diesem Kontext nicht durch Abschottung erhalten, sondern muss im Dialog aufgebaut werden. Dies kann auch als historische Lektion aus den politischen Erfahrungen in der Türkei, wie sie von Ali Bulaç in seiner Medina-Gesellschaft intellektualisiert und später durch die AKP aufgenommen wurde, betrachtet werden. Hiernach wird die historische „islamische" Gesellschaft als eine plurale verstanden.[27] Letztlich kann die eigene Identität sich dauerhaft bestmöglich entfalten, wenn ein pluralistischer Kontext vorhanden ist. Dies gilt national, aber erst recht international.

Aus den Ausführungen ergibt sich, dass der gottesfürchtige Mensch förmlich dazu gezwungen ist, das Diesseits kontinuierlich zu gestalten, auf andere zuzugehen und Flexibilität in der ständigen Transformation des *hizmet* zu zeigen. Dies ist dabei kein Kompromiss, sondern eine Notwendigkeit. Nur so, beispielsweise wenn die Akteure ihre eigene religiöse Überzeugung in den Hintergrund stellen, sind die Aktivitäten möglich.

Da Fethullah Gülen eher allgemeine Handlungsempfehlungen gibt, bedarf die Umsetzung seiner Ideen auf gesellschaftlicher Ebene einer beständigen Übersetzung in konkretes Handeln und Aktivität durch die Anhänger. Diese findet im religiös motivierten Kernbereich der Bewegung, der *cemaat*,

---

[26] So z. B. in den Abant-Versammlungen in der Türkei.
[27] Zu diesem Aspekt der Transformation islamischen Denkens s. die ausgezeichnete Studie: Tezcan, Levent: Religiöse Strategien der »machbaren« Gesellschaft. Verwaltete Religion und islamistische Utopie in der Türkei. Bielefeld 2003.

als Interpretationsprozess in der Gruppe statt und kann so handlungsrelevant werden. Nur Menschen, deren Wissen um die islamischen Grundsätze und um die Ideen Gülens anerkannt ist und die über Anerkennung durch die Gruppe verfügen, können wiederum gläubige Menschen dazu bewegen, ihr islamisch motiviertes Engagement (persönlich oder finanziell) in Bereiche zu lenken, die bis dahin nicht als solche anerkannt waren. Wir haben es hier also nicht mit intellektuellen Individualisten, sondern mit konservativen Veränderern zu tun. Die folgenden Betrachtungen zur Quelle der Konkretisierung von Gülens Ideen, der *cemaat,* bedürfen der Differenzierungen. Denn zum einen ist der immer wieder gemachte Hinweis der Anhänger Gülens richtig, dass die jeweiligen Aktivitäten keine *cemaat*-Aktivitäten seien, da in ihnen Fethullah Gülen keine Rolle spiele, ja zahlreiche Mitwirkende nicht einmal etwas mit seinem Namen verbänden, geschweige denn Muslime seien. Gleichzeitig kommt man nicht umhin, dass diese Aktivitäten nur deshalb möglich sind, weil sie von Menschen initiiert und getragen werden, die ihre Energie aus ihrer islamischen Motivation ziehen, die durch die Lehren von Fethullah Gülen und deren Auslegungen in bestimmte Richtungen gelenkt wurden. Hierbei handelt es sich um einen sehr sensiblen Bereich, für den es bislang noch kaum eine Begrifflichkeit und Sprache für das Umfeld außerhalb der *cemaat* gibt,[28] was mit der Geschichte der Bewegung in der Türkei zu tun hat. Diese Geschichte einer über lange Zeit sehr repressiven Kultur gegenüber der Manifestation von Religion in der Öffentlichkeit und zwei Militärputsche sind ebenso in das kollektive Gedächtnis der Bewegung eingegangen wie der Prozess

---

[28] Selbst in den aktuellen Publikationen von intimen Kennern der Bewegung wird dies nicht thematisiert. So finden sich in den Schriften von Ali Bulaç und Enes Ergene zwar umfangreiche Verweise auf die *cemaat* im metaphorischen Sinne, doch nicht in ihrer beziehungsrelevanten, konkreten Ausgestaltung, was eine sehr sichtbare Lücke darstellt. Bulaç, Ali: Din-Kent ve Cemaat, Fethullah Gülen Örneği. Istanbul 2007; Ergene, Enes M.: Geleneğin modern çağa tanıklığı. Istanbul 2005.

des 28. Februars.[29] Dies bildete eine Kultur einer Repräsentation heraus, die nach außen die inneren Prozesse nicht thematisiert, Diskussionen im Inneren führt, das Reden über die eigenen Formen der Religiosität und ihre Autoritäten ins Private verlagert; ein Erbe, mit dem die Anhänger in einer Kultur der Öffentlichkeit und des Bekenntnisses wie in Deutschland neu umgehen lernen müssen, will man nicht laufend mit dem Vorwurf der Intransparenz konfrontiert werden, wie dies durch Kritiker der Bewegung immer wieder geschieht. Gelingt dies nicht, so werden konkrete Projekte mit dem Verweis auf Intransparenz verhindert.[30]

Die *cemaat*s bildeten sich in der Türkei in der Folge des Zusammenbruchs klassischer religiöser und lokaler Netzwerke im Zuge der republikanischen Reformen und der Binnenmigration. Fethullah Gülen erbte diesen Organisationstypus von der *cemaat* der Nurcus (s.o. S. 12ff.). Die *cemaat*s weisen eine inhaltliche und eine organisatorisch-netzwerkliche Komponente auf. Die religiösen Inhalte sind geprägt vom geistigen Gründer. Dieser besitzt persönliches Ansehen und Charisma. Es ist der durch den Gründer geprägte Diskurs, dessen Akzeptanz die Beziehungen in der *cemaat* konstituiert. Die *cemaat* entsteht über die Zeit hinweg als spezifischer Weg zur Erfüllung der eigenen religiösen und sozialen Anliegen mit einem Beziehungsgeflecht, das sowohl das Weitertragen der Ideen wie auch deren Realisierung sicherstellt. Ohne einen formalen Beitritt werden die Beziehungen durch gemeinsame religiöse Überzeugungen in Verbindung mit ge-

---

[29] Der 28. Februar 1997 ist als „weicher Putsch" in die Geschichte der Türkei eingegangen. Der islamisch orientierte Ministerpräsident Necmettin Erbakan wurde dazu aufgefordert, als Ministerpräsident zurückzutreten. Seit dem 28. Februar 1997 kann von einer unduldsamen Zurückdrängung des politischen, aber auch des kulturellen Islam gesprochen werden. Vgl. Salt, Jeremy: ‚Turkey's Military „Democracy"'. In: Current History, 98 (1999), S. 72–78.

[30] Vgl. für den Fall Solingen: ‚Runter mit der rosaroten Brille. Interview von Martin Oberpriller mit Lale Akgün'. Rheinische Post 11.4.2008.

meinsamem Handeln über die Zeit konstituiert.[31] Diese Beziehungen können sehr unterschiedlicher Qualität sein, lose oder sehr eng. Zahlen für die Anhängerschaft zu nennen, ist daher nicht seriös. Die Zugehörigkeit zur *cemaat* beruht auf der Anerkennung der in der *cemaat* akzeptierten Praktiken, der Autoritäten und des Diskurses der *cemaat*. Die *ağabeys* („ältere Brüder"), die im direkten Umfeld von Fethullah Gülen ihr islamisches Wissen erhalten haben, spielten eine wichtige Rolle in der Etablierung der Aktivitäten.[32] Sie fungieren als Bindeglieder von persönlichen Beziehungen, koordinieren sich, tauschen sich über die verschiedenen Ebenen aus und können den Ideen Gülens neue Gestalt geben, wobei sie sich eben auf ihre Nähe zu Gülen und/oder ihre Verdienste für *hizmet* berufen können. Die zentralen Lehrerpersönlichkeiten auf lokaler Ebene bilden dabei immer wieder Schüler (*talebe*) aus, die zu Lehrern (*ağabeys*) der nächsten Schüler werden, die wiederum die Lehre weitertragen. Wie ein Stein, der ins Wasser geworfen wurde, haben sich um Gülen Kreise von Schülern gebildet, die ihrerseits wieder Kreise von Schülern angestoßen haben etc. In der *cemaat* wird viel gereist, die Gruppen besuchen sich, aus bestehenden Gruppen wie den *ışık evleri* oder den *sohbet*-Gruppen werden neue gegründet, die Schüler werden ihrerseits zu Lehrern mit ihren Schüler, die *ağabeys* der lokalen Gruppen stehen in Kontakt zu ihren ehemaligen Lehrern, bleiben ihnen oft lebenslang verbunden etc.[33] So besteht neben der formalen Organisationsebene ein Beziehungsnetzwerk, das diese teilweise überlagert und Kommunikation ermöglicht. Auch wenn es keinen „direkten Draht" von peripheren Teilen in zentrale Teile geben mag, so kann und wird doch über die Stufen hinweg Kontakt aufgenommen und

---

[31] Bulaç, Ali: ‚Cemaatin modern karakteri'. In: *Zaman*, 16.9.2000.
[32] Agai (2004), S. 64–80.
[33] Eine Beschreibung eines solchen Beziehungsnetzwerks für die Nurcus, die mit ähnlichen Strukturen und demselben Vokabular operieren, liefert Şahinöz (2009), S. 176–186.

kommuniziert, werden Ideen und Personen ausgetauscht. Die Verbindungen können dabei von unten nach oben aufgebaut werden, d. h. Menschen aus der *cemaat* entschließen sich lokal für eine Aktivität und organisieren dann Unterstützung. Hier ist das Netzwerk individuelle Ressource. Auch sind Aktivitäten bekannt, die auf eine direkte Aufforderung von Fethullah Gülen an seine Anhänger, in diesem Bereich etwas zu tun (z. B. der Beginn der Aktivitäten in Deutschland), zurückgehen. Diese müssen dann aber von den Menschen auf lokaler Ebene getragen werden. Im globalen Kontext kann z. B. für Studenten die *cemaat* eine Ressource sein, überall wo sie sich befinden, Aktivitäten zu starten. Dies ist wichtig, um die Austauschprozesse in der Bewegung zu verstehen, die den außenstehenden Betrachter verwundern mögen, so die offensichtlichen Ähnlichkeiten von Aktivitäten in verschiedenen Ländern, die Organisation von Veranstaltungen gleichen Typus in unterschiedlichen Ländern, das Wechseln von Personen von einem Bereich der Aktivitäten in einen ganz anderen (z. B. von Bildungsaktivitäten in den Medienbereich) und die Mobilität von Personen in einem Land, aber auch über Ländergrenzen hinweg.[34] Man lernt im Umfeld der *cemaat* immer wieder Menschen kennen, die einige Jahre an einem Ort *hizmet* machten und dann Anstellungen in anderen Ländern fanden. Der Eintritt an einer lokalen Stelle im Netzwerk eröffnete ihnen die globale Dimension des *hizmet*, wie er dies für alle tut, die sich im *hizmet* in seiner weltlichen und religiösen Dimension engagieren.[35] Bisher hat sich hierfür noch

---

[34] So wird es dann auch erklärbar, warum die Türkeireise von FID e.V. und die Exkursion von Berliner Kindergärtnerinnen von TÜDESB, die in keiner organisatorischen Verbindung zueinander stehen, bei ihrem Istanbulaufenthalt dieselbe (Gülen-nahe) Fatih Universität und andere Bildungseinrichtungen besuchen. S. http://www.kita-kinderparadies.de/de/kreuzberg/aktuelles/aktuelles.htm (20.3.2009).
[35] Zur Mobilität im Netzwerk s. auch Agai (2004), S. 317–320. Eine beispielhafte Biographie, wie die des jetzigen Vorsitzenden der prominentesten Organisation der Gülen-Bewegung, der Stiftung für Schriftsteller und Jour-

keine Übersetzung der internen Sprache für eine allgemeine Öffentlichkeit etabliert. Während einige Anhänger über diesen Bereich recht offen reden, so verleugnen andere Anhänger schlichtweg diesen Bereich insgesamt, was den Vorwurf der Intransparenz einbringen kann.[36] Der Öffentlichkeit bleiben so die Prozesse, die zur Formulierung eines Islams in Deutschland führen, verborgen und so erstaunen die innovativen Aktivitäten viele Menschen, auch wenn sie sich nicht plötzlich ergaben, sondern das Resultat von jahrelangen Diskussionsprozessen innerhalb der *cemaat* sind.

In Fethullah Gülens Schriften finden sich zahlreiche metaphorische oder auch konkrete Bezüge auf die *cemaat*.[37] Wichtig ist, dass Gülen sie als wichtiges Mittel für das Individuum begreift, die eigenen positiven Absichten in Handlungen zu verwirklichen;[38] insofern gehört sie maßgeblich zu den skizzierten handlungsrelevanten Konzepten. Zusammen, in der Gemeinschaft derjenigen, die ihr Handeln auf dasselbe Ziel ausrichten, könnten Dinge erreicht werden, die alleine aussichtslos erschienen.[39] Die *cemaat* dient dem Ausüben der Religion in der skizzierten umfassenden Bedeutung. Neben dem gemeinschaftlichen Gebet erhalten religiöse Ideen in der gemeinsamen Lektüre und in der Diskussion konkrete Bedeutungen und können so umgesetzt werden. Durch anerkannte Autoritäten, die *ağabey*s, moderiert, findet Neues und

---

nalisten, die von Lehrern und *Zaman*-Vertretern über andere Journalisten und Medienmanager bis zu Schulgründern und Dialogvereinsgründern in der Türkei, England und Deutschland reicht, wird so voll und ganz plausibel. S. http:// www.gyv.org.tr/bpi.asp?caid=149&cid=2749 (20.3.2008).

[36] So mir gegenüber in zahlreichen Anfragen von Entscheidungsträgern der Kommunalpolitik und der Kirchen vorgebracht.

[37] So auch bereits in der frühesten heute noch von Gülen gedruckten Schrift: Gülen, Fethullah M.: Hitab Çiçekleri. Istanbul 2010, S. 78ff.

[38] Fethullah Gülen: Fasıldan Fasıla 1. 7. Aufl. Izmir 1997, S. 174.

[39] Aus diesem Grund argumentiert Gülen metaphorisch, in der *cemaat* gelte die Rechnung: 1+1=11, 1+1+1=111. Damit wird der Wert der individuellen Qualitäten vervielfacht. Fethullah Gülen: Fasıldan Fasıla 2. 2. Aufl. Izmir 1995, S. 90.

Lokales Anerkennung unter den Anhängern. Auf die kreative Bedeutung der *ağabey*s wurde bislang kaum eingegangen. Dies ist jedoch auch notwendig, da *hizmet* sich stets verändert, um so erfolgreich wie möglich zu sein. Die Autoritäten innerhalb der *cemaat* versichern durch ihre Anerkennung, dass das eigene Handeln islamisch ist, auch wenn es vielleicht vom weiteren Umfeld als nicht-islamisch kritisiert wird. Insofern ist es gerade dieser innere Zusammenhalt und eine gewisse Geschlossenheit nach außen, die den Gläubigen dann im nächsten Schritt die Öffnung in die Gesellschaft ermöglichen. Dies ist meiner Ansicht nach auch für den Migrationskontext entscheidend, in dem die eigenen Absichten für die Zukunft noch gebildet werden müssen. Die eigenen Aktivitäten, die ja eine Antwort auf die Frage nach dem Platz des Selbst in der Gesellschaft sind, müssen erst einmal nach innen diskutiert werden und können im nächsten Schritt nur Wirklichkeit werden, wenn sie die Ebene der *cemaat* verlassen und nun Menschen ohne islamischen Hintergrund zur Mitarbeit und Inanspruchnahme von Diensten überzeugen, d. h. in die Gesellschaft wirken. Hierzu muss nach Konsensfähigem gesucht werden. Das Ergebnis sind dann Aktivitäten, die den Initiatoren Möglichkeiten bieten, ihre religiösen, auch von Gülen beeinflussten Ideale zu verwirklichen und ihr Umfeld in diesem Sinne zu gestalten, die für andere jedoch diese religiöse Ebene nicht haben und dennoch zur Mitgestaltung einladen. Dass Muslime hierzu in der Lage sind, passt nicht in das Bild, das Teile der Öffentlichkeit von Muslimen haben, ist aber Bestandteil einer muslimischen Identität, wie sie nicht zuletzt durch die Säkularisierungserfahrungen in der Türkei geprägt wurde.

Die Aktivitäten der Anhänger von Fethullah Gülen in Deutschland

Deutschland ist in vielen Punkten eine Ausnahme im Mosaik der Aktivitäten der Gülen-Bewegung. Die Aktivitäten in den meisten Ländern begannen an Orten ohne nennenswerte Anzahl von Migranten aus der Türkei, viele Bewohner kamen das erste Mal mit „Türken" in Kontakt und die Aktivitäten hatten von Anfang an eine Zielgruppe, die keinen Bezug zur Türkei aufwies. Dies ist im globalen Engagement die Regel. Deutschland ist (wie andere westeuropäische Länder) insofern eine Ausnahme, als es zum einen durch die Migrationsgeschichte einen Türkei-stämmigen Bevölkerungsteil aufweist, der in Wechselwirkungen zu den politischen und religiösen Prozessen in der Türkei steht. Zum anderen gibt es eine Mehrheitsbevölkerung, die ihre Ideen über die Türkei und das „Türkische" entlang von realen und medialen Erfahrungen mit Migranten gewinnt und verortet.

Bei jedem Versuch, in Deutschland etwas zu etablieren, das entweder einen Bezug zu Türkischem aufweist oder aber von türkischstämmigen Migranten initiiert wird, werden von beiden Teilen bekannte Denkmuster bemüht. Auf Seiten der Türkischstämmigen wird dabei auf Erfahrungen aus der Türkei zurückgegriffen und innertürkische Debatten werden auf Deutschland übertragen; auf Seiten der Mehrheitsbevölkerung wird auf die in der Migrations- und Islam-Debatte bekannten Einordnungsschemata zurückgegriffen. Dies funktioniert sicherlich immer zu einem gewissen Grad, doch geht dabei der Blick für das Neue verloren.

Auch in Deutschland zeigt die Bewegung sich in den aus der Türkei stammenden Organisationsformen, dem nicht nach außen getragenen Teil, in dem die religiösen Ideale gepflegt, überliefert und adaptiert werden, und den darüber hinausreichenden Aktivitäten, die sich an ein breites Publikum wenden und bewusst offen gestaltet sind. Die Anhänger betreiben keine Moscheen oder Korankurse, sondern suchen nach Schnittstellen in die Mehrheitsgesellschaft oder schaffen solche. Die Aktivitäten lassen sich in die großen auch aus der Türkei bekannten drei Bereiche Medien, Dialogarbeit und Bildung unterteilen.

Medien

Wie auch in der Türkei stellt die von der World Media Group[40] in Offenbach herausgegebene Zeitung Zaman mit ihrer Berichterstattung einen wichtigen Dreh- und Angelpunkt für die Ideen und Aktivitäten in Deutschland dar. Im Umfeld der World Media Group finden sich sowohl Gülen nahestehende Medien und ihre Macher, aber auch langjährige Vertraute Gülens.[41] Die Zeitung und andere hier ansässige Medien berichten neben dem Tagesgeschehen auch über die unterschiedlichsten Aktivitäten im Bereich Bildung und Dialog. Journalistische Anfragen zu den Bildungseinrichtungen oder zu Gülen finden oftmals hier ihren Ausgangspunkt. Die Zeitung Zaman ist dabei eine gesonderte Betrachtung wert. Die Tageszeitung, die als Europaversion der derzeit größten türkischen Tageszeitung Zaman begann, wird seit 2006 von der World Media Group AG[42] herausgegeben und ist damit vom türkischen Namensinhaber unabhängig. Damit wurde besiegelt, was sich inhaltlich andeutete. Die Zeitung ist von einer türkischen Zeitung mit einem Deutschlandschwerpunkt zu einer türkischsprachigen deutschen Zeitung mit einem Schwerpunkt auf die Berichterstattung aus der Türkei geworden.

---

[40] http://www.worldmediagroup.eu
[41] Hierzu gehört insbesondere einer der ältesten und der bedeutendsten Schüler Gülens, Abdullah Aymaz.
[42] Die verschiedenen Aktivitätsbereiche lassen sich der Selbstdarstellung entnehmen: http://www.worldmediagroup.eu/world.php?media=unternehmens struktur (22.3.2009).

In einem Gespräch mit dem Leiter der Berliner Redaktion Süleyman Bağ wies dieser darauf hin, dass die Journalisten und Verantwortlichen heute mehrheitlich in Deutschland aufgewachsen seien oder seit langer Zeit hier leben würden. Die Zeitung sei in den letzten zehn Jahren journalistisch besser geworden, reicher und vielschichtiger.[43] Die „Überzeugungskäufer", die die Zeitung auf Grund ihrer Nähe zu Fethullah Gülen gekauft hätten, würden in der Proportion weniger, die Zeitung habe sich einer breiten Leserschaft geöffnet. Man spreche heute ein breiteres Publikum an als früher.[44] Gleichzeitig werden weiterhin immer wieder Auszüge aus Gülens Schriften veröffentlicht, auch wird auf deutschlandweiter Ebene über die eigenen Aktivitäten berichtet oder z. B. in der monatlichen Berliner Ausgabe von *Zaman* über die Aktivitäten in Berlin (zu diesem Aspekt der Schaffung einer eigenen Öffentlichkeit s.u. S. 49ff.). Ein Blick auf die Zeitung vor zehn Jahren und heute mache dies deutlich. Damals sei vieles aus der Türkei übernommen worden. Die Entscheidungen seien eher aus Istanbul gekommen, es habe nur wenige gut recherchierte Deutschlandberichte gegeben. Heute sei *Zaman* eine türkischsprachige Zeitung in Deutschland, die den sog. „Ghettojournalismus" hinter sich lassen möchte. Inhaltlich würden die Themen von der Mehrheitsgesellschaft und der deutschen Tagespolitik vorgegeben. Daneben versuche er selbst, sich vor allem den Themen Bildung und Integration wie auch einschlägigen Beispielen für Normalität im Zusammenleben zuzuwenden. Den Wechsel der Sprache hin zum Deutschen bezeichnete er als Frage der Finanzierbarkeit und nicht des Prinzips. Letztlich müsse sich ein entsprechendes Produkt rechnen.[45]

---

[43] Interview mit Süleyman Bağ, Redaktionsleiter *Zaman* Berlin, 19.1.2008.
[44] Ein Prozess, der maßgeblich auch in der Türkei stattfand. Sonst hätte die Zeitung nie die größte Tageszeitung der Türkei werden können. Vgl. Hermann, Rainer: Wohin geht die türkische Gesellschaft? Kulturkampf in der Türkei. München 2008, S. 169–175.
[45] Süleyman Bağ, Redaktionsleiter *Zaman* Berlin, 19.1.2008. Ein Blick auf die Hauptschlagzeilen der Internetausgabe vom 17.3.2009 macht die getätig-

Auch Mehmet Atalay, Deutschlandkoordinator von *Zaman*, betonte, dass *Zaman* Deutschland eine Zeitung für Deutschland sei. Die Leute müssten hier zurechtkommen und nicht in der Türkei. Zwischen der türkischen und deutschen *Zaman* gebe es durchaus unterschiedliche Ideen davon, wie man über welche Ereignisse informieren sollte.[46]

Ebenfalls in die Mediengruppe eingebunden ist der Fernsehsender Samanyolu TV, die Europaversion des gleichnamigen türkischen Senders.[47] Beide spielen für die Bekanntmachung der Bildungs- und Dialogaktivitäten in Deutschland eine wichtige Rolle. Auf diese Weise wird eine Öffentlichkeit für die Migranten geschaffen, die sie in ihrer gestaltenden Rolle zeigt. Migranten sind hier nicht „das Problem", sondern Akteure ganz im Sinne des *müsbet hareket*. So wird das Gefühl vermittelt, aktiv an der Gesellschaft mitzuwirken, und es werden Wege aufgezeigt, wie andere dies in einer ähnlichen Situation tun.[48] Gleichzeitig wird auch ein Wir-Gefühl unter den Anhängern geschaffen und Modelle für mögliche eigene lokale Aktivitäten werden illustriert. Hierdurch wird eine wichtige Lücke in der deutschen Medienlandschaft gefüllt.

Demnach ist die Bedeutung des Türkischen für die genannten Medien nicht zu unterschätzen, da das Türkische oftmals die Sprache der eigenen Befindlichkeiten ist, in der man sich über Migrations-Themen oder aber über Werte aus-

---

ten Aussagen deutlich: Rede der Bürgermeisterin von Wuppertal anlässlich einer Türkisch-Olympiade, Äußerungen von Innenminister Schäuble zu Integration, Neue Job-sichernde technische Entwicklungen von Ford, Computerspiele bei Kindern angesichts des Amoklaufs von Winnenden, Interview mit Münchens Bürgermeisters Christian Ude. Die Leserumfrage zur Abstimmung per Mausklick lautet: Soll Opel Staatshilfen erhalten? http://euro.zaman.com.tr/euro/ (17.3.2009).

[46] Interview mit Mehmet Atalay, Deutschlandkoordinator von *Zaman*, Frankfurt 16.1.2009.

[47] S. Selbstdarstellung: http://www.worldmediagroup.eu/world.php?media=fernsehen (20.3.2008).

[48] Süleyman Bağ, Redaktionsleiter *Zaman* Berlin, 19.1.2008.

tauscht.[49] Für die Aneignung der deutschen Umwelt, die emotionale Heimatwerdung in Deutschland und Diskussionen über religiöse Themen wird das Türkische sicherlich noch lange eine wichtige Rolle spielen.

Nicht zuletzt können über die in Deutschland produzierten Beiträge und die Experten Informationen zu den Medienpartnern in der Türkei geliefert werden, so dass in der Berichterstattung über Themen in Deutschland auch die Akteursperspektive Berücksichtigung findet. Dies kann in doppelter Hinsicht dazu beitragen, dass die Zuschauer sich selbst als produktiven Bestandteil einer Gesellschaft begreifen, denn das Image der „Deutschländer" in der Türkei selbst ist auch von negativen Stereotypen geprägt. Da die Sprache türkisch geblieben ist, können diese Entwicklungen von weiten Teilen der deutschen Öffentlichkeit nicht wahrgenommen werden.

Die deutsche Sprache steht in zwei weiteren Medien an erster Stelle: Am längsten auf Deutsch publiziert wird die Zeitschrift *Fontäne*,[50] die neben einem englischsprachigen Pendant auch in weiteren Sprachen publiziert wird.[51] In der Tradition der ersten türkischen Zeitschrift der Gülen-Bewegung *Sızıntı* (Rinnsal)[52] druckt sie Schriften von Fethullah Gülen zu islamischen Fragestellungen, publiziert moralisch reflektierende und moralisierende Artikel zu gesellschaftlichen Themen vor allem auch in Deutschland (oftmals mit Migrationsbezug) und berichtet über Historisch-Populärwissenschaftliches zu islamischen Themen, zu Gesundheit und zu Bildung. In einem islamischen Kontext werden so Ideen wie Pluralismus und Vielfalt, aber auch Fragen von Gesund-

---

[49] Das Türkische spielt auch im religiösen Diskurs der Anhänger Fethullah Gülens nach wie vor eine äußerst wichtige Rolle.

[50] http://www.fontaene.de/ (20.3.2009). Zu der Zeitschrift in der Türkei und Deutschland s. auch Agai (2004), S. 167f., 291.

[51] http://www.fountainmagazine.com/; http://www.fontaene.de/ (20.3.2009).

[52] Agai (2004), S. 150.

heit und die Wichtigkeit von Bildung in der eigenen Vergangenheit verortet bzw. im Zusammenhang mit neuen Studien diskutiert. Auch gibt es Artikel, die naturwissenschaftliches Wissen in populärer Form wiedergeben und teilweise implizit, teilweise explizit in den Zusammenhang des göttlichen Heilsplans, ganz im Sinne Said Nursis und Fethullah Gülens, stellen. So heißt es in einem aktuellen Artikel über das Lernen von der Natur: „Eine so effiziente Kontrolle und Entwicklungsfähigkeit in den Mustern der Natur kann nur einem unübertrefflichen Künstler oder Konstrukteur zugeschrieben werden. Die Details der Vollkommenheit Seiner Schöpfung verbirgt Er vor uns; es liegt an uns, sie aufzuspüren, zu erkennen und schätzen zu lernen."[53] Damit ist die Zeitschrift der Versuch, eine deutsche Sprache für den Gülen-Diskurs zu finden, der in der *cemaat* primär auf Türkisch geführt wird. Die Mischung von Naturwissenschaft, Islam und gesellschaftlichen Reflexionen mit dem ihm eigenen Vokabular und einer eigenen Bildersprache trägt ganz deutlich das Erbe der Denktradition Said Nursis und Gülens in sich und erschließt sich dem kontextfremden deutschsprachigen Leser sicherlich nicht auf den ersten Blick. Angesichts der Tatsache, dass der *ders* auf Türkisch zunehmend schwerer wird, da die Sprache nicht ausreichend beherrscht wird,[54] ist sie sicherlich innerhalb der *cemaat* ein bedeutendes Medium zur Herausbildung einer deutschen Sprache für die eigenen Ideen.

Einen gänzlich anderen Diskurs mit einer anderen Zielgruppe pflegt die Zeitschrift *Zukunft*, die in Offenbach innerhalb der World Media Group produziert wurde. *Zukunft* setzte sich zum Ziel, durch die Einbindung von Autoren unterschiedlichster Herkunft auf Deutsch über das zu reflektieren, was sie als die „globalen Herausforderungen" bezeichnete. Es hieß in ihrer Selbstdarstellung: „Besonderer Schwerpunkt des Magazins ist das Miteinander verschiedener

---

[53] http://www.fontaene.de/lernen.html (20.3.2009).
[54] Interview mit Eyüp Beşir, Vorsitzender FID e.V., Frankfurt 16.1.2009.

Kulturen und Religionen. Die *Zukunft* will verbinden, indem sie Vorurteile ab- und Respekt aufbaut, getreu dem Motto der Muttergesellschaft World Media Group AG, die Unterschiede als Reichtum und Potential einer Gesellschaft achtet und schätzt."[55] Hiermit stand sie ganz in der ideellen Tradition Gülens, einige Verantwortliche waren ferner für *Zaman* oder im Dialogbereich aktiv. Durch die Gewinnung zahlreicher unterschiedlicher Autoren aus dem universitären Bereich wurde versucht, einen intellektuellen Beitrag zu Zeitfragen zu bieten. Hierbei wurden unterschiedliche politische Positionen der Autoren deutlich, die die Türkei ebenso kritisch betrachteten wie aktuelle Entwicklungen in Deutschland. Hier wurden Debatten zum muslimisch-christlichen Verhältnis, zu medialen Realitäten und Integrationsfragen geführt, die einen ausführlichen Darstellungsraum bekamen. Die Zeitschrift war ein neuer Versuch, durch eine globale Perspektive einen Blick auf die lokalen Probleme in Deutschland zu werfen und hierdurch letztlich ein Deutschland der Vielfalt zu fördern, in dem die jeweiligen Eigenarten auch einen Platz haben.[56] Selten wurde in diesem Zusammenhang auf Fethullah Gülen Bezug genommen.[57] Durch die Nähe zu *Zaman* konnten hier auch Beiträge von Journalisten Berücksichtigung finden, die Deutschland lange kennen, aber aufgrund ihrer Sprachkompetenz ihre Expertise bislang nicht in deutschsprachige Medien einbrachten. So lieferte die Zeitschrift auch denjenigen, die kein Türkisch können, einen Einblick in Diskussionen in einem türkischsprachigen Bereich in Deutschland. Dass die Zeitschrift jüngst eingestellt wurde, zeigt allerdings die Schwierigkeiten, unter den Türkischstämmigen oder innerhalb der Mehrheitsgesellschaft ein Publikum zu finden. Während die *Fontäne* ganz deutlich zeigt, wo die Bewegung

---

[55] http://z-zukunft.eu/?2009-03,selfdefinition (20.3.2009).
[56] Interview mit Eyüp Beşir, Vorsitzender FID e.V., Frankfurt 16.1.2009.
[57] So im Artikel: Kardaş, Arhan: Der öffentliche Intellektuelle: http://z-zukunft.eu/?2009-03,home,207,1. (20.3.2009).

intellektuell herkommt, zeigte *Zukunft* meiner Ansicht nach, wohin sie in Zukunft will. Die adäquaten Wege hierfür werden momentan ausprobiert.

Die Präsenz im deutschen Medienbereich spiegelt in kleinem Umfang das Spektrum der medialen Aktivitäten in der Türkei, die zum einen Medien für die mit dem entsprechenden Diskurs vertraute religiöse Anhängerschaft bereitstellt und zum anderen Medien, die keine religiöse Ausrichtung haben und für den Außenstehenden nicht das Entfernteste mit den Lehren eines islamischen Predigers zu tun haben. Gleichzeitig finden diejenigen, die mit den Lehren Fethullah Gülens vertraut sind, in ihnen durchaus die von ihm inspirierten Ideen und ihre Bedeutung in den verschiedensten Lebensbereichen wieder.

Der Bildungsbereich

Die Debatte um Integration, Assimilation und Bildungsdefizite von Migranten wurde und wird auch unter den Migranten selbst seit längerem geführt. Vielleicht findet sie kein mediales Echo in der Mehrheitsgesellschaft, weil sie oftmals auf Türkisch geführt wird, vielleicht aber auch, weil sie nicht ins Bild passt. Unterschiedliche Gruppen haben jedoch schon vor den politischen Initiativen in der deutschen Politik in der Praxis Lösungen für sich gefunden; dies nicht zuletzt angesichts der riesigen Diskrepanz zwischen den Sonntagsreden deutscher Politiker, die ohnehin Bekanntes wiederholen,[58] und der konkreten Beseitigung der u. a. durch die Pisa-Studien aufgedeckten Defizite in der Partizipation der Menschen mit Migrationshintergrund am deutschen Bildungssystem. Es wird wohl niemanden geben, der sich keine bessere Partizipation von Migranten im Bildungssystem wünscht.

---

[58] http://www.bundesregierung.de/nn_56546/Content/DE/Artikel/2009/03/ 2009-03-10-schulen-als-orte-der-integration.html (20.3.2009).

Unter türkischstämmigen Migranten ist dabei Bildung ein großes Thema. In türkischen Medien und innerhalb der Verwandtschaft in der Türkei ist die Frage nach Bildung allgegenwärtig, der private Bildungsmarkt in der Türkei boomt, der staatliche Bildungsbereich ist weitgehend defizitär und gesellschaftlicher Aufstieg über Bildung ist gut möglich. Hier hat sich ein hochprofessionalisierter privater Bildungsbereich herausgebildet. In diesem Bereich spielen die Bildungsaktivitäten der Gülen-Bewegung eine bedeutende Rolle.[59] Über die Medien der Mehrheitsgesellschaft und die türkischsprachigen Medien sind soziale und wirtschaftliche Defizite, Jugendkriminalität und Bildungsmisere ein Thema. Dies ist nicht zuletzt ein Dauerthema der Zeitung *Zaman* und unter den Anhängern Gülens.[60]

Insofern fallen Initiativen aus dem Bildungsbereich, welche gesellschaftliche Integration und soziale Verankerung versprechen, unter den Migranten auf fruchtbaren Boden. Hausaufgabenhilfe bietet heute nahezu jede Moscheegemeinde an. Für den Bildungserfolg im deutschen System, der auch von Menschen der eigenen Sprache und Kultur getragen wird, für die der Migrationshintergrund Normalität und nicht zuerst ein Problem ist, setzen sich zahlreiche Vereine unterschiedlichster Orientierungen ein. Während weiterhin auf der politischen Ebene debattiert wird, sind binnen der letzten ca. zehn Jahre aus der Anhängerschaft um Fethullah Gülen ca. 150 Nachhilfezentren[61] in nahezu jeder größeren

---

[59] Agai (2004), S. 13, 268–272.

[60] Ein Artikel aus dem Jahr 1997 in der *Fontäne* zeigt, dass bereits hier alle wesentlichen Kritikpunkte am deutschen Bildungssystem in Bezug auf Bildungserfolge von Migranten genannt wurden. Mertek, Muhammet: Türkische Kinder in Deutschland, http://www.fontaene.de/archiv/nr-5/schueler.html (20.2.2009).

[61] Zum Vergleich: Das Unternehmen „Schülerhilfe" hat 750 Niederlassungen, vgl. http://nachhilfe.schuelerhilfe.de/unternehmen/index.cfm; „Studienkreis" über 1000. http://www.studienkreis.de/studienkreis-konzept.html (20.2.2009).

Stadt entstanden, ca. vierundzwanzig private Schulen wurden gegründet, auch gibt es zahlreiche Initiativen, weitere zu eröffnen.[62] Diese heben sich deutlich von anderen Initiativen ab, da Bildung hier nicht ein Nebenprodukt anderer Aktivitäten ist, sondern der primäre Zweck.

Ein Grund, warum dies bisher kaum gewürdigt wurde, ist sicherlich auch die Präsentation vor Ort, die die ideelle und teilweise personelle Verbundenheit mit der Anhängerschaft Gülens öffentlich oftmals verschweigt oder verneint. Außerdem bedeutet die Organisation auf lokaler Ebene, dass es keine Zugehörigkeit zu einer Dachorganisation gibt, die als Sprecher nach außen fungiert. Dies hat seine Gründe teilweise in den Erfahrungen aus der Türkei, teilweise liegt es an der Angst, in Deutschland in eine religiöse Schublade gesteckt zu werden, was den Zielen der Arbeit abträglich ist und diesen nicht entspricht. Doch die weitere Entwicklung wird sicherlich auch davon abhängen, wie gut es gelingt, sich so darzustellen, dass sowohl die Fragen der Öffentlichkeit nach lokaler Unabhängigkeit wie auch nach den ideellen und organisatorischen Verbindungen zu anderen Bildungseinrichtungen beantwortet werden.

Die Anfänge der Bildungsbemühungen reichen in die frühen 1990er Jahre zurück, als die deutsche Öffentlichkeit und die Migranten sich von der Illusion der „Rückkehr der Gastarbeiter" verabschiedeten. Fethullah Gülen war in den 1970er Jahren zu Vorträgen in Deutschland, doch noch in den 1980er Jahren befand er die Situation in Deutschland als zu politisiert, um hier zu größeren Aktivitäten des *hizmet* aufzurufen. Unterschiedliche Akteure im Bildungsbereich berichteten, dass es in den 1980er Jahren zwei Schüler Gülens in Deutschland gegeben habe, die seine Ideen verbreiteten. Auch die Bücher und Kassetten mit Predigten und Mitschnitten von Gesprächen mit Gülen verbreiteten sich. Er selbst

---

[62] Interview mit Eyüp Beşir, Vorsitzender FID e.V., Frankfurt 16.1.2009.

kam Anfang der 1990er Jahre erneut nach Deutschland und machte innerhalb der Anhängerschaft Aussagen, die eine Initialzündung für die Aktivitäten in Deutschland darstellten, u. a. sollten die Anhänger ihre Aktivitäten in der Errichtung von Moscheen einstellen und sich dem Bildungsbereich zuwenden. Ferner sollten sie sich als aktive Teile der deutschen Gesellschaft verstehen, Staatsbürger werden und daran arbeiten, mittelfristig von der Stellung als Arbeiter loszukommen, durch Bildung, Sachverstand und Sprachkompetenz die Anerkennung der Mehrheitsgesellschaft zu erwerben und somit etwas für die Gesellschaft zu tun, in der sie leben und in der die eigenen Kinder eine Zukunft brauchen.[63] Deutschland wurde von der Diaspora zum Land des *hizmet*.[64] *Ağabey*s aus der Türkei hatten nun die Aufgabe, die Ideen zu verbreiten, dass fortan 1. das aus islamischer Motivation gespendete Geld für Aktivitäten in Deutschland gespendet werden solle, und dass 2. islamische Aktivitäten über den engen religiösen Bereich wie dem des Moscheebaus hinausgehen sollten, wobei Bildungseinrichtungen, die den schulischen Erfolg zum Ziel haben, eine besondere Bedeutung haben. Damit verbreiteten sie auch innerhalb der Anhängerschaft die Idee, sich hier zu engagieren und Kinder nicht mehr zu einem Schulbesuch in die Türkei zu schicken, was unter türkischen Migranten nicht unüblich war. Man kann sich vorstellen, wie revolutionär diese Ideen in einem von Arbeitermigration geprägten und auf Identitätserhaltung ausgerichteten türkischen Umfeld waren. Auf den ersten Blick erscheint es umso erstaunlicher, dass in den lokalen Gruppen die *ağabey*s, Menschen mit einem traditionellen religiösen Hintergrund und ohne größere Sprachkompetenz, die in den Strukturen

---

[63] Gespräch mit Cuma Ördü, Köln 16.1.2009. Dieser war bereits in verschiedenen Ländern an der Gründung von Bildungsaktivitäten beteiligt.
[64] Zu diesem Aspekt s. Yılmaz, İhsan: Ijtihad and Tajdid by Conduct. In: Yavuz, Hakan M. und Esposito, John (Hg.): Turkish Islam and the Secular State. Syracuse NY 2003, S. 208–237, S. 234.

der türkischen Gemeinschaft und ihren Selbstverständlichkeiten verwurzelt waren, zum Motor für diese Ideen wurden. Auf den zweiten Blick erweisen sich aber genau diese Menschen als diejenigen, die die oben skizzierte Klientel erreichen konnten. Das eigene Engagement in Sachen Bildung stellte die Antwort auf den deutschen Kontext dar. In der Türkei hatte man gelernt, dass jede Form der Eigeninitiative schneller und besser funktionierte als der Versuch, konkrete Probleme über den Weg der Politik zu lösen. Die Bildung konnte intern als islamische Aufgabe dargestellt werden, wurde doch das religiöse Wissen nur durch diese komplettiert. Religiöses Wissen konnte in Moscheen oder in den häuslichen Lesegruppen erlangt werden. Gleichzeitig konnten aber durch die Ausrichtung an deutschem Schulwissen – und nur so ist der Erfolg der Bildungseinrichtungen erklärbar – ganz andere Personenkreise angesprochen werden. Sowohl Kritiker von Gülen aus dem religiösen Bereich wie auch Menschen, die keiner religiösen Richtung angehörten, hatten nichts gegen den Ausblick auf bessere Schulnoten. Immer wieder machten islamisch motivierte Menschen aus allen Teilen des Netzwerks die Aussage, dass mit einem höheren Bildungsstand, eigener Urteilsfähigkeit und Integration in den Arbeitsmarkt die Anfälligkeit für schlechtes Verhalten abnehme. Dies mag für den Lehrer mit religiöser Motivation eine islamische Errungenschaft sein, für den anderen Lehrer mag es sich in einen wie auch immer definierten Humanismus einfügen – die konkrete Zielsetzung bleibt die gleiche. Unter Aspekten des Identitätserhalts wird auch intern argumentiert, dass derjenige, der in Zukunft eine türkisch-islamische Kultur leben könne, die sich in Deutschland einfügt, sicherlich weit eher der erfolgreiche Akademiker als der marginalisierte Schulabbrecher ist.[65] Dies fügt sich in die von Gülen formulierten Ideen ein.

---

[65] Dies wurde bereits bei meinen ersten Recherchen zum Thema 2001 betont. S. Agai (2004), S. 295–298.

Kurz vor Fertigstellung des Artikels habe ich Bildungseinrichtungen des Bildungsinstituts TÜDESB e.V. in Berlin und des TDAB in Köln besucht. Eindrücke von den verschiedenen Bildungsaktivitäten finden sich in verschiedenen Medien.[66] Die im Folgenden geschilderten Erfahrungen spiegeln mein Interesse wider, die Entwicklung in einem größeren Kontext zu beleuchten; ich beschränke mich auf ausgewählte Beispiele.

Der Verein TÜDESB betreibt in Berlin sechs Kindergärten, fünf Bildungszentren, ein Gymnasium, eine Realschule, eine Grundschule und zahlreiche Integrationskurse.[67] Der Verein TDAB[68] betreibt in Köln eine Schule und sechs Bildungszentren, die ihrerseits wieder Integrationskurse anbieten. Kindergärten und Schulen sind Bestandteile der deutschen Bildungslandschaft und werden entsprechend der jeweiligen Bildungsgesetzgebung der Länder staatlich bezuschusst,[69] die Integrationskurse sind zertifiziert. Die Curricula werden von den Bildungsministerien festgeschrieben und können in Absprache ergänzt werden, es besteht an beiden Schulen die Möglichkeit, auch Türkisch zu lernen. Eine ähnliche staatliche Anerkennungsprozedur für Nachhilfekurse gibt es in Deutschland nicht. Das Grundprogramm der Kurse besteht aus Hausaufgabenbetreuung und Unterricht in Deutsch, Mathematik und Englisch. Darüber hinaus gibt es teilweise spezielle Abiturvorbereitungskurse (in Köln auch eine kleine Gruppe für eine Universitätsaufnahmeprü-

---

[66] In überregionalen Medien z. B.: Gerlach, Julia: Die Traumschule. Deutsch-türkische Bildungsbürger gründen Privatgymnasien und Internate für ihre Kinder. In: DIE ZEIT, 09.08.2007, Nr. 33; Wrangel, Cornelia von: Die türkischen Bildungsbürger, Frankfurter Allgemeine Sonntagszeitung, 19.2.2008; Topçu, Canan: Bildungsnetzwerk. Schulen statt Moscheen. Frankfurter Rundschau, 25.03.2009.
[67] Informationen zum Trägerverein und Aktivitäten http://www.tuedesb.de/
[68] Informationen zum Trägerverein und Aktivitäten des „Türkisch-Deutschen Akademischen Bundes e.V." s. http://www.tdab.de/ (20.3.2008).
[69] In NRW bei Schulen mit deren Errichtung, in Berlin nach einer Wartezeit.

fung in der Türkei). Mit einer Mischung aus Ehrenamtlichen im Umfeld der Bildungseinrichtungen und bezahltem Personal kann zu verhältnismäßig günstigen Konditionen Nachhilfe in den Fächern Englisch, Deutsch und Mathematik angeboten werden, außerdem gibt es während der staatlich anerkannten Integrationskurse kostenlose Kinderbetreuung.[70] Im Umfeld der Bildungseinrichtungen ist es auch möglich, mit dem religiösen Teil der Bewegung in Kontakt zu treten, der unabhängig von den Bildungseinrichtungen islamisches Wissen vermittelt und auch die Ideen Fethullah Gülens weitergibt. Dies steht ganz im Sinne der Aktivitäten Gülens, der schon immer Brücken aus der *cemaat* in die Öffentlichkeit baut, die gleichzeitig einem Teil der Adressaten auch als eine indirekte Brücke in die Kernanhängerschaft dienen kann. Dieser informelle Teil der Bewegung, der ja den skizzierten Aktivitäten vorausging und diese stets begleitete, ist im Gegensatz zu den Bildungseinrichtungen nicht organisatorisch verfasst; vor allem durch persönliche Kontakte können Interessierte mehr darüber erfahren.

Auch wenn es innerhalb der Trägervereine anfangs gedauert hat, eine ausreichende Anzahl von Menschen von der Notwendigkeit dieses Engagements zu überzeugen, so stießen die ersten Aktivitäten im Bereich der Nachhilfekurse auf starke Nachfrage, und auch der Wunsch nach der Errichtung von Schulen kam hinzu.[71] Dabei stand von Anfang an eine Mischung des Kollegiums im Vordergrund. Der Berliner Kindergarten hat beispielsweise in jeder Gruppe eine türkischsprachige und eine deutschsprachige Erzieherin, wobei Deutsch als Pflichtsprache gilt. Doch können auch Türkischkenntnisse im Kontakt mit den Kindern und deren

---

[70] Zum Angebot und den Preisen der unterschiedlichen Wahlmöglichkeiten für den Nachhilfeunterricht sei auf die Selbstdarstellungen auf den Homepages der Trägervereine verwiesen.
[71] Ejder Sabancı, Vorsitzender IKULT Köln, 20.1.2008.

Eltern wichtig sein.[72] Diese Mischung setzt sich weiter fort und die Organisatoren sind sehr darum bemüht, sich nicht als „türkisch" zu präsentieren; auch hohe Funktionsträger wie Schulleiter sind deutsche Lehrer ohne irgendeinen biografischen Türkeibezug. Das größte Problem, das mehrfach geschildert wurde, ist die Frage, wie man dauerhaft über die türkische Community hinaus bekannt werden kann. Der gegenwärtige hohe Anteil an Kindern mit türkischem Migrationshintergrund soll eine temporäre Erscheinung bleiben und wird als nicht ideal (auch im Sinne der Ideen Gülens gesehen) geschildert, denn nur wenn dieser Anteil sinken würde, könne man die Ideen einer Kultur des Miteinanders dauerhaft umsetzen.[73] Die Chance, dies zu erreichen, wird von Verantwortlichen der genannten Schulen als realistisch beschrieben. Die Ziele bestehen darin, besser zu werden als andere Schulen in der Stadt (die Schulen in der Türkei und anderswo erstrebten genau dies von Anfang an), eine innovativere Pädagogik zu haben, eine gute Betreuung sicherzustellen, gute Beziehungen zur Stadt und dem Stadtteil zu pflegen und sich offen allen Anfragen zu stellen.[74] Das Betreuungsverhältnis durch ehrenamtliche Betreuer und Schüler-Lehrer-Relation ist sicherlich besser als an öffentlichen Schulen. In Köln ist es möglich, durch Spenden und die staatliche Unterstützung, ohne Schulgebühren einen Ganztagsunterricht durchzuführen.[75]

---

[72] Interview mit Metin Akçe, Vorsitzender des Vorstandes TÜDESB, Berlin 20.1.2009.

[73] So auch Cuma Ördü, Köln 16.1.2009: Er meinte, dass die Situation in Deutschland eben die Ausnahme und nicht die Regel sei und der Heterogenitätsgrad steigen müsse.

[74] Interview mit Metin Akçe, Vorsitzender des Vorstandes TÜDESB, Berlin 20.1.2009; Genç Osman Esen, Geschäftsführer TDAB, Köln, 17.1.2009.

[75] Genç Osman Esen, Geschäftsführer TDAB, Köln, 17.1.2009. Zum Konzept s. http://www.privatgymnasiumdialog.de/index.php?option=com_content&task=view&id=64&Itemid=54 (20.2.2009).

Die Schulen und andere Bildungseinrichtungen sind ein Produkt, das sich aus zahlreichen Quellen speist. Die Anhänger Gülens konnten bei den Trägervereinen wichtige Impulse geben, Ehrenamt und Expertenwissen[76] mobilisieren, aber erst durch die Einbeziehung von Menschen aus der Mehrheitsgesellschaft und Experten aus dem Bildungsbereich, die Bildungssituation, wie sie ist, und die Operationalisierung der eigenen Anliegen in den Formen, die die Mehrheitsgesellschaft bereithält, können diese realisiert werden. Erst, wenn *hizmet* in die Gesellschaft tritt, so scheint es, ist es erfolgreiches *hizmet*. Dies ist auch ein Grund dafür, warum man sich nicht gerne in der Außendarstellung auf Gülen bezieht, da dieser eben für die inhaltliche Ausgestaltung keine Rolle spielt und eine solche Einordnung Kategorisierungen mit sich bringt, die nicht angestrebt werden. Jedoch mag die Kölner Selbstdarstellung für jemanden, der mit den Schriften Gülens vertraut ist, sehr an dessen Ideen angelehnt klingen; anderen werden andere Quellen für die Aussagen einfallen, sie werden hier keinen Bezug zu Gülen erkennen.[77] Gleiches gilt für die anderen Bildungseinrichtungen der Anhänger.

Dabei sollte nicht unterschätzt werden, dass die verschiedenen Aktivitäten auch berufliche Erfüllung für diejenigen sein können, die mit bestimmten Qualifikationen nach

---

[76] Durch die Kontakte aus dem Bereich der *cemaat* finden Lehrer und erfahrene Personen, die an ähnlichen Schulen im Ausland oder in der Türkei gearbeitet haben, in Deutschland eine Stelle.

[77] Hier heißt es: „Die Herausforderung einer zeitgemäßen Gesellschaft ist nicht die Resignation gegenüber den möglichen Gefahren der Ideenvielfalt und der Weltbilder von Menschen, sondern, im Gegenteil, die Herausforderung anzunehmen und die Vielfalt als Stärke einer demokratischen Gesellschaft zu verstehen und den erarbeiteten Konsens über einen demokratisch geprägten Dialog als einen fundierten und nachhaltigen Beitrag für einen weltweiten Frieden zu sehen und zu vermitteln. Zum Dialog-Verständnis gehört das Kennenlernen, Annehmen, Tolerieren und das Akzeptieren der Person und ihrer Sichtweise bzw. Verhalten ausgedrückter Sichtweisen vorurteilslos zu respektieren." http://www.tdab.de/index.php/verein/uuns.html (20.3.2008).

Deutschland kamen, die sie ohne die Bildungseinrichtungen nicht hätten einbringen können. Als Beispiel hierfür sei Metin Akçe, der Vorsitzende des Vorstandes von TÜDESB, genannt, der 1997 nach Deutschland kam. In der Türkei war er Lehrer, in Deutschland engagierte er sich zunächst in den Nachhilfekursen des Vereins und fand schließlich bei TÜDESB seinen weiteren Tätigkeitsbereich, in den er seine Profession einbringen konnte. Er selbst sagte, und hiermit stellte er seine Ideen ganz in die Rhetorik Gülens, dass er mit seinem Hintergrund etwas für diese Gesellschaft tun könne, was die erste Generation nicht leisten konnte. Ganz im Sinne von *müsbet hareket* sagte er: „Eine Kerze kann einen Raum erleuchten". Er brachte aber auch, wie andere Menschen aus dem Dialogbereich, zum Ausdruck, dass die Aktivitäten ihn selbst verändert hätten. So habe er mit Lehrern verschiedenster Herkunft und unterschiedlichster Werthaltungen zu tun. Der Kontakt zu anderen ermögliche Schülern wie Lehrern den Abbau von Berührungsängsten.[78] *Hizmet* hilft damit denjenigen, die es aus einer religiösen Überzeugung heraus leisten, in ihrem kulturellen Umfeld Engagement zu entwickeln, welches sie im nächsten Schritt darüber hinaustragen soll.

Einen ähnlichen Hintergrund hat Adem Kara, der Leiter der Einrichtung eines Zweigs des Nachhilfeinstituts „Dialog". Er sagte, wenn es das Ziel des *hizmet* sei, die Welt ein Stück besser zu machen, dann sei seine Arbeit *hizmet*. Durch Selbstaufopferung versuche er gute Arbeit zu leisten. Zwar könne er nicht so viel bezahlen wie andere Nachhilfeinstitute, aber er versuche, durch das Arbeitsklima die Lehrer für seine Einrichtung zu gewinnen. Dieses schaffe er, indem er für die gute Sache und erst in zweiter Hinsicht für das Geld arbeite. Als privaten Erfolg bezeichnete er, dass von 25 Grundschülern, die seinen Zweig besuchten, 24 eine Empfehlung erhielten, die über der Hauptschule lag. Erzielt werden

---

[78] Metin Akçe, Vorsitzender des Vorstandes TÜDESB, Berlin 20.1.2009.

45

könnten schulische Erfolge nur durch gute Pädagogik, die den Kindern Spaß am Lernen und Selbstbewusstsein vermittle, was nur in Zusammenarbeit mit Eltern und den Lehrern der Schule möglich sei.[79]

Dies ist ein entscheidender Punkt, der mir an zahlreichen Stellen meiner Recherchen immer wieder vor Augen geführt wurde. Auch Menschen, deren Deutsch nicht perfekt ist, haben ihre Ideen von einem Zusammenleben in Deutschland, die sie in diesem Rahmen einbringen können. Fethullah Gülen hat mit seiner Idee von *hizmet* die Vorstellung vom Dienst am Menschen weiterentwickelt und Wege gezeigt, wie sich die Beteiligten in einer säkularen Umgebung Anerkennung in der Mehrheitsgesellschaft verschaffen können. Die Bildungseinrichtungen, auf den Erfolg in Deutschland ausgerichtet, bieten gleichzeitig auch Raum für freiwillige Arbeit (Renovierung, Schülerbetreuung etc.), die Anerkennung von Seiten der Mehrheitsgesellschaft zur Folge hat und zu einer Verbesserung des Selbstbildes führt. Die Leute sind stolz auf „ihre" Schule.

Dialogaktivitäten

Dialog ist ein wichtiger Terminus bei Fethullah Gülen und auch die Beteiligten der eben skizzierten Aktivitäten (Medien und Bildung) nehmen diesen immer wieder auf. Doch während bei ihnen der Dialog die anderen Aktivitäten begleitet, gibt es in Deutschland zahlreiche Vereine, die sich dem Dialog als erstem Vereinsziel verschrieben haben, wobei Dialog hier kein festgefügter Begriff ist und lokal ganz unterschiedliche Bereiche umfasst.

Für die Aktivitäten im Bereich des Dialoges steht der Verein „Forum für Interkulturellen Dialog e.V." in Deutschland

---

[79] Interview mit Adem Kara, Leiter des Dialog-, Bildungs- und Beratungszentrums Mülheim an der Ruhr, 17.1.2009.

an erster Stelle, da dessen Ehrenvorsitzender selbst Fethullah Gülen ist. Der Vereinszweck wird folgendermaßen beschrieben und reflektiert dabei Gülens Ideen sowie deren Rhetorik:

> „1. Der Verein verfolgt das Ziel, ein friedliches Zusammenleben zwischen Angehörigen von unterschiedlichen Kulturen, Religionen und Nationen zu fördern. Er sieht seine Aufgabe in der Förderung von Dialog zwischen Angehörigen verschiedener Kulturen, Religionen und Nationalitäten durch Abbau von Vorurteilen und Intoleranz. Somit setzt sich der Verein die Förderung der Erziehung, Volks- und Berufsbildung einschließlich der Studentenhilfe zum Ziel; ferner die Förderung des Bewusstseins über die Gemeinsamkeiten obgleich der Angehörigkeit an verschiedene Religionen, Kulturen und Nationalitäten durch Völkerverständigung und Förderung der internationalen Gesinnung. 2. Der Verein ist offen für alle Menschen, die die Satzungszwecke unterstützen, unabhängig von Rasse, Herkunft, Religion und Geschlecht. 3. Der Verein fördert und unterstützt die freiheitlich-demokratische Grundordnung."[80]

Dass dabei der erste Vorsitzende des Vereins der im Kontext von *Zaman* erwähnte Abdullah Aymaz war, unterstreicht die Wichtigkeit des Projekts. Ähnliche Vereine mit nationaler Bedeutung für die Ideen von Fethullah Gülen, mit ähnlichen Veranstaltungen und Zielsetzungen, finden sich auch in anderen Ländern und alle weisen in der Selbstdarstellung starke Ähnlichkeit zum Förderer der Dialogaktivitäten in der Türkei, der Stiftung für Journalisten und Schriftsteller, auf.[81] Daneben gibt es zahlreiche weitere lokale Dialogvereine in Deutschland, die formal unabhängig voneinander sind (s.u.).[82]

---

[80] http://dialog-berlin.de/Satzung/
[81] http://www.gyv.org.tr/bpi.asp?caid=158&cid=229 (20.3.2008).
[82] Ich stand für die Recherchen mit ID IZ EM, AKD IA, FID e.V. Frankfurt, FID e.V. Berlin und IKULT Köln in Kontakt.

Sicherlich ist man in Frankfurt besonders aktiv, doch in den Aktivitäten gibt es Überschneidungen, da sie sich an den lokalen Gegebenheiten, Möglichkeiten und besonderen Fähigkeiten und Interessen der Aktiven ausrichten. Diese bewegen sich im Bereich Kultur, Kunst, Gesellschaftspolitik und teilweise auch interreligiösem Austausch, je nach lokaler Ausrichtung und Zusammensetzung der Vereinsmitglieder.[83] Das Angebot an Aktivitäten reicht von Diskussionsabenden, Vorträgen, Seminaren, Sprachkursen (Englisch, Türkisch) bis zu Musikunterricht und Organisation von Auslandsreisen.[84] Einige Veranstaltungen wie z. B. die Deutschlandtour eines Rumi-Ensembles, das dann auch in anderen europäischen Ländern auftrat, oder die deutschlandweite Durchführung einer Veranstaltung anlässlich des Aschure-Festes sind übergreifende Aktivitäten, in denen sich die gegenseitige Vernetzung zeigt.

In den vom Forum für Interkulturellen Dialog e.V. organisierten Frankfurter Gesprächen[85] werden hochrangige Persönlichkeiten zu Gesprächen mit gesamtgesellschaftlichen Fragestellungen eingeladen. Ziel ist es, hier die nationalen und lokalen Repräsentanten der Mehrheitsgesellschaft für Gespräche zu gewinnen. Für die Basis der Bewegung ist dies sicherlich auch eine Frage von Repräsentanz; man ist Ausrichter des Diskurses in Deutschland, auch wenn die eigene inhaltliche Beteiligung noch sehr gering ausfällt, was auch mit dem intellektuellen Profil der Bewegung zusammenhängt. Während im akademischen Bereich Naturwissenschaftler zahlreich anzutreffen sind, sind die Geisteswissenschaftler unter denen, die sich adäquat äußern könnten,

---

[83] Religion kommt bei einigen Zentren gar nicht als eigenständiges Thema vor wie bei IKULT in Köln. Bei dem Verein INID hingegen spielt das islamische Moment eine wichtigere Rolle.
[84] Da die Aktivitäten in den letzten Jahren sehr reichhaltig waren, ist es hier unmöglich auf sie im Einzelnen einzugehen. Daher sei auf die Selbstdarstellung verwiesen. http://www.f-i-d.net/indexger.php?page=aktivitaten (20.3.2008).
[85] Ähnliche Aktivitäten werden in München, Düsseldorf, Tübingen, Köln, Dortmund und Berlin von den Dialogvereinen durchgeführt.

noch eine kleine Zahl.[86] Hierdurch und aufgrund der Tatsache, dass es für bestimmte Bereiche der Bewegung zwar eine innere Begrifflichkeit und Sprache gibt, aber keine Erfahrung im Umgang hiermit in einer weiteren Öffentlichkeit, haben sich die Anhänger noch nicht stark als Akteure in Debatten in Deutschland positionieren können. Insgesamt ist auffällig, dass sämtliche Aktivitäten sich von dem Migrantenimage lösen und die Dialogvereine allen Beteiligten das Gefühl geben, Teil einer deutschen Öffentlichkeit zu sein. Auch wird aktiv versucht, Partner ohne türkischen Hintergrund in die Vereinsarbeit einzubinden und über Veranstaltungen im Bereich Kultur und Kunst auch eigenes kulturelles Gut in die Öffentlichkeit zu tragen. Insbesondere für junge Akademiker und Schüler, die bislang nicht viel mit der deutschsprachigen Öffentlichkeit zu tun hatten, sind die Veranstaltungen Orte, an denen sie Einblicke in intellektuelle deutsche Debatten, die ihnen zugrunde liegende Öffentlichkeit und Gesprächskultur erhalten. Dadurch, dass die Veranstaltungen meist an prominenten Orten stattfinden (Theater, Museen, Stadthallen, Rathäusern etc.), sieht man sich dort selbst als Bestandteil einer deutschen Öffentlichkeit.[87] Da die Veranstaltungen auch stets von *Zaman* und Samanyolu präsentiert werden, kommt es (wie durch die Bildungsarbeit) insgesamt zu einer Veränderung der Sicht auf das Selbst.

Das Dialogverständnis ist hierbei sehr basal. Es geht um ein Zusammenkommen und tatsächlich werden hier zwar keine Debatten geführt, die man vorher nicht gehört hätte, doch bringen die Veranstaltungen Menschen zusammen, die so vorher nicht zusammengekommen sind. Ercan Karakoyun

---

[86] Im Ausbau dieses Bereichs sah Süleyman Bağ einen wichtigen Schritt für die Bewegung in der Zukunft in Deutschland. Süleyman Bağ, Redaktionsleiter *Zaman* Berlin, 19.1.2008.

[87] Meine persönliche Beobachtung ist, dass auch türkische Akademiker nicht notwendigerweise die Form und Funktionsweise der bürgerlichen Öffentlichkeit gelernt haben, insbesondere, wenn sie aus einem konservativen Kontext stammen.

(Vorsitzender FID Berlin e.V.) sagte in diesem Kontext, dass der Dialog erst einmal auch im persönlichen Zusammenkommen läge, der gemeinsame Austausch sei wichtig für die Akzeptanz des Anderen.[88] Dem wohnt die von Gülen beeinflusste Sichtweise von der Existenz menschlicher und universaler Werte inne (die natürlich auch islamische Werte sind), die man suchen müsse und die in zahlreichen Selbstdarstellungen von Gülen-nahen Organisationen betont werden. Findet man diese im Dialog, dann kann man gemeinsam handeln.

Im Sinne von *müsbet hareket* müsse man laut Eyüp Beşir Konzepte entwickeln und nach Lösungen suchen und diese ausprobieren. Das sei *hizmet*, nichts Festes, sondern der Versuch, positives Handeln in Bezug auf die Umwelt zu leisten. Die Hoffnung im Dialogbereich sei es, über die Arbeit mit Multiplikatoren das Bild zu ändern, das von den Medien verbreitet wird.[89]

Auch der Dialogbereich bietet die Gelegenheit, eigene Potentiale einzubringen, das wird beispielsweise in den Aktivitäten des Dialogvereins IKULT in Köln deutlich. Der Vorsitzende hat hier Wege gefunden, wie er sein privates Interesse an Musik und Kunst so einbringen kann, dass er es mit Menschen verschiedenster Herkunft vertiefen kann und es für ihn gleichzeitig eine Bedeutung darüber hinaus hat.[90] Für andere Akteure, auch der oben skizzierten Felder, bedeutet *hizmet* und seine Unterstützung, an einer Zivilgesellschaft teilzunehmen, die heterogen ist und auch das Selbst verändert.

Diese Veränderung des Selbst durch den Kontakt mit anderen wurde von nahezu allen betont, die sich auf Gülen

---

[88] Interview mit Ercan Karakoyun, Geschäftsführender Vorsitzender FID BERLIN e.V., 20.1.2009.

[89] Eyüp Beşir, Vorsitzender FID e.V., Frankfurt 16.1.2009.

[90] Interessant ist auch hier, dass die einzelne Person von den lokalen *ağabeys* ermutigt wurde, in diese Richtung zu arbeiten, und sie auch innerhalb der Anhängerschaft das Verständnis förderten, warum diese Arbeit unterstützenswert sei.

beriefen. Für Menschen, die oftmals einen Arbeitermigrationshintergrund durch die Eltern haben, sind reale Zusammentreffen mit christlichen Theologen, Lokalpolitikern, Repräsentanten der jüdischen Gemeinden etc. oder auf der unteren Ebene die Nachbarschaftsinitiativen eine Möglichkeit, den Anderen und das Selbst sehr praktisch zu reflektieren. Die Aktivitäten schaffen Orte für Begegnungen, die in dieser Konstellation sonst kaum stattfinden würden.

Derzeitige Herausforderungen in Deutschland

Die Gülen-Bewegung in Deutschland ist noch sehr jungen Datums und in einer konstanten Anpassung. Eine große Herausforderung ist es, sich einer Öffentlichkeit bekannt zu machen, die in einer sehr islamkritischen Zeit Muslimen den Schritt von einer islamischen Motivation und individuellen Ideen zu universellem Engagement oftmals abspricht. Die Islamisierung der Migrationsdebatte durch die Bundesregierung trägt hierzu ihren Teil bei.[91]

Die Debatten in der Öffentlichkeit sind dabei ausschließlich an Organisationen orientiert, die ihr Handeln in einen sehr engen islamischen Kontext stellen. Damit werden die Muslime, die ihre Aktivitäten nicht in diesen Kontext stellen, übersehen oder ihnen wird implizit unterstellt, dass sie den Schritt von den eigenen Vorstellungen zu einer professionellen neutralen Ausübung ihres Berufs nicht leisten können. Warum sollte in einem Säkularismus, in dem kirchlichen Trägern konfessionsübergreifende Bildung zugetraut wird, Muslimen dies abgesprochen werden?

---

[91] Siehe Agai, Bekim: ‚Vom muslimischen Migranten – Die Islamisierung der Migrationsdebatte und ihre paradoxen Folgen für die Integrationspolitik am Beispiel islamischer Bildungsakteure'. In: Deutsche Botschaft Ankara (Hg.): Islam und Europa als Thema der deutsch-türkischen Zusammenarbeit. Integration vs. Assimilation – ein transnationaler Denkversuch. (Angenommener Beitrag)

Derzeit sucht die deutsche Öffentlichkeit nach islamischen Stimmen und fragt auch bei den Anhängern Fethullah Gülens diesbezüglich nach. Will man die Nachfrage bedienen, so wird eine theologische Auseinandersetzung mit den anderen Positionen in Deutschland auch öffentlich notwendig. Fethullah Gülen umgeht mit seinem pragmatischen Konservatismus kritische Punkte, seine Anhänger müssen sich ihnen jedoch stellen, wenn sie auf dieser Ebene die Debatten über den Islam in Deutschland mitgestalten wollen. Die von anderen Gruppen aufgeworfenen Fragen nach Implikationen von islamischen Rechtsvorstellungen für die säkulare Verfassung, nach rechtsrelevanten Vorschriften des Korans oder nach Geschlechtergleichheit bedürfen, wenn sie mit anderen Muslimen und einer kritischen Öffentlichkeit diskutiert werden, einer theologischen Auseinandersetzung und der Diskussion der vorgebrachten Argumente. Die deutsche Öffentlichkeit und Akademienlandschaft sucht nach eloquenten Exegeten, hier überlassen die Anhänger Gülens allerdings bisher weitaus konservativeren Gruppen das Feld. Ein Engagement auf dieser Ebene würde allerdings eine Politisierung bedeuten und man würde als islamischer Akteur wahrgenommen, auch in den Bereichen, in denen dies gar nicht angestrebt ist, wie z. B. dem Bildungsbereich oder von einigen Dialoginitiativen, die einen kulturellen und keinen religiösen Dialog wollen. Das Auftreten der Bewegung auch als islamischer Akteur in der deutschen Debatte ist meiner Ansicht nach unwahrscheinlich, wird aber im Zuge der Suche nach Vertretern eines „Islams in Deutschland" seit der Islamisierung der Migrationsdebatte stärker an die Anhänger herangetragen werden. Eine Bewegung, die sich als Einheit in Deutschland präsentiert und organisiert, müsste mit einer Stimme in Deutschland sprechen, was gegen die eigenen gewachsenen Traditionen laufen würde. Außerdem müssten dann die eigenen Positionen, die im privaten Bereich gebildet werden, sich in die allgemeine Öffentlichkeit und ihre Regeln einordnen, was ich aus meinem Verständnis der Bewegung ebenfalls für unwahrscheinlich halte.

Nach wie vor ist der interne religiöse Diskurs dabei noch sehr türkisch geprägt. Gefragt nach den größten Herausforderungen, sagte mir ein Interviewter, dass man Fethullah Gülen und Said Nursi für den deutschen Kontext weiterentwickeln müsse.[92] Dies bedeutet, eine entsprechende Sprache, aber auch eine inhaltliche Anpassung zu finden.

Die Repräsentanz von Frauen der Bewegung in der Öffentlichkeit ist sicherlich in Deutschland ein weiteres wichtiges Thema. Sie sind in der Öffentlichkeit unterrepräsentiert, doch sind hier Entwicklung und Öffnung zu beobachten. In den Vereinen sind die Frauen zunehmend aktiver und auch sichtbarer. Dies ist auch ein Resultat der Bildungsarbeit: Junge Frauen mit guter Sprachkenntnis und beruflicher Bildung sind heute sicherlich stärker bereit in einer gemischten deutschsprachigen Öffentlichkeit zu agieren als noch ihre Mütter. Bleibt nur zu hoffen, dass dieselbe Öffentlichkeit sie auch dann als Gesprächspartnerinnen akzeptiert, wenn sie ein Kopftuch tragen. So ist eine öffentliche Dominanz der Männer in der Bewegung nicht nur den islamischen Wurzeln und Geschlechteridealen der Bewegung, sondern auch den Vorurteilen der Öffentlichkeit gegenüber kopftuchtragenden Frauen geschuldet.

Die Bewegung selbst trifft vielerorts auf ein großes Interesse in der deutschen Öffentlichkeit. Doch sind die Wege der Präsentation der eigenen Positionen und Aktivitäten auch in Bezug auf Fethullah Gülen und seine Umgebung noch in der Entwicklung; hier kommt es immer noch auf lokaler Ebene zu Fehlkommunikationen. In Deutschland müssen einige aus der Türkei ererbte Sensibilitäten überwunden werden und die Verbindungen zu den Ideen Fethullah Gülens, die religiösen und organisatorischen Aspekte der Bewegung sollten stärker – auch öffentlich – thematisiert werden. Die Migration von Akteuren aus der Türkei oder aus anderen Ländern

---

[92] Süleyman Bağ, Redaktionsleiter *Zaman* Berlin, 19.1.2008.

macht dies nicht leichter, da diese ihren eigenen Diskussionsstoff mitbringen. Diese neue Positionierung des Selbst in der Öffentlichkeit bedeutet nichts weniger, als über die Dinge öffentlich zu sprechen, die man stets nur im Privaten thematisiert hat, wie die eigene Religiosität und ihre Organisation. Dies gelingt einigen Ansprechpartnern, andere flüchten jedoch selbst dem Forscher gegenüber, der die Bewegung seit zehn Jahren kennt, in ihnen bekannte Muster der Negation. Dies kann nicht dauerhaft funktionieren, will die Bewegung weiten Bedeutungszuwachs im Bildungs- und Dialogbereich und in der Debatte über den Islam in Deutschland gewinnen.

Die skizzierten Aktivitätsfelder öffnen allesamt den dort Engagierten auf die eine oder andere Art Wege in die deutsche Öffentlichkeit. Die große Herausforderung vor allem für den Bildungsbereich ist das selbstgesteckte Ziel, das Leben in Vielfalt zu bejahen und mehr Menschen ohne Migrationshintergrund mit einzubinden, was insbesondere an den Schulen erst in Ansätzen gelingt und von den Verantwortlichen als derzeit größte Herausforderung betrachtet wird.[93]

Fazit

Der vorliegende Beitrag hat gezeigt, wie Fethullah Gülen mit seinem Wirken einen Impuls zu den Aktivitäten seiner Anhänger in Deutschland geleistet hat. Wichtig ist hierbei, dass es ihm um die stetig neuen gesellschaftlichen Manifestationen und Aktualisierungen ewig gültiger islamischer Prinzipien geht. Sein Verständnis von *hizmet* in jeder Form von Gesellschaft vereint dabei eine zutiefst islamische Motivation

---

[93] Dies sagte nahezu jeder, den ich zum Bildungsbereich interviewte. Genç Osman Esen wies darauf hin, dass die anderen erst die Resultate sehen wollten. Wenn diese langfristig im sehr guten Bereich lägen, dann würden auch Menschen ohne Migrationshintergrund ihre Kinder in eine „türkische" Schule geben. Genç Osman Esen, Geschäftsführer TDAB, Köln, 17.1.2009.

mit einer Ausgestaltung, die das islamische Moment nicht direkt nach außen trägt und nach Gemeinsamkeiten mit anderen sucht. Sein Verdienst war und ist es, Muslime zur Mitgestaltung der Moderne zu bewegen und ihnen den Weg hin zu anderen Menschen zu öffnen, ihnen eine Ethik des gemeinsamen Engagements zu vermitteln. Seine Vorstellungen von islamischen Aktivitäten fragen stets nach dem Machbaren und vor Ort Notwendigen und geben Menschen, die ihr Leben islamisch gestalten wollen, Möglichkeiten, dies aktiv in der säkularen Gesellschaft zu tun. Gülen hält hierfür individuelle Verfahrensweisen und Organisationsideale bereit, die eine erfolgreiche Arbeit begünstigen. Die Idee des *müsbet hareket* öffnet seine Anhängerschaft in der Türkei auf die säkulare Mehrheitsgesellschaft hin, die so auch geprägt werden kann. Für Deutschland wurde gezeigt, dass hier die Bereiche Bildung, Medien und Dialog eine eigene Entwicklung genommen haben.

Das Engagement in Deutschland zeigt, wie seine Ideen über die Türkei hinaus Menschen dazu ermutigen, die Bildungsprobleme ihrer Kinder selbst in die Hand zu nehmen und sich auch durch andere Aktivitäten, vor allem den Dialogbereich, in die Gesellschaft einzubringen. Es ist dabei interessant, dass dies durch die Kombination von verschiedenen konventionellen und konservativen Argumenten in der religiösen Kernanhängerschaft, der *cemaat*, erreicht wurde und nicht durch einen neu geschaffenen Islam. Die Menschen finden sich im islamischen Argumentationsrahmen Gülens wieder, sowohl in seinen religiös-islamischen Schriften als auch in denen, die sich eines universaleren Rahmens bedienen. Die Zukunft wird zeigen, wie sich die Ideen auch außerhalb der eigenen *cemaat* verbreiten und welche Formen sie langfristig im Islam in Deutschland, aber auch in der deutschen Zivilgesellschaft einnehmen werden.

Ercan Karakoyun

Transnationaler Lokalpatriotismus: Der Beitrag der Gülen-Bewegung zur Integration von Muslimen in Deutschland

Einleitung

Die Anschläge in New York, London und Madrid, der Mord an dem niederländischen Filmemacher Theo van Gogh und die gewalttätigen antiwestlichen Proteste gegen die Karikaturen des Propheten Mohammed in islamischen Ländern haben in vielen europäischen Ländern kontroverse und intensive Diskussionen über Ziele und Wege der Integrationspolitik hervorgerufen. Die heftigen Krawalle in den französischen Banlieues Ende 2005 haben auch hierzulande zu einer breiten öffentlichen Debatte über Defizite der Integration junger Migranten, insbesondere junger Muslime geführt. Auch wenn man derzeit davon ausgeht, dass es hierzulande weder ghettoähnliche Zustände noch eine Grundstimmung der Hoffnungslosigkeit bei jungen Migranten gibt, deutet vieles darauf, dass die Gruppe jener, die nichts zu verlieren haben, auch in Deutschland größer wird. Hier besteht Handlungsbedarf.

In Europa lebende Muslime werden in diesem Kontext vor allem als Sicherheitsrisiko angesehen. Ehrenmorde, Parallelgesellschaften und Zwangsheiraten werden fälschlicherweise mit dem Islam gleichgesetzt und stereotype Auffassungen einer mit europäischen Wertvorstellungen angeblich kaum verträglichen Religion drohen sich zu festigen. Gleichzeitig wächst die Einsicht, dass die Bemühungen zur Integration junger Muslime in europäischen Gesellschaften und auch in Deutschland intensiviert werden müssen.

Erfahrungen von Vernachlässigung und Gewalt in den Familien und im öffentlichen Raum, defizitäre Bildungs-

und Ausbildungserfolge, eine hohe Jugendarbeitslosigkeit, ungenügende Zukunftsperspektiven und soziale Ausgrenzung, die Konzentration von Migranten in benachteiligten Stadtvierteln, aber auch die zunehmende Globalisierung der Konflikte im Nahen und Mittleren Osten erhöhen das Risiko, dass sich insbesondere marginalisierte Jugendliche muslimischer Herkunft von fundamentalistischen Strömungen und Organisationen beeinflussen lassen.

Die Integration von jugendlichen Muslimen darf aus diesem Grund nicht vernachlässigt werden, wozu Einrichtungen, die von Nahestehenden der Gülen-Bewegung gegründet wurden, einen wichtigen Beitrag leisten. Auch die Ideen und Lehren Fethullah Gülens können diesbezüglich von großem Nutzen sein. Der vorliegende Aufsatz thematisiert daher die Bedeutung der Gülen-Bewegung sowie der Gedanken Fethullah Gülens für die Integration von Muslimen und speziell jungen Muslimen in Deutschland.

Im ersten Abschnitt des Artikels wird die Sozialstruktur junger Muslime in Deutschland beschrieben. Dabei geht es insbesondere um die Wertorientierungen und Religiosität sowie die Bildungssituation. Anschließend erfolgt eine kurze Betrachtung der Charakteristika der Bewegung und ihrer Entstehung. Anschließend erfolgt die Analyse des Beitrags der Gülen-Bewegung zur Integration.

Die Muslime in Deutschland

Hier wird zunächst die demographische Zusammensetzung der Muslime in Deutschland beschrieben. Anschließend wird die Bildungssituation der jungen Muslime betrachtet. Das Kapitel endet mit einer Analyse der Religiosität junger Muslime im Vergleich zu Jugendlichen der christlichen Mehrheitsgesellschaft.

Ercan Karakoyun

Demographie der Muslime in Deutschland

Die Zahl der in Deutschland lebenden Muslime liegt bei etwa 3,3 Millionen, das entspricht einem Bevölkerungsanteil von 4 %. Knapp die Hälfte aller Ausländer in Deutschland sind also Religionsangehörige des Islam.[1] Die größte Gruppe der Muslime bilden hierbei mit etwa 60 % Migranten aus der Türkei.[2] Ende 2005 lebten etwa 1,8 Millionen türkische Staatsangehörige und über 675.000 eingebürgerte Personen türkischer Herkunft in Deutschland. Nach Angaben des Mikrozensus 2005 weisen sogar 2,792 Millionen Personen (3,4 % der Bevölkerung) eine „türkische Herkunftskonstellation" auf.[3] Angehörige muslimischen Glaubens finden sich zudem in größerer Zahl unter den Personen aus arabischen Herkunftsländern (etwa 520.000), aus Bosnien-Herzegowina (188.000) sowie aus Iran (130.000).

Die Mehrheit der in Deutschland lebenden Muslime gehört der sunnitischen Glaubensrichtung an; in der „Antwort der Bundesregierung: Islam in Deutschland" aus dem Jahr 2000 wird die Größe dieser Bevölkerungsgruppe, die vor allem aus der sunnitisch geprägten Türkei und aus arabischen Herkunftsländern stammt, mit 2,1 bis 2,4 Millionen Personen angegeben, das Zentralinstitut Islam-Archiv (2005) schätzt ihre Zahl auf 2,6 Millionen.[4]

Alle diese Schätzungen zur Anzahl der in Deutschland lebenden Muslime stützen sich allerdings auf die Herkunft von Zuwanderern und Eingebürgerten und nicht auf ihr religiöses Bekenntnis oder ihre Glaubenspraxis. Zur genauen Anzahl

---

[1] Vgl. Homepage REMID 2008: http://remid.de/remid_info_zahlen.htm
[2] Vgl. Konsortium Bildungsberichterstattung (Hg.): Bildung in Deutschland. Ein indikatorengestützter Bericht mit einer Analyse zu Bildung und Migration. Bielefeld 2006, S. 141.
[3] Ebd.
[4] Zentralinstitut Islam-Archiv (Hg.): Frühjahrsumfrage. Neue Daten und Fakten über den Islam in Deutschland. Dokumentation. Soest-Deiringsen 2005.

der gegenwärtig in Deutschland lebenden Einwohner muslimischen Glaubens gibt es keine Angaben. Das liegt vor allem
daran, dass die deutschen Behörden Muslime nicht als gesonderte Bevölkerungsgruppe zählen und auch die Religionszugehörigkeit von Ausländern nicht systematisch erfassen.
Sie bieten somit nur allgemeine Informationen über die Anzahl der in Deutschland lebenden Menschen mit muslimischem Hintergrund.[5]

Bei den in Deutschland lebenden Personen mit muslimischem Hintergrund handelt es sich um eine recht junge Bevölkerungsgruppe, so dass der Anteil der Muslime bei den
jüngeren Altersgruppen deutlich über ihrem Anteil an der
Gesamtbevölkerung liegt. Während bei der ausländischen
Bevölkerung der Anteil der unter 30-jährigen bei 42,1 %
liegt, beläuft er sich bei der deutschen Bevölkerung auf
31,1 %. Das hängt mit zwei Aspekten zusammen: Zum einen
entschließen sich in der Regel jüngere Menschen zur Migration und zum anderen liegt die Anzahl der Kinder in ausländischen Familien deutlich höher als in deutschen.[6]

Zusammenfassend kann festgehalten werden, dass die in
Deutschland lebenden Menschen mit muslimischem Hintergrund eine relativ junge und rasch wachsende Bevölkerungsgruppe bilden, die in den unteren Altersgruppen bis zu zehn
Prozent der Bevölkerung stellt. Die Entwicklung des Islam in
Deutschland ist zwar historisch vor allem mit der Zuwanderung von ausländischen Arbeitskräften und Flüchtlingen
verknüpft, aber die Reformen des Staatsangehörigkeitsrechts
haben bewirkt, dass sich die Zahl der Deutschen mit muslimischem Hintergrund im letzten Jahrzehnt verfünffacht hat –
von etwa 200.000 (Ende 1995) auf über eine Million (Ende
2005). Mit den Nachkommen muslimischer Zuwanderer,

---

[5] Spielhaus, Riem: ‚Religion und Identität. Vom deutschen Versuch, „Ausländer" zu „Muslimen" zu machen'. In: Internationale Politik, März 2006,
S. 28–36.
[6] Homepage BIB: http://www.bib-demographie.de/info/altersstruktur.html

die bereits in Deutschland geboren und aufgewachsen sind, sowie der zunehmenden Einbürgerung von Menschen mit muslimischem Hintergrund wachsen die Bemühungen, ethnische, sprachliche und religiöse Differenzen zwischen den in Deutschland lebenden Muslimen und der Mehrheit der Gesellschaft zu überwinden. Hierbei spielt die Bildung eine bedeutende Rolle.

Die Bildungssituation junger Muslime in Deutschland

Viele muslimische Kinder und Jugendliche, auch wenn sie bereits in der zweiten oder dritten Generation in Deutschland leben, erfahren Schwierigkeiten bei der Integration in die Gesellschaft. Da auch muslimische Kinder der Schulpflicht unterliegen, könnte man vermuten, dass über die Bildungsinstitution Schule eine gesellschaftliche Integration geschaffen und erleichtert werden kann. Doch gerade in der Schule zeigen sich häufig Hindernisse aufgrund mangelnder Sprachkenntnisse sowie kultureller Konflikte. Seit 1990 sind Schulklassen mit Ausländeranteilen von 50 % und mehr in einigen Regionen Deutschlands nichts Ungewöhnliches mehr – mit zunehmender Tendenz, die das deutsche Bildungssystem vor neue Herausforderungen stellt. Zur Realisierung sozialer Teilhabe spielen Sprachkenntnisse als zentrale Handlungskompetenz eine besondere Rolle. Es kann für die in Deutschland geborenen Muslime angenommen werden, dass sie im Verlauf ihres Aufwachsens in Deutschland ausreichende Sprachkenntnisse erworben haben.

Die Ergebnisse einer groß angelegten Untersuchung von Migranten türkischer Herkunft bestätigen diese Annahme[7]. Diesen zufolge beurteilen 62,2 % der Jugendlichen mit türki-

---

[7] Vgl. Mehrländer, Ursula et al.: Situation der ausländischen Arbeitnehmer und ihrer Familienangehörigen in der Bundesrepublik Deutschland. Berlin 1996.

schem Pass, die im Jahr 1995 24 Jahre alt oder jünger waren, ihre Sprachkenntnisse als gut oder sehr gut. 20,5 % der Befragten beurteilen ihre Sprachkenntnisse dagegen als schlecht oder sehr schlecht.[8] Die Autoren belegen, dass 92 % der 15- bis 24-Jährigen keine Probleme beim Einkaufen in deutschen Geschäften haben und dass 87,2 % in ihrer Freizeit mit Deutschen Gespräche führen können; 73,8 % dieser Gruppe kann Deutsch schreiben.[9] Der Einschätzung der Interviewer zufolge verfügt knapp die Hälfte (46,9 %) der Befragten über gute bis perfekte Deutschkenntnisse. Für 16,3 % werden dagegen nur wenige oder gar keine Verständigungsmöglichkeiten ausgewiesen.[10] Die schulische und berufliche Ausbildung von ausländischen Jugendlichen ist im Durchschnitt geringer qualifizierend als die von deutschen. 9,3 % aller Schüler in Deutschland sind ausländischer Herkunft. Von diesen hatten 43,4 % die türkische Staatsangehörigkeit, 11,8 % die eines der Nachfolgestaaten des ehemaligen Jugoslawiens und 19,5 % waren außereuropäischer Herkunft. Darunter waren die Hauptherkunftsländer Iran, Marokko, Afghanistan und der Libanon.[11] Die meisten von ihnen sind also Muslime.

Auch wenn die amtliche Statistik in Deutschland zur Bildungsbeteiligung von Migranten aufgrund der ausschließlichen Berücksichtigung der Staatsangehörigkeit nach wie vor unbefriedigend ist, da eingebürgerte Schüler mit Migrationshintergrund und junge Aussiedler nicht berücksichtigt werden, lassen sich konkrete Tendenzen aufzeigen. Demnach hat sich die schulische Situation junger Migranten in den vergangenen Jahren entscheidend verbessert, obwohl sich die

---

[8] Ebd., S. 273.
[9] Ebd., S. 285.
[10] Ebd., S. 281.
[11] Vgl. Beauftragte der Bundesregierung für Migration, Flüchtlinge und Integration (Hg.): Sechster Bericht über die Lage der Ausländerinnen und Ausländer in Deutschland. Berlin 2005, S. 34ff.

Differenzen zwischen jungen Deutschen und jungen Migranten als stabil erweisen. So erwerben immer mehr Jugendliche weiterführende Schulabschlüsse und immer mehr beenden ihre Ausbildung mit der Hochschulreife, mit der Folge, dass auch die Zahl der ausländischen Studenten angestiegen ist.

Die Daten des Sozioökonomischen Panels (SOEP) bestätigen bereits für die 1980er und 1990er Jahre die Tendenz, wonach junge Migranten, und damit auch die jungen Türken, im Laufe der Jahre verstärkt an höheren Bildungsgängen partizipieren. Demnach haben sich die Übergänge von der Grundschule auf die Hauptschule in den Jahren 1985 bis 1995 kontinuierlich zugunsten eines stärkeren Übergangs auf die Realschule verschoben. Wechselten 1985 noch 74,4 % der Migrantenkinder von der Grund- auf die Hauptschule, waren es 1995 nur noch 37,9 % – dem entspricht ein Anstieg derer, die von der Grundschule auf die Realschule wechselten: der Anteil war bis 1995 auf 34,8 % gewachsen. Die Zunahme des Wechsels auf das Gymnasium hingegen ist im zeitlichen Verlauf relativ gering: Zwar war er im Jahr 1985 mit 8,6 % am geringsten und erhöhte sich 1990 auf 16,3 %, ging aber bis 1995 wieder zurück.[12] Ungeachtet solcher langfristiger Verbesserungen gelten für die Gegenwart nach wie vor gravierende soziale Benachteiligungen in den schulischen Bildungsprozessen junger Migranten im Vergleich mit jungen Deutschen. Beispielsweise besuchten im Jahr 2005 43,8 % der Migranten die Hauptschule und nur 13,9 % das Gymnasium. Von den deutschen Schülerinnen und Schülern besuchten 2005 nur 18,6 % die Hauptschule und 32,3 % das Gymnasium.[13]

---

[12] Diefenbach, H.: ,Bildungsbeteiligung und Berufseinmündung von Kindern und Jugendlichen aus Migrantenfamilien. Eine Fortschreibung der Daten des Sozio-Ökonomischen Panels (SOEP)'. In: Sachverständigenkommission 11. Kinder- und Jugendbericht (Hg.): Migration und die europäische Integration. Herausforderungen für die Kinder- und Jugendhilfe. München 2002, S. 21ff.
[13] Vgl. Beauftragte der Bundesregierung für Migration, Flüchtlinge und Integration (Hg.): Sechster Bericht über die Lage der Ausländerinnen und Ausländer in Deutschland. Berlin 2005, S. 36.

Somit erwerben muslimische Jugendliche im Durchschnitt niedrigere Bildungsabschlüsse als deutsche. Neben kulturellen und sprachlichen Schwierigkeiten kann angenommen werden, dass die in der PISA-Studie beschriebene Beziehung zwischen schulischer Leistung der Kinder und Bildungsniveau der Eltern eine Rolle spielt, denn ausländische und auch muslimische Jugendliche stammen häufiger aus Arbeiterfamilien.[14]

Der Anteil ausländischer Studierender an deutschen Hochschulen liegt bei 12,2 %, von denen ein Großteil allerdings zu Bildungsausländern zählt (also solchen Personen, die ihre Hochschulreife im Ausland erworben haben). Der Anteil der Bildungsinländer liegt bei nur 3,3 %.

Es kann beobachtet werden, dass die Zahl jugendlicher Migranten und insbesondere auch Muslimen mit jeder Stufe des Bildungssystems abnimmt. Während an den allgemeinbildenden Schulen noch jeder Zehnte einen ausländischen Pass hat, so ist es bei den Auszubildenden nur noch jeder Sechzehnte und bei den Studierenden nur noch jeder Dreißigste.

Dennoch, so zeigen neue Ergebnisse zum Einfluss des Migrationsstatus auf die Übergangsquote in den Hochschulbereich, ist die Quote von Studenten aus Arbeiterfamilien bei jugendlichen Migranten höher als bei solchen ohne Migrationshintergrund. Zwar ist auch hier das Herkunftsmilieu ein entscheidender Einflussfaktor, allerdings ist die Übergangsquote der Studienberechtigten aus nicht-akademisch gebildeten Migrantenfamilien, zu denen zum großen Teil auch Studienberechtigte aus dem türkischen Migrationskontext stammen, höher als bei Studienberechtigten aus deutschen nicht-akademischen Milieus. In dieser stark vorgefilterten Gruppe, die nur einen geringen Teil aller Studienberechtigten ausmacht, ist der Wunsch nach einer akademischen Lauf-

---

[14] Vgl. Statistisches Bundesamt (Hg.): Strukturdaten und Integrationsindikatoren über die ausländische Bevölkerung in Deutschland. Wiesbaden 2003, S. 130.

bahn besonders ausgeprägt. Welchen Beitrag die Gülen-Bewegung hierbei leistet, soll nach einer Betrachtung der Religiosität junger Muslime analysiert werden.

Die Religiosität junger Muslime in Deutschland

Der technische Fortschritt bis hin zur Informationsrevolution unserer Zeit hat die menschliche Lebensweise grundlegend verändert. Viele meinten deshalb, die Religionen würden irgendwann einmal irrelevant. Und manche in Europa haben sich sogar angewöhnt, Religion als rückständig anzusehen. Tatsächlich erleben wir gerade genau das Gegenteil: Viele Menschen besinnen sich auf die Religionen und ihre Werte, weil sie Orientierung und Halt geben in einer Welt immer schnellerer Umbrüche. Dies gilt auch für die jungen Muslime in Deutschland.

In der empirischen Jugendforschung wurde das Thema Religion lange Zeit weitgehend vernachlässigt. Zudem bezogen sich die wenigen Studien zu Religion und Religiosität von Jugendlichen in Deutschland nahezu ausschließlich auf deutsche Jugendliche. Von geringer Bedeutung war das Thema Religion auch in zahlreichen Studien zur Lebenssituation von jugendlichen Migranten. Die religiöse Orientierung von Zuwanderern, vor allem von Jugendlichen mit türkisch-muslimischem Hintergrund, ist erst seit Mitte der neunziger Jahre verstärkt zum Gegenstand sozialwissenschaftlicher Untersuchungen geworden.[15] Neuere Studien zur Religiosität junger Muslime verdeutlichen, dass viele der Jugendlichen auf der Suche nach einer bewussten Lebensführung in der Moderne vornehmlich auf den Islam zurückgreifen.[16] Jedoch

---

[15] Siehe hierzu: Karakoyun, Ercan / Below, Susanne von: ‚Die Sozialstruktur jugendlicher Muslime in Deutschland'. In: Wensierski, Hans-Jürgen et al. (Hg.): Junge Muslime in Deutschland. Opladen 2007.
[16] Ebd., S. 65.

sind dies überwiegend qualitative Studien, die oft mit niedrigen Fallzahlen, einer selektiven Auswahl der Befragten und einer Konzentration auf bildungserfolgreiche Muslime einhergehen.[17]

Die Religiosität von Jugendlichen mit und ohne Migrationshintergrund ist erst in den letzten Jahren zum Thema vorwiegend quantitativer Jugendstudien geworden. Zu den Ergebnissen der Shell Jugendstudie[18] gehört, dass 27 Prozent der deutschen, jedoch nur sechs Prozent der türkischen Jugendlichen sich keiner Religionsgemeinschaft zugehörig fühlen. Bei der Frage nach religiösen Praktiken und Einstellungen gaben 14 Prozent der deutschen und 35 Prozent der türkischen Jugendlichen an, dass sie mindestens einmal im Monat einen Gottesdienst besuchen. Die Anteile der türkischen Jugendlichen, die ihre Kinder religiös erziehen möchten (männlich: 64 %; weiblich: 74 %), die manchmal oder regelmäßig beten (männlich: 41 %; weiblich: 52 %), oft religiöse Bücher lesen oder an eine „höhere Gerechtigkeit" glauben (männlich: 72 %; weiblich: 78 %), sind ungefähr doppelt so hoch wie bei den deutschen Befragten.

Die Shell Jugendstudie kommt zu dem Ergebnis, „dass es in Deutschland drei verschiedene Kulturen der Religiosität gibt", „eine Mehrheitskultur westdeutscher Jugendlicher, die man als mäßig religiös einstufen kann", „eine Teilkultur ostdeutscher Jugendlicher, die nur in geringem Maße religiös ist", und eine „ausgeprägt religiöse Kultur" bei Jugendlichen mit Migrationshintergrund.

Während zehn Prozent der ostdeutschen und 28 Prozent der westdeutschen Jugendlichen aus Elternhäusern kommen, die „sehr religiös" oder „ziemlich religiös" sind, gilt dies für 54 Prozent der befragten Jugendlichen mit Migrationshinter-

---

[17] Karakaşoğlu, Yasemin: Stellungnahme zu den Motiven von jungen Musliminnen in Deutschland für das Anlegen eines Kopftuches, 2003.
[18] Shell Deutschland Holding (Hg.): Jugend 2006. Eine pragmatische Generation unter Druck. 15. Shell Jugendstudie. Frankfurt am Main 2006.

grund und 73 Prozent der jungen Muslime.[19] Diese wachsenden Differenzen der Religiosität scheinen die Jugendlichen eher auseinander- als zusammenzuführen.

Zu den Ergebnissen der 15. Shell Jugendstudie gehört, dass bei den befragten Jugendlichen ein steigender Wunsch nach einer künftigen Verringerung des weiteren Zuzugs von Migranten besteht. Sie zeigt außerdem, dass Religionsverständnis bei höherer Schulbildung liberaler ist als bei niedriger Schulbildung. 15 % der türkischstämmigen Muslime in der Altersgruppe von 18 bis 30 Jahren beurteilt das Leben in einem christlichen Land als sehr schwierig oder eher schwierig.

Insgesamt kann konstatiert werden, dass der Islam für viele junge Muslime wichtige Funktionen erfüllt. Er prägt ihr Selbstverständnis in einer modernen, säkularen und liberalen Gesellschaft. Er hat somit eine das Individuum stabilisierende und die ethnischen Minderheiten integrierende Funktion. Damit steigt allerdings auch die Gefahr, dass radikal-islamische Milieus entstehen, die sich von der einheimischen Kultur isolieren und parallelgesellschaftliche Strukturen herausbilden.

Der Beitrag der Gülen-Bewegung zur Integration

In diesem Kapitel soll auf den Beitrag der Gülen-Bewegung zur Integration von Muslimen in Deutschland eingegangen werden. Zunächst erfolgt eine Analyse der Charakteristika der Bewegung. Anschließend werden die Beiträge im Bildungsbereich erläutert und die Sozialkapitaltheorie sowie die Finanzierung der Einrichtungen und Aktivitäten betrachtet. Dabei beruhen meine Ausführungen vor allem auf eigenen Erfahrungen und Beobachtungen.

---

[19] Gensicke, Thomas: ‚Jugend und Religiosität‘, in: Shell Deutschland Holding (Hg.): Jugend 2006, S. 203–239.

Die Charakteristika der Gülen-Bewegung

Die aktuelle Verwendung des Begriffes „transnational" in den Sozialwissenschaften umfasst „alle Phänomene, die mit einer verminderten Bedeutung von Nationalstaatsgrenzen und der damit einhergehenden Zunahme an Intensität und Komplexität der Verteilung von Objekten, Ideen und Menschen über Staatsgrenzen hinaus zusammenhängen".[20] Die Gülen-Bewegung kann somit als transnationale Bewegung gesehen werden. Ihr Ziel besteht darin, gegenseitiges Verständnis, Respekt, Toleranz und Frieden unabhängig von nationalstaatlichen Grenzen zu fördern. Um dieses Ziel zu erreichen, bauen die Ehrenamtlichen der Bewegung weltweit über Staatgrenzen hinaus Dialoge und Kooperationen mit Menschen unterschiedlicher religiöser und ethnischer Herkunft auf. Aus diesen Verbindungen entstehen Netzwerke, die eine besondere Form eines Beziehungssystems darstellen, die Migrantengruppen grenzüberschreitend mit ihrem Herkunftsland und weiteren Staaten verbindet.

Die Auswirkungen transnationaler Netzwerke auf die Gesellschaft des Aufenthaltslandes und auf den Transmigranten sind vielfältig. Grenzüberschreitender Austausch und Bindungen gestatten Individuen an weit entfernten Orten in ein Beziehungsgeflecht einzutreten und führen nach Glick Schiller et al. und nach Vertovec zu Hybridität, zu einer Verschiebung von Wertvorstellungen, zur Anregung neuer Konsumbedürfnisse und zur Erweiterung kultureller Identitäten.[21] Beispielhaft ist

---

[20] Glick-Schiller, N.; Basch, L.; Szanton-Blanc, C.: ‚From Immigrant to Transmigrant: Theorizing Transnational Migration'. In: Pries, L. (Hg.): Transnationale Migration. Baden-Baden 1997, S. 121–140; Portes, A.; Guarnizo, L.E.; Landolt, P.: ‚The study of transnationalism: pitfalls and promise of an emergent research field'. In: Ethnic and Racial Studies 22 (1999), S. 217–237.

[21] Vgl. Glick-Schiller et al. (1997), S. 129; Vertovec, Steven: ‚Conceiving and researching transnationalism'. In: Ethnic and Racial Studies 22 (1999), S. 447–462, hier S. 451.

hierbei der Einfluss der Migranten auf die soziale Schichtung der Aufnahme- und der Herkunftsgesellschaft.

Diese Art von Verbindungen ist kein neues Phänomen in der Geschichte. Viele Bewegungen haben transnationale Einflüsse ausgeübt und Netzwerke gebildet. Hierzu zählen zum Beispiel die Bewegungen zum Schutz der Umwelt. Die Ehrenamtlichen der Bewegung haben aus verschiedenen Kontexten heraus Bekannte und Freunde, die sie in ihr persönliches Netzwerk einbinden, das aus unterschiedlichsten Menschen unterschiedlichster Herkunft und Religionszugehörigkeit besteht. Die Netzwerke sind dabei so vielfältig wie die Ehrenamtlichen als Individuen. Man darf hierbei allerdings nicht den Begriff Bewegung mit dem Begriff der Organisation verwechseln.

Die Gülen-Bewegung ist eine durch den Glauben motivierte Bewegung. Sie ist keine Organisation. Eine Organisation ist nämlich ein von bestimmten Personen gegründetes, zur Verwirklichung spezifischer Zwecke planmäßig geschaffenes, hierarchisch verfasstes, mit Ressourcen ausgestattetes, relativ dauerhaftes und strukturiertes Aggregat (Kollektiv) arbeitsteilig interagierender Personen, das über wenigstens ein Entscheidungs- und Kontrollzentrum verfügt, welches die zur Erreichung des Organisationszweckes notwendige Kooperation zwischen den Akteuren steuert, und dem als Aggregat (Körperschaft, juristische Person) Aktivitäten oder wenigstens deren Resultate zugerechnet werden können.[22] Eine Bewegung hingegen ist eine Gesinnungsgemeinschaft mit einer gemeinsamen Vorstellung und gemeinsamen Überzeugungen. Bewegungen haben thematisch fokussierte Netzwerke, in denen sich ein Rahmen vorgeben lässt, mehr aber auch nicht. Es handelt sich bei ihnen um labile Gebilde, da grundsätzlich für alle Beteiligten die Möglichkeit besteht, die Bewegung wieder zu verlassen. Bewegungen verfügen

---

[22] Endruweit, Günter / Trommsdorff, Gisela (Hg.): Wörterbuch der Soziologie. 2. Aufl. Stuttgart 2002.

über keine Sanktionsinstanzen bzw. -mechanismen zur Verhinderung von Ein- und Austritten. Des Weiteren sind Bewegungen nicht Ansammlungen von Einzelpersonen, sondern Netzwerke von Gruppen, so dass es ausreicht, Teil einer Gruppe zu sein, um Teil des Netzwerkes zu sein. Diese Voraussetzungen gelten auch für die Gülen-Bewegung.

Ein wichtiger Grundsatz der Bewegung bei allen Aktivitäten ist, dass die Ehrenamtlichen der Bewegung stets nach den Gesetzen und Richtlinien des Landes handeln, in dem sie leben, und die demokratischen Grundwerte fördern. Sie setzen sich für die Zukunft und das Zusammenleben lokal ein.

Die Gülen-Bewegung setzt sich aus Ehrenamtlichen und Freiwilligen zusammen und bemüht sich um moralische und universelle Werte wie Liebe, Mitgefühl und das Streben nach Gottes Wohlwollen durch den Dienst für die Menschheit. Die Ehrenamtlichen der Bewegung betrachten den Dienst für die Menschen als Dienst für Gott. Jeder Freiwillige, egal welcher Religionszugehörigkeit oder Herkunft, der der Menschheit einen Dienst erweisen möchte, kann Teil der Bewegung werden. Die Ehrenamtlichen würdigen und unterstützen universelle Werte wie Ehrlichkeit, Zusammengehörigkeit, Gerechtigkeit, Gleichheit, Gesetzestreue, Religions- und Gewissensfreiheit sowie Menschenrechte.

Die Aktivitäten erstrecken sich auf den Bildungsbereich, den interkulturellen und interreligiösen Dialog sowie den Medienbereich. Die Bewegung verfolgt keinerlei politische Ziele. In den zahlreichen Werken Gülens wird verdeutlicht, dass die Bewegung nicht die Gründung eines islamischen Staates beabsichtigt. Die Bewegung ist daran interessiert, mit demokratischen Institutionen zusammenzuarbeiten. Projekte und Aktivitäten mit politischen Parteien bzw. Politikern sind möglich. Jedoch existiert keine gemeinsame, vorgegebene politische Präferenz. Die Angehörigen sind von der demokratischen Partizipation überzeugt und haben ihre eigenen, individuellen politischen Standpunkte. So kann es sein, dass Ehrenamtliche der Bewegung Mitglieder unterschiedlichster Parteien sein können und sich sozial engagieren.

Die Einrichtungen der Bewegung initiieren und wirken bei Projekten zur Lösung gesellschaftlicher Probleme mit. Sie bemühen sich insbesondere gegen Unwissenheit, Armut, politische Anarchie, gegenseitige Vorurteile und Separatismus. Die Bewegung arbeitet lösungsorientiert, selbstlos und friedlich. Sie verurteilt offen Rassismus, Antisemitismus, Radikalismus, Extremismus und jegliche Form der Gewalt. Sie fördert Bildung, maßvolles Handeln und Versöhnung zwischen allen Menschen, egal welcher Religionszugehörigkeit oder Ethnie.

Die Bewegung ist offen für gemeinsame Projekte, dynamisch und anpassungsfähig. Der Prozess der Modifikation von einer zunächst türkeibasierten kulturellen und bildungsorientierten zu einer transnationalen globalen Bewegung ist ein Zeichen ihrer Universalität, Lernbereitschaft und ihrer positiven Dynamik. Die Bewegung, die ursprünglich hauptsächlich aus Türken bestand und überwiegend von der türkischen Kultur und Geschichte geprägt war, hat keinerlei Verbindungen zu rassistischen, ultranationalistischen und pan-türkischen/turanistischen Ideologien und besteht heute aus Menschen unterschiedlichster Herkunft und Religion, die das Selbstverständnis der Bewegung teilen und sich an ihren lokalen Projekten beteiligen.

Zusammenfassend kann gesagt werden, dass diese Synthese aus Transnationalität und lokalem Patriotismus die Gülen-Bewegung zu einem wichtigen Akteur bei der globalen Förderung von Frieden und Toleranz macht. Somit kann sie als eine transnationale Bewegung angesehen werden, die mit höchster Motivation versucht, lokale Probleme mit konkreten lokalen Projekten zu lösen und so dem jeweiligen Land, der jeweiligen Region oder der Stadt von Nutzen zu sein.

Der Beitrag der Gülen-Bewegung im Bildungsbereich

Bildung ist eine der wichtigsten sozialen Fragen des 21. Jahrhunderts. Sie bezieht sich nicht nur auf die allgemeine Schulbildung und formelle Berufsausbildung, sondern ebenso auf berufliche Weiterbildung und kontinuierliches selbst gesteuertes Lernen. Ihre gesellschaftliche Bedeutung lässt sich wie für die meisten anderen modernen europäischen Gesellschaften auch für Deutschland an der Gleichzeitigkeit von Bildungsexpansion und sozialer Ungleichheit von Bildungschancen bemessen.[23] So hatte die in Deutschland bereits in den 1950er Jahren einsetzende, sich in den 1960er Jahren beschleunigende und bis in die jüngste Gegenwart andauernde Bildungsexpansion zu einer zunehmenden Bildungsbeteiligung in allen Sozialschichten geführt. Die Gastarbeiter der ersten Generation hatten selber nicht die Möglichkeit, den sozialen Aufstieg über Bildung zu schaffen. Unter verschiedenen Alternativen entschieden sie sich zur Migration. Das Ziel dieser sog. ersten Generation war es, eine bessere Zukunft für ihre Kinder zu ermöglichen. Die Bildungsexpansion in Deutschland haben diese Gastarbeiter zunächst verpasst. Die Bildungsexpansion hat die Bildungschancen für alle Schichten erhöht, aber zu einem Abbau der Chancenunterschiede zwischen den Schichten ist es kaum gekommen. Auffällig sind in dieser Hinsicht auch die großen Unterschiede zwischen den Bundesländern sowie die schlechteren Aussichten für Kinder mit Migrationshintergrund. Die Kinder jener

---

[23] Blossfeld, H.-P.; Shavit, J.: ‚Dauerhafte Ungleichheiten. Zur Veränderung des Einflusses der sozialen Herkunft auf die Bildungschancen in dreizehn industrialisierten Ländern'. In: Zeitschrift für Pädagogik 39 (1993), S. 25 –52; Müller, W.: ‚Erwartete und unerwartete Folgen der Bildungsexpansion'. In: Friedrichs, J.; Lepsius, R. M.; Mayer, K.U. (Hg.): Die Diagnosefähigkeit der Soziologie. Opladen 1998, S. 83 –112; Becker, R.: ‚Dauerhafte Bildungsungleichheiten als unerwartete Folge der Bildungsexpansion?' In: Hadjar, A.; Becker, R. (Hg.): Bildungsexpansion – erwartete und unerwartete Folgen. Wiesbaden 2006, S. 27– 62.

ausländischen Familien brachten häufig sehr nachteilige Voraussetzungen für den Besuch von Schulen und Hochschulen mit. Obwohl seit den 1980er Jahren eine gewisse Verbesserung der Situation eingetreten ist, haben ausländische Kinder, wie bereits erläutert, nach wie vor besonders schlechte Bildungschancen. Aber gleichzeitig hat sich auch das Bildungsniveau deutscher Schüler erhöht. Daher sind die Abstände der Bildungschancen zwischen deutschen und ausländischen Schülern im allgemeinbildenden Schulsystem weiter gewachsen.

IGLU 2006 und PISA III im Dezember 2007 haben allerdings bestätigt, dass es in keinem anderen Land einen so straffen Zusammenhang zwischen der sozialen Stellung der Familie sowie ihrer Herkunft und dem Schulerfolg der Kinder dieser Familien gibt wie in Deutschland. Immer mehr Migrantenfamilien wollen, dass ihre Kinder eine bessere Bildung erhalten. Auch in der Türkei erleben wir seit den letzten Jahren eine Bildungsexpansion in der türkischen Unter- und Mittelschicht. Die Schulen und Einrichtungen der Gülen-Bewegung in der Türkei stellen hierbei einen wichtigen Faktor dar. Die Gedanken Gülens und die Erfolge der Einrichtungen der Bewegung motivierten auch hierzulande Menschen dazu Bildungsvereine zu gründen, um so einen gleichberechtigten Zugang zu Bildung zu erhalten.

Durch diese positiven Beispiele, die weltweit erfolgreich waren, entstanden auch in Deutschland Nachhilfezentren, Privatgymnasien und sonstige Bildungseinrichtungen. Die Entstehungshintergründe sind in den meisten Fällen ähnlich: Einige Familien mit türkischem Migrationshintergrund entschließen sich, die Bildung ihrer Kinder zu fördern. Bei der Suche stoßen sie auf die Lehren Gülens und seiner Anhänger. Anschließend gründen sie eine Elterninitiative und organisieren zunächst Nachhilfeunterricht. Viele dieser Initiativen, die lokal entstehen und lokale Bildungsprobleme lösen wollen, werden im Laufe der Jahre zu Vereinen und Bildungsträgern. Sie wachsen und finden weitere Sponsoren für ihre Bildungsaktivitäten. Heute betreiben derartige Vereine Bildungszentren, Kindertagesstätten, Grundschulen, Realschulen und Gymnasien. Da es sich bei allen um eigenständige Vereine handelt, die jeweils getrennt organisiert sind, kann keine genaue Zahl derartiger Einrichtungen genannt werden.

Der Aufruf Gülens zu mehr Bildung dient vielen Gründungsmitgliedern, Lehrern und Mitarbeitern als Motivationsquelle und Inspiration. Für Eltern stehen der Bildungs- und Sozialisationsaspekt ihrer Kinder und die Erfahrung der Gülen-Bewegung in diesem Bereich im Vordergrund. Nicht alle, die die Einrichtungen unterstützen bzw. ihre Kinder dorthin schicken, sind Anhänger von Gülen. Für sie sind die Bildung und der Aufruf zu Dialog und Toleranz essentiell. In diesem Bereich hat die Gülen-Bewegung sich in der Türkei und auch in vielen weiteren Ländern einen Namen gemacht. An dieser Stelle soll nun auf die einzelnen Einrichtungen eingegangen werden. Dabei geht es mir darum, Aktivitäten und Arbeitsweisen darzustellen, die ich an verschiedenen Orten beobachten konnte. Die Liste ist nicht vollständig.

Die Nachhilfezentren

Eine gute berufliche Ausbildung und die Chance zum Besuch einer Universität hängen vom Erfolg in der Schule ab. Jugendliche, die nicht gefördert und unterstützt werden, können die Gesellschaft vor schwer lösbare Herausforderungen stellen. Die meist deutschen und türkischen Lehrkräfte der Bildungszentren haben daher, neben der Förderung im schulischen Bereich, die Aufgabe, mit vielen weiteren Angeboten und Aktivitäten die Jugendlichen zu unterstützen und sie zu erfolgreichen, pflichtbewussten, selbständigen und an der Gesellschaft teilhabenden Individuen zu entwickeln. Da die Eltern für die Entwicklung und Erziehung der Kinder eine wichtige Rolle spielen, bieten viele Nachhilfezentren sog. Elternschulen und regelmäßige Seminare und Veranstaltungen zum Thema Kinder- und Jugendpsychologie an.

Darüber hinaus bieten die Nachhilfezentren Integrationskurse für Migranten an. Sprache ist ein Schlüssel für erfolgreiche Integration. Aus diesem Grund wurde zu Beginn 2005, mit Inkrafttreten des Zuwanderungsgesetzes, ein Mindestrahmen staatlicher Integrationsangebote geschaffen. Den Kern dieser staatlichen Angebote bildet der Integrationskurs. Die Integrationskurse umfassen insgesamt 645 Unterrichtseinheiten. Den ersten Teil, bestehend aus 600 Unterrichtseinheiten, bildet der Sprachkurs. Der zweite Teil nennt sich Orientierungskurs und besteht aus den restlichen 45 Unterrichtseinheiten. In diesem Kursabschnitt stehen die Themenbereiche „Politik in der Demokratie", „Geschichte und Verantwortung" und „Mensch und Gesellschaft" im Vordergrund. Das Ziel dieser Kurse ist es, dass Migranten sich im Alltag verständigen und an der deutschen Gesellschaft teilhaben können. Diese Kurse werden von fast allen Nachhilfezentren angeboten.

Kindergärten

Bildung und Integration müssen bereits im vorschulischen Alter beginnen. Aus diesem Grunde unterhalten viele Initiativen und Bildungsträger Kindertagesstätten. Da Sprache eine wesentliche Voraussetzung für das Gelingen von Integration darstellt, findet die Bildung und Erziehung in den Kindertageseinrichtungen zweisprachig in Deutsch und Türkisch statt. Um dies optimal umzusetzen und weiterzuentwickeln, werden Lehrkräfte mit deutscher und türkischer Muttersprache beschäftigt, so dass jede Gruppe jeweils von einer muttersprachlich deutschen und einer türkischen Erzieherin betreut wird. Zusätzlich wird den Kindern, ihrem Alter entsprechend, eine Spracherziehung von Logopäden angeboten. Ergänzend dazu wird den Kindern im Vorschulalter auch Englisch vermittelt.

Grundschulen und Gymnasien

Die Grundschulen und Gymnasien richten ihre Erziehung und den Unterricht an den Lehrplänen und Richtlinien des Landes aus, in dem sie sich befinden. Auf der Grundlage reformpädagogischer Ansätze wie z. B. von Maria Montessori und Jürgen Reichen werden Persönlichkeit, Eigenverantwortung und Selbstständigkeit des einzelnen Schülers in den Mittelpunkt der pädagogischen Arbeit gestellt. Auch hier findet eine gezielte Sprachförderung statt. Die Unterrichtssprache ist Deutsch. Türkisch und Englisch werden als gleichberechtigte Fremdsprachen angeboten.

Die Schulen bieten neben der bestmöglichen Einrichtung der Klassen-, Physik- und Chemieräume auch modernste Technik in ihren Computerräumen. Sie sind überdurchschnittlich gut ausgestattet. Bibliotheken, Aufenthalts- und Entspannungsräume stehen den Schülerinnen und Schülern ebenfalls zur Verfügung. Aufgrund der klein gehaltenen Klassen ist es den engagierten Lehrerinnen und Lehrern der Schulen möglich, sich intensiver um die Belange ihrer Schüler zu kümmern und mit ihnen zu kommunizieren. Sollten Schülerinnen und Schüler wider Erwarten doch einmal Schwierigkeiten mit dem Unterrichtsstoff haben und diese im Unterricht nicht zu lösen sein, stehen ihnen eigens für diesen Fall engagierte studentische Mitarbeiterinnen und Mitarbeiter zur Verfügung, die in zusätzlichen Förderstunden Unterstützung anbieten.

Darüber hinaus wird damit den Schülerinnen und Schülern eine weitere Vertrauens- und Ansprechperson für jedwede Belange geboten. Somit wird versucht zu gewährleisten, dass kein Schüler erfolglos bleibt. Wichtige Bestandteile in der Bildung sind in nahezu allen Einrichtungen die Gewährleistung der steten Kommunikation zwischen Schule, Schülern und Eltern sowie die demokratische Teilhabe der Schüler an Entscheidungen, die sie betreffen. Durch die Möglichkeit der demokratischen Partizipation an Entscheidungen in der Schule erlernen die Schüler bereits in jungen Jahren demokratisches, tolerantes, respektvolles Verhalten und die friedliche Auseinandersetzung mit anderen Meinungen und Ansichten. Bildung ist der entscheidende Schlüssel zur sozialen, kulturellen und wirtschaftlichen Integration von Kindern und Jugendlichen mit Migrationshintergrund. Es kommt vor allem darauf an, über eine frühzeitige Bildungsbeteiligung Chancen zu eröffnen und Potenziale zu wecken und zu fördern. Defizite aus frühen Bildungsphasen, die nicht rechtzeitig beseitigt werden, wirken bis in den Übergang in Ausbildung und Arbeit fort. Voraussetzung für eine gelingende Grundschulbildung ist, dass Kinder bereits im Vorschulalter die deutsche Sprache erlernen. Die allgemeinbildende Schule muss die Förderung der Sprachkompetenz in Deutsch kontinuierlich fortsetzen und vertiefen. Mehr Jugendliche mit Migrationshintergrund müssen zu höheren Bildungsabschlüssen geführt werden und Berufsorientierung muss frühzeitig beginnen. Hierzu leisten die genannten Einrichtungen wichtige Beiträge. Die Bildungseinrichtungen, insbesondere Schulen, können als hervorragende Orte zur Integration bezeichnet werden, zu deren Bildungs- und Erziehungsauftrag es gehört, demokratische Grundwerte zu vermitteln, für unterschiedliche kulturelle Prägungen und religiöse und weltanschauliche Überzeugungen offen zu sein und interkulturelle Kompetenz zu fördern.

Die Dialogaktivitäten der Gülen-Bewegung

Genauso wichtig wie die Aktivitäten im Bereich der Bildung und Erziehung sind die Aktivitäten der Bewegung im interkulturellen und interreligiösen Dialog mit dem Ziel, gemeinsam mit allen in dieser Gesellschaft lebenden Menschen eine Kultur des Zusammenlebens auf der Basis der universellen menschlichen Werte zu fördern. Durch diese Aktivitäten entstehen Plattformen, in denen Menschen mit und ohne Migrationshintergrund sich auf rein menschlicher Ebene begegnen und Freundschaften schließen können.

Der Beitrag zum interkulturellen und interreligiösen Dialog ist ein wichtiger Eckpfeiler der Gülen-Bewegung. So wird der Integrationsprozess aktiv von der Minderheitsgesellschaft mitgetragen und -gesteuert.

Die Dialogaktivitäten haben zum Ziel, einen Beitrag zur Verständigung über die gemeinsamen Grundlagen und Regeln des Zusammenlebens zu leisten. Dabei geht es insbesondere darum, das interkulturelle Verständnis von Menschen mit unterschiedlichsten Kulturen zu fördern. Hierzu werden Vorträge, Seminare, Symposien, Gesprächsabende, Workshops und Diskussionsrunden organisiert. Einen weiteren Schwerpunkt bildet die Integration von Migranten. Dabei ist wichtig, dass Integration nicht als Assimilation, sondern als gleichberechtigte Teilhabe an gesellschaftlichen Prozessen verstanden wird. Das Ziel ist eine Gesellschaft, in der Menschen mit unterschiedlichsten Kulturen friedlich und harmonisch miteinander leben und dabei ihre kulturellen Eigenarten bewahren können. Hierfür sind Toleranz, Respekt und gegenseitige Akzeptanz und Anerkennung Voraussetzung.

Ich möchte hier beispielhaft einige Veranstaltungen unseres Vereins FID BERLIN e.V. erwähnen. Berlin als Hauptstadt Deutschlands und als eine der wichtigsten Metropolen der Welt hat im interkulturellen Dialog und beim Thema Integration eine besondere Bedeutung. Aus diesem Grunde organisiert FID in Zusammenarbeit mit dem Hauptverband INFRANEU seit 2005 jedes Jahr ein Symposium mit dem Titel „Dialog der Kulturen als europäische Chance" in der deutschen Hauptstadt Berlin im Abgeordnetenhaus. Die Schirmherrschaft dieser Veranstaltungen liegt beim Präsidenten des Abgeordnetenhauses von Berlin, Walter Momper, und bei Rita Süssmuth, der ehemaligen Präsidentin des Deutschen Bundestages. Alle Symposien waren mit jeweils über 200 Gästen aus Politik, Medien, Wirtschaft, Kultur und Wissenschaft sehr erfolgreich. Bei diesen ging es um „Ideen und Impulse für die Kultur des Zusammenlebens", um „Werte in der postmodernen Gesellschaft" und „die Wahrnehmung des Anderen".

Eine weitere Veranstaltungsreihe stellen die „Reflexionen" dar. Hier laden wir hochkarätige Experten ein, mit denen wir zentrale Themen unserer Gesellschaft analysieren und diskutieren. Mit diesen Diskussionsrunden erhoffen wir uns, eine neue Form der Diskussion zu entwickeln und so Ideen und Impulse für eine neue Kultur des Zusammenlebens zu gestalten. Diese finden zwei- bis dreimal im Monat statt. Die Themen reichen von Politik, Wirtschaft, Kultur, Kunst bis Religion.

Neben diesen Veranstaltungen gab es zahlreiche Konferenzen. Wir haben in einer von ihnen den Blick auf ein Kapitel der Geschichte gelenkt, das allzu oft vergessen wird. 1000 deutschsprachige Wissenschaftler, Architekten, Techniker, Künstler und einige Handwerker samt ihrer Familien flohen nach der Machtergreifung der Nazis in die damals noch junge türkische Republik. Anders als in allen anderen Zufluchtsländern waren die Emigranten in Istanbul und Ankara in der Lage, sofort wieder der Arbeit nachzugehen, die sie in Deutschland aufgegeben hatten. Die türkische Regierung hat sich gegen den Druck der Nazis gestemmt, die Emigranten auszuweisen. Viele von ihnen blieben auch nach dem Krieg, manche nahmen sogar die türkische Staatsbürgerschaft an. Über dieses Thema haben wir mit Politikern und Wissenschaftlern diskutiert.

In einer weiteren Konferenz haben wir über Jerusalem diskutiert. Jerusalem, die goldene Stadt auf dem Berg, die heilige Stadt der drei Religionen Judentum, Christentum und Islam. Mit dieser Stadt sind über Jahrtausende Mythen, Symbole, Sehnsüchte und gläubige Hoffnungen verbunden. Mit Vertretern der Religionen haben wir Lösungen für dortige Konflikte zu finden versucht. Bezeichnend war dabei die Bemerkung eines Teilnehmers, der sagte, dass er zum ersten

Mal von einer Konferenz über Jerusalem mit der Hoffnung auf Frieden nach Hause gehe.

Der Dialog verdeutlicht vor allem Folgendes: Das bloße Zusammenleben und der Kontakt mit Menschen aus anderen Ländern führen nicht automatisch dazu, dass man sich besser kennen lernt und sich über kulturelle Unterschiede und Gemeinsamkeiten austauscht. Ebenso wenig entstehen die Verständigungsprobleme zwischen den Kulturen allein durch die Konfrontation mit dem Fremden, sondern eher durch Vorurteile und Fehlinterpretationen.

Damit es zu einem positiven Kontakt, zu gegenseitigem Verständnis und zu Akzeptanz kommen kann, müssen einige Voraussetzungen erfüllt werden. Auf der persönlichen Ebene gehören hierzu sprachliche Verständigungsmöglichkeiten, Interesse und Offenheit für neue Erfahrungen sowie ein möglichst geringes Ausmaß an Vorbehalten. Auf der gesellschaftlichen Ebene benötigt man ein Klima des Respekts und der gegenseitigen Anerkennung. Dieses Klima erreicht man am besten durch Freundschaften. Genau darum geht es beim Dialog.

Die Bewegung und ihr soziales Kapital

Migrantenselbstorganisationen können als zivilgesellschaftliche Akteure einen wichtigen Beitrag zur Integration erfüllen. Zum einen bilden sie soziale Netzwerke, die mit ihrem Selbsthilfeansatz den Integrationsprozess unterstützen können, zum anderen beeinflussen sie die soziale Orientierung der Zuwanderer: „Sie können die Akzeptanz für Integrationspolitik innerhalb der ethnischen Gruppen wesentlich stärken und Interesse an Integrationsmaßnahmen wecken."[24] Vor diesem Hintergrund wird es in Zukunft ent-

---

[24] Sachverständigenrat für Zuwanderung und Integration: Migration und Integration. Erfahrungen nutzen, Neues wagen. Berlin 2004, S. 324.

scheidend darauf ankommen, das Potenzial der Selbstorganisationen und die Bereitschaft zu bürgerschaftlichem Engagement von Migranten stärker für die Förderung von Integrationsprozessen nutzbar zu machen.

Die Beschäftigung mit sozialen Netzwerken und Bewegungen hat in den vergangenen Jahren durch die Diskussion über soziales Kapital erheblich zugenommen. Das häufige Auftreten von Begriffen wie „soziales Engagement", „Bürgergesellschaft" etc. betonen die gesellschaftliche Relevanz des Sozialkapital-Konzeptes. Gleichzeitig wird oft danach gefragt, wie sich die Einrichtungen, die der Gülen-Bewegung nahestehen, finanzieren und wo das Sozialkapital herstammt. In diesem Kapitel sollen daher die Sozialkapital-Theorie und die Gülen-Bewegung betrachtet werden.

Durch die Einbindung von Menschen in Netzwerke oder Bewegungen entsteht soziales Kapital. Dieses soziale Kapital stellt für den Einzelnen und für ein Kollektiv Ressourcen zur Verfügung, die wiederum bestimmte Handlungen erleichtern bzw. erst ermöglichen. Durch diese Ressourcen entsteht für ein Individuum und auch für die Gesellschaft ein Gewinn.[25] Die Höhe dieses Gewinns hängt von der Größe des Netzwerkes ab.

Nachdem der Begriff Sozialkapital in seiner Geschichte wiederholt aus unterschiedlichen Beweggründen neu definiert wurde, haben sich bei neueren Schriften[26] Gemeinsamkeiten herausgebildet, die es gestatten, die einzelnen Theoriestränge zusammenzuführen. In diesem Kontext wird Sozialkapital als Netzwerkphänomen angesehen. Es entsteht und vergeht inner-

---

[25] Jansen, D.: Einführung in die Netzwerkanalyse – Grundlagen, Methoden, Forschungsbeispiele. Opladen 2003, S. 105.

[26] Putnam, R. D. (Hg.): Gesellschaft und Gemeinsinn. Gütersloh 2001; Lin, N.: Capital – A Theory of Social Structure and Action. Cambridge 2001; Coleman, J. S. : Grundlagen der Sozialtheorie. Band 1: Handlungen und Handlungssysteme. München 1991; Bourdieu, P.: ‚Ökonomisches Kapital, kulturelles Kapital, soziales Kapital'. In: Kreckel, R. (Hg.): Soziale Ungleichheiten. Göttingen 1983, S. 183–198.

halb von sozialen Beziehungen. So können diese als Ressource aufgefasst werden, die es einem Akteur ermöglicht, sowohl für sich selbst als auch für die Gruppenmitglieder positive Auswirkungen zu erzielen.[27] Bei den Aktivitäten der Gülen-Bewegung geht es insbesondere um den Profit für die gesamte Gesellschaft. „Sie will nicht über politische Macht eine ‚bessere Gesellschaft' schaffen, sondern von unten in der Gesellschaft durch Bildung und Toleranz dem Menschen dienen."[28]

Da nahezu jeder Mensch Teil eines sozialen Beziehungssystems ist, entsteht Sozialkapital häufig als Nebenprodukt von alltäglichen Beziehungen.[29] Es ist zwar möglich, individuelle Beziehungen absichtsvoll zu mobilisieren. Da Netzwerke und Gruppenzugehörigkeiten aber eher einem Grundbedürfnis menschlichen Zusammenlebens entstammen, entwickeln sich positive Auswirkungen aus Gruppenzugehörigkeiten meist nebenbei.[30] Die Höhe des verfügbaren Sozialkapitals kann zum einen an der Größe des Netzwerkes abgelesen werden und zum anderen an der Verschiedenheit der darin befindlichen Mitglieder, also dem spezifischen Aufbau des Netzwerkes. Die Idee hinter letzterem ist, dass Beziehungen zu Menschen aus möglichst unterschiedlichen Bereichen die positiven Ergebnisse aus einer Gruppenzugehörigkeit erhöhen.[31] Die Mitgliedschaft in Vereinen und Kontakte am Arbeitsplatz schaffen wichtige Beziehungen, um beispielsweise neues, dem eigenen Netzwerk fremdes

---

[27] Bourdieu (1983).
[28] Hermann, R.: Dem Menschen dienen. In: FAZ, 09.10.2008.
[29] Coleman, J. S. : ‚Social Capital in the Creation of Human Capital'. In: American Journal of Sociology, 94 (Supplement) (1988), S. 95–120; Coleman, J. S. : Foundations of Social Theory. Cambridge/London 1990; Coleman, J. S. : Grundlagen der Sozialtheorie. Band 1: Handlungen und Handlungssysteme. München 1991; Portes, A.: ‚Social Capital – Its Origins and Applications in Modern Sociology'. In: Annual Review of Sociology 24 (1998), S. 1–24.
[30] Coleman (1991).
[31] Lin, N.; Cook, K.; Burt, R.S.: Social Capital – Theory and Research. New York 2001.

Wissen zu erlangen, andere Sichtweisen zu erlernen und vieles mehr.

Neben der Zugehörigkeit zu Netzwerken und Gruppen spielt das Vertrauen in eine Gruppe eine wichtige Rolle. Der ursprünglichen Sozialkapital-Theorie zufolge nutzt der Einzelne die Möglichkeit, Hilfeleistungen zu geben, da er darauf vertrauen kann, in der Zukunft von seiner Hilfeleistung zu profitieren, und sei es nur in Form von Anerkennung.[32] Da jedoch *Ikhlas*, also die Reinheit der Absicht, eines der wichtigsten Konzepte in der Gülen-Bewegung ist, soll es ihren Ehrenamtlichen nur um die Anerkennung Gottes gehen. „Ein Diener Gottes darf ausschließlich Seine Anerkennung und Sein Wohlgefallen anstreben. Das Herz dieses Dieners darf sich ausschließlich mit Ihm beschäftigen".[33] Vertrauen ist also eine Grundvoraussetzung für das Funktionieren von Sozialkapital.[34] Das Vertrauen von Menschen in die Gülen-Bewegung und deren Aufrichtigkeit bei ihren Aktivitäten ist der wesentliche Grund dafür, dass verschiedenste Sympathisanten der Bewegung sich engagieren bzw. sie finanziell unterstützen.

Eines der wesentlichen Prinzipien der Bewegung ist daher das des Wirkens oder des Sich-Engagierens. Ein Mensch, der den ganzen Tag im Bett liegt und keinerlei Aktivitäten unternimmt, ist daher weniger glücklich als jemand, der ständig beschäftigt ist und sich immer bemüht, etwas für die Gesellschaft zu tun. Die Gülen-Bewegung aktiviert Menschen und motiviert sie dazu, anderen Menschen zu dienen. Das soziale Engagement und die Spenden sind wichtige Faktoren für den Erfolg der Gülen-Bewegung. Neben den normalen Mitgliedsbeiträgen der einzelnen Vereine gibt es spezifische Formen der Zuwendung.

---

[32] Portes (1998); Lin et al. (2001); Putnam (2001).
[33] Gülen, Fethullah: Sufismus. Smaragdgrüne Hügel des Herzens. Offenbach 2004.
[34] Putnam (2001).

In diesem Zusammenhang nimmt die *Zakat* (die Armensteuer) als eine der fünf Säulen des Islam eine ganz besondere Stellung ein. Sie wird im Koran sehr häufig zusammen mit dem regulären Gebet (*Salah*) erwähnt, was auf ihre Wichtigkeit schließen lässt. *Zakat* bedeutet auch Reinigung und ist eine Reinigung für den Gläubigen und seinen Besitz. Hierzu gibt er 2,5 % seines Besitzes ab. Jeder Muslim, dessen finanzielle Verhältnisse sich über einem festgesetzten Minimum bewegen, muss jährlich von seinem Vermögen einem unterstützungswürdigen Mitbürger oder einer Institution, die den Menschen dient, spenden. Dies ist allerdings das Minimum. Je mehr man spendet, desto größer wird die Belohnung sein, die Gott einem im Jenseits zukommen lassen wird. Wenn die Armensteuer gespendet wird, geschieht das nicht etwa, weil Gott dieses Geld braucht oder gar bekommt. Er ist über jedes Bedürfnis erhaben und steht über jeglichem Verlangen. Doch verspricht er den Gläubigen in Seiner liebevollen Barmherzigkeit vielfache Belohnung, wenn sie den Menschen in dieser Form helfen. Die unerlässliche Voraussetzung für eine solche Belohnung ist jedoch, dass wer im Namen Gottes *Zakat* bezahlt für seine Wohltaten keinerlei weltliche Vorteile erwartet oder fordert. Die Sympathisanten der Bewegung, die diese Armensteuer zahlen müssen, lassen diese der Bewegung zukommen. Dies ist das Zeichen ihres Vertrauens. Erwähnenswert ist außerhalb dieser Armensteuer auch *Sadaqa*. Es bezeichnet eine wohltätige und freiwillige Abgabe. Dieser Wortbedeutung nach prüft Allah die Aufrichtigkeit und Ehrlichkeit der Gläubigen Ihm gegenüber. Damit die Person, die das *Sadaqa* bekommt, sich nicht schämt, sollte man Bedürftigen im Geheimen spenden. Das öffentliche Spenden dieses Almosens ist dann gut, wenn man andere mit seiner Verhaltensweise anspornen will.

Diese finanziellen Zuwendungen und Spenden werden in der Bewegung als *Himmet* bezeichnet. Sie erlauben es der Bewegung Schulen, Dialogaktivitäten und Projekte zu finanzieren und so einen Beitrag für den Frieden auf der Welt zu leisten. Dabei steht nicht die Menge des Gegebenen im Vordergrund, sondern das Spenden für einen guten Zweck selbst. Die Höhe der Spende hat daher keinen Einfluss auf das Mitspracherecht in der Bewegung. Hier sind alle, die sich engagieren und spenden, gleichberechtigt.

Diese Zuwendungen werden öffentlich in einem sog. *Himmet*-Treffen, das die Vereine mit ihren Mitgliedern durchführen, entgegengenommen. Unternehmer und Geschäftsleute werden eingeladen und wetteifern um Spenden. Dabei geht es um die Interessen oder das Wohls anderer oder das Gemeinwohl. Diese Aufopferungsbereitschaft stellt Gülen als eines der wichtigsten Prinzipien dar.[35]

Durch diese Prinzipien motiviert Gülen die Ehrenamtlichen und Freiwilligen dazu, sich für die Gesellschaft, in der sie leben, zu engagieren und zu versuchen ihre Probleme zu lösen. Er motiviert sie, das Land, in dem sie leben, wie auch dessen Bevölkerung zu lieben. Diese gesamtgesellschaftliche Partizipation und die Anerkennung der Mehrheitsgesellschaft sind wichtige Voraussetzungen für Integration.

Fazit

Schwierig für das Zusammenleben wird es, wenn Anhänger verschiedener Religionen in einem dicht besiedelten Land leben und es bisher nicht gewohnt waren, miteinander zu leben. Jede Religion hat schließlich den Anspruch, wahr zu sein. Da die Religionen verschiedene Antworten auf die gleichen Fragen geben und es unterschiedliche Deutungsmöglichkeiten dieser Antworten gibt, sind Konflikte nicht weiter ungewöhnlich. Es können also sehr verschiedene Auffassungen nebeneinander bestehen, nach welchen Regeln sich das zivile Zusammenleben vollziehen solle. Religiöse Heterogeni-

[35] Gülen, Fethullah: Sızıntı, März 1987, Band 9, Nr. 98.

tät kann dann dazu führen, dass unsere Gesellschaften kon-
fliktreicher werden. Sie kann also zur Herausforderung werden für den gesellschaftlichen Zusammenhalt. Das ist in der
europäischen Geschichte nicht neu, gerade wenn wir die
Geschichte der Reformation und des Verhältnisses von Katholizismus und Protestantismus in Deutschland betrachten.
Angesichts solcher Jahrhunderte dauernden historischen Entwicklungen sollten wir nicht erwarten, dass wir in Deutschland Probleme im Zusammenleben in ein oder zwei Jahren
regeln könnten. Ein wenig mehr Bescheidenheit und Geduld
ist vonnöten.

Wir erleben derzeit die Debatten um den Bau von Moscheen oder um das Kopftuch. Diese Konflikte wirken sich
auf die Wahrnehmung der Muslime in Deutschland aus,
aber auch auf die des Islam insgesamt. Und so haben wir
eine widersprüchliche Situation. Die meisten Menschen in
Deutschland denken inzwischen recht positiv über die Integration der nach Deutschland kommenden Zuwanderer.
Beim Stichwort Islam aber denken sie selten an positive
Werte wie Friedfertigkeit oder das Streben nach Gerechtigkeit. Sie verbinden mit dem Islam eher die Benachteiligung
von Frauen, Rückwärtsgewandtheit, Fanatismus, Intoleranz
und Demokratiefeindlichkeit.
Ein Grund dafür sind Extremisten und Fundamentalisten, die
sich auf den Islam berufen. Extremisten und Fundamentalisten gibt es in anderen Religionen auch. Unter den Muslimen
machen sie nur eine sehr kleine Gruppe aus, aber sie prägen
maßgeblich das Bild des Islams im Westen. Das beruht natürlich auch zum Teil auf einer medialen Verzerrung. Es ist aber
auch so, weil die deutsche Öffentlichkeit eine deutlichere
Abgrenzung von Extremisten und ein aktiveres Engagement
islamischer Organisationen für unseren freiheitlichen Verfassungsstaat mitunter vermisst hat. So entsteht eine Unsicherheit, mit der die Menschen in Deutschland dem Islam begegnen. Die Gülen-Bewegung will Brücken zwischen Muslimen
und der Mehrheitsgesellschaft bauen.

Gülen befürwortet die Demokratie und spricht sich für eine pluralistische Gesellschaft als Voraussetzung für ein friedliches Zusammenleben der Menschen aus. Dies ist für Muslime, die in demokratischen Staaten leben, essentiell. Er setzt sich für Toleranz gegenüber Andersdenkenden und den interreligiösen Dialog ein und hat sich in der Vergangenheit schon mit Papst Johannes Paul II. sowie führenden Rabbinern getroffen, wohingegen Bin Laden einer der Menschen ist, die er am meisten hasst. Die Bewegung ist weder institutionalisiert noch ist sie politisch. Sie beabsichtigt nicht, durch Politik ihr Ziel einer besseren Gesellschaft zu erreichen, sondern will durch Bildung und Toleranz der Gesellschaft dienen. In diesem Sinne ist auch Gülens Aussage: „Schimpft nicht auf die Dunkelheit, sondern zündet eine Kerze an" zu sehen. Da im Vordergrund die Freiwilligkeit steht, nennt sich die Bewegung auch „Gönüllüler Hareketi", also „Bewegung der Freiwilligen".

Gülens Anhänger tragen diese Ideen auch nach Deutschland und in die gesamte Welt. Die Freiwilligen in Deutschland und in der Türkei stammen größtenteils aus der neuen Mittelschicht. Insbesondere Akademiker, die sich mit den Ansichten Gülens identifizieren, schließen sich ihr an. Mit seiner Betonung von Arbeit, Selbstdisziplin und Sparsamkeit spricht er vor allem Groß- und Kleinunternehmer an, die ihren beruflichen Aufstieg mit einem pragmatischen Glauben in Einklang bringen wollen. Sie beschäftigen sich mit lokalen Projekten in Deutschland und sind dabei häufig ehrenamtlich tätig. Sie sagen, Arbeit sei eine der höchsten Formen von Gottesdienst.

Gülen verbindet traditionelle Frömmigkeit mit der Moderne und versöhnt islamische Glaubenssätze mit technisch-naturwissenschaftlichem Fortschritt. Die säkulare Staatsordnung der Türkei und die Universalität der Menschenrechte stellt Gülen nicht in Frage. Ländern die eher einen politischen Islam vertreten, setzt er den anatolischen Islam entgegen, der sich durch Toleranz und Religionspluralismus auszeichnet. Nicht für einen Islam von oben, der vom Staat erwartet, eine konservativ-islamische Moral durchzusetzen, spricht sich Gülen aus, sondern für einen Islam von unten. Für Gülen sind die Gebote des Islam etwas, das Muslime aus innerem Antrieb befolgen sollten, statt sie anderen Menschen aufzuzwingen.

Dem Bildungsideal der Bewegung verpflichtet zeigen sich die Privatschulen, Internate, Nachhilfeeinrichtungen, Dialogvereine und Studentenwohnheime, die weltweit mit Spendengeldern und von wohltätigen Stiftungen finanziert werden. Seine Gegner werfen Gülen vor, er wolle damit eine fromme Elite heranzüchten, um so eines Tages die Macht im Staate zu übernehmen. Allerdings haben die Kritiker keine Belege für ihre These vorlegen können, zumal Gülen in keiner seiner Predigten oder Schriften davon spricht. Ganz im Gegenteil spricht er sich dafür aus, auf jede Art von Belohnung und Macht zu verzichten. Hinzu kommt, dass Gülen von dem Vorwurf, er fordere seine Anhänger zur Unterwanderung des Staates auf, freigesprochen wurde. Aus gesundheitlichen Gründen kann er allerdings nicht in die Türkei zurückkehren.

Zuletzt möchte ich praktisch verdeutlichen, warum für Muslime in Deutschland die Lehren Gülens wichtig sind. Gülen, als ein islamischer Intellektueller, ruft dazu auf, andersgläubige Menschen zu lieben, mit ihnen Freundschaften zu schließen und mit ihnen Dialoge aufzubauen. Der Schulkamerad ist so nicht ein Ungläubiger, sondern ein bester Freund. Der Nachbar ist nicht ein Fremder, sondern ein guter, liebenswürdiger Mensch. Der Staat ist nicht ein Feind, sondern die Heimat, in der man lebt. Die Demokratie ist nicht ein System, das gestürzt werden muss, sondern die sich vielfach bewährende Regierungsform. Terror und Gewalt sind keine Grundzüge des Islam, sondern diesen entgegengesetzt. Bin Laden ist kein Held, sondern ein Verbrecher. Eine derartige Perspektive fördert die Integration und das friedliche Zusammenleben nicht nur in Deutschland, sondern überall dort, wo Menschen unterschiedlichen Glaubens zusammentreffen.

Rainer Hermann

Fethullah Gülen und die Modernisierung der Türkei

Ich sage Ihnen nichts Neues: Der Westen tut sich schwer mit dem Islam, und dafür gibt es eine Reihe von Gründen. Verantwortlich sind dafür zum einen die Muslime selbst. Die Wiedereinführung der Scharia in einer pakistanischen Provinz und das Abbrennen von Mädchenschulen sind keine Erfindung des Westens. Auch berufen sich Bin Ladin und seine Gefolgsleute bei der Rechtfertigung ihres Terrors auf die Quellen des Islam und nicht auf die Lehrbücher der Roten Khmer. Das ist die eine Seite. Das müssen die Muslime untereinander regeln, und ich bin überzeugt, dass sie das auch tun werden.

Die andere Seite ist, dass viele im Westen vieles einfach nicht wahrnehmen (wollen) und „den" Islam über einen Kamm scheren. Als ob es „das" Christentum gäbe und man im Christentum den Piusbruder Williamson und den Erzbischof von Canterbury in denselben Topf werfen dürfte. Der Islam ist so vielschichtig wie er auf der Welt verbreitet ist. Er entwickelte sich regional verschieden, in Afghanistan anders als in Afrika, in Bosnien anders als in Bangladesch, in Pakistan anders als in Palästina. Einen Sonderweg ging auch der türkische Islam. Kein anderes Land mit muslimischer Bevölkerung hat sich früher für die Verweltlichung entschieden, hat weltliches Recht eingeführt und eine diesseitige Begründung der Politik. Anders als in Ägypten und Algerien wurde der Islam auch nie Instrument im bewaffneten Kampf gegen die Kolonialmächte. Denn die Türkei blieb immer unabhängig.

Die Türkei ist das Heimatland von Fethullah Gülen. Der Hocaefendi, wie seine Anhänger ihn nennen, wirkt in der Türkei, und er wirkt mit seinen Ideen über die Türkei hinaus. Blicken wir erst auf die Türkei.

Gülens Bewegung ist eine gesellschaftliche, keine politische

Einem Trugschluss erliegt nicht nur der Westen, sondern auch das staatstragende kemalistische Establishment der Türkei. Der Trugschluss lautet: Der Islam verlangt von seinen Gläubigen, dass sie eine politische Ordnung schaffen, die auf der Scharia gründet. Islam ist also immer Religion und Politik. Das ist eine der vielen Auslegungen. Drei Punkte sprechen dagegen: Erstens, sie ist auch unter islamischen Gelehrten umstritten; zweitens, die normative Kraft des Faktischen hat über die Jahrhunderte auch in der islamischen Welt eine andere Wirklichkeit geschaffen; und vor allem drittens, natürlich gibt und gab es in der islamischen Welt immer Bewegungen, die sich als gesellschaftliche und nicht als politische verstanden haben. Zu ihnen gehört die Bewegung von Fethullah Gülen.

In der Türkei lautet ein Herrschaftsmittel der kemalistischen Elite: Jegliche Religion müsse, wenn sie einmal die Privatsphäre verlässt, politisch werden, und zwinge dann dem Staat und der Gesellschaft eine theokratische Ordnung auf. Dieser Glaubenssatz ist die Grundlage dafür, um Religion auf die Privatsphäre zu begrenzen. Die Folge davon ist, dass die 1923 gegründete Türkei zwar Glaubensfreiheit kennt, nicht aber Religionsfreiheit. Denn der Staat müsse ja jenseits der Privatsphäre die Religion kontrollieren. Die Republik Türkei ist ein laizistischer Staat, der versucht, Religion selbst aus der Gesellschaft zu verbannen. Sie ist aber kein säkularer Staat. Denn der Säkularismus trennt Religion und Politik, verbannt aber nicht die Religion aus der Gesellschaft.

Das kemalistische Establishment und seine Freunde im Ausland benutzen also das Argument, alles, was der Islam jenseits des sehr privat gelebten Glaubens und der Theologie hervorbringe, müsse politisch sein. Der Islam mache sich damit zu einem Gegenmodell für die politische und gesellschaftliche Ordnung des modernen Westens. Unbestreitbar gab und gibt es einen politischen Islam, die Muslimbrüder in Ägypten und die vielen Organisationen, denen sie Pate standen, sind ein Beleg dafür. Daneben gab und gibt es in der islamischen Welt aber auch stets gesellschaftliche Bewegungen, die den Menschen im Auge haben, nicht die politische Ordnung. Im Osmanischen Reich waren die Stiftungen (vakıf) ein Beispiel für die unpolitische, gesellschaftliche Betätigung von Muslimen. In der Gegenwart haben wir mit der Bewegung von Fethullah Gülen ein sehr eindrucksvolles Beispiel. Bei ihm steht der Mensch im Mittelpunkt, nicht die Politik. Ihm ist die Gesellschaft wichtig, nicht der Staat.

Ein Verdienst von Fethullah Gülen ist daher, dass er das Konzept der Religiosität in den öffentlichen Raum zurückgebracht hat und dass er den Islam als gesellschaftliche Kraft wieder verankert hat. Während das kemalistische Establishment behauptet, in der Moderne bestehe kein Bedarf an Religiosität mehr, zeigt Fethullah Gülen das Gegenteil. In der Religion sieht er die einflussreichste Energie, die die Werte der Menschen prägt und neue Zivilisationen hervorbringt. Das Verdienst ist gekoppelt an ein zweites. Er hat den modernen Türken den Weg zu einer neuen Identität gewiesen, bei der sie politisch Demokraten sind, kulturell aber Muslime. Eine muslimische Identität, die also vereinbar ist mit der Demokratie und einer pluralistischen Gesellschaft.

Was ist der Rahmen für diesen kontroversen Blick auf die Religion? Ein tiefgreifender gesellschaftlicher Wandel hat die Türkei in den letzten Jahrzehnten verändert. Seit der Gründung der Republik hatte eine städtische Elite das Land geführt. Ihre Träger waren die zentralisierte Bürokratie, das Militär und die bisher etablierte Elite; als ihr politischer Arm fungierte die „Republikanische Volkspartei". Die türkische Soziologin Nilüfer Göle nennt sie die „weißen Türken".

In einer Erziehungsdiktatur wollten sie die Gesellschaft umformen. „Sechs Pfeiler", die kemalistischen Prinzipien, gaben die Richtung vor. Die Geschichte der Republik wurde aber eine Geschichte des Aufbegehrens gegen ihre Prinzipien. Gegen den Laizismus begehrten die Muslime auf; gegen den ethnischen türkischen Nationalismus die Kurden; gegen das Prinzip des „halkçılık" mit der Gleichsetzung von Staat und Gesellschaft die Linken und Liberalen; gegen den Etatismus die Unternehmen. Unumstritten war nur der Republikanismus, nie relevant war das sechste Prinzip, der „Revolutionismus".

Eine kleine städtische Elite entwickelte dieses Korsett, versuchte es der Gesellschaft überzustülpen, legte auf die Gesellschaft eine dicke Eisschicht. Die Institutionen des Islam überlebten nicht, auch hörte der gebildete Islam der urbanen Mittel- und Oberschicht auf zu sein. Was im Untergrund überlebte, waren die religiösen Orden, in denen die Mystik einen großen Stellenwert hat, und ihre Prediger. Sie überlebten, und nachdem das Eis mit der Einführung der Mehrparteiendemokratie geschmolzen war, prägten sie den Islam.

Die Zulassung neuer Parteien machte den Islam wieder sichtbar, und sie koinzidierte mit der Einsetzung der Landflucht. Die Gesellschaft, die bisher stumm war, landete in den Städten und stand der alten Elite gegenüber. Die Politik öffnete sich zur Demokratie, die Wirtschaft öffnete sich zum Markt. So entstand eine neue Elite. Es ist die Elite der anatolischen Türken. Nilüfer Göle nennt sie die „schwarzen Türken". Ihre Partei wurde die AK Parti von Recep Tayyip Erdoğan, ihr Prediger wurde Fethullah Gülen.

Gülen ist der Prediger der unternehmerisch erfolgreichen Elite Anatoliens. Die Mitglieder von Erdoğans AK Parti sehen sich nicht als Islamisten, sondern als konservative Demokraten. In mehr als zwei Jahrzehnten hatte Gülen den Grund dazu gelegt. Damit bin ich bei der zweiten These. Gülen formuliert eine Kultur des Dialogs, nicht des Konflikts. Er spricht sich für Demokratie aus und gegen den Terror, für Toleranz und gegen Hass.

Gülen schuf Werte für eine Kultur des Dialogs und der Toleranz

Fethullah Gülen versteht sich also ganz gewiss nicht als ein Islamist, also als einer, der gegen die bestehende Ordnung aufbegehrt, eine Ordnung, die er durch die Scharia ersetzen will. Nein, Gülen ist vielmehr ein Wertkonservativer, der nicht die Politik führen will, sondern die Gläubigen. Gülen ist ein moderner Muslim, der eine Synthese von Islam und Wissenschaft sucht, von türkischer Kultur und westlicher Zivilisation. Mit einem solchen Islam will Gülen die Türkei und die Türken in Europa verankern. Für welche Werte steht Gülen? Ich greife einige heraus und erläutere sie.

Erstens, Spiritualität. Fethullah Gülen ist ein Prediger, der aus der reichen mystischen Tradition des türkischen Islam schöpft. Der Islam hat viele Gesichter. Den mystischen und toleranten türkischen Islam symbolisiert der tanzende Derwisch. Im Drehen um die eigene Achse gerät er in Ekstase, und dabei sucht er die Vereinigung mit Gott. Gülen ist der Mystik und Toleranz verpflichtet, wie sie Mevlana Celalettin Rumi, Yunus Emre und Said-i Nursi entwickelt und gepredigt haben. Gülen setzt der verknöcherten Verkopftheit der islamisch-orthodoxen Geistlichkeit eine Spiritualität entgegen, um die jegliche Gelehrsamkeit ergänzt werden müsse. Über die Spiritualität werde der Islam wieder dynamisch. Spiritualität gebe dem Islam Kreativität und Toleranz zurück, predigt Gülen.

Im Mittelpunkt von Gülens Denken steht statt der großen Politik die Verinnerlichung der Religion. Dazu predigt er Werte, die sich nicht grundsätzlich von denen des Christentums unterscheiden: die Hingabe an Gott und die Menschen, die Nächstenliebe, die Opferbereitschaft. Sie setzt er den „destruktiven Werten Konflikt und Konfrontation" entgegen. Zusammen ergeben sie eine „weltliche Askese", die dem Menschen inneren Frieden vermitteln und ihm seine Verantwortung für seine Umwelt bewusst machen soll. „Ideen bewegen und motivieren den Menschen", sagt Gülen.

Häufig zitieren Gülens Anhänger sein Wort: „Schimpft nicht auf die Dunkelheit, sondern stellt Kerzen auf." Damit sind wir bei einer zweiten Wertebene: einer neuen Arbeitsethik. Auch der spirituelle Mensch bedarf der Arbeit, und Gülen fordert von ihm ein lebenslanges Lernen und eine Arbeitsethik, die auf Effizienz ausgerichtet ist. Als Beispiel nennt er jene Pioniere, die selbst dann nicht verzweifeln, wenn sie in der Wüste Rosen züchten sollen. Die muslimisch-calvinistische Ethik der neuen anatolischen Mittelschicht klingt hier durch. Ihr hat Gülen den Boden bereitet. In der Tat gibt es da Parallelen. Nicht viel anders, als es Max Weber in seiner „Protestantischen Ethik" beschreibt, fordert Gülen die Menschen zum Handeln auf, damit sie am Jüngsten Tag mit genügend guten Taten vor Gott stehen. Max Ulrich Zwingli rief es seiner Gemeinde etwas anders zu: „Tu um Gottes willen etwas Tapferes." Tue etwas, und das um Gottes Willen, es hat tapfer zu sein.

Was Soziologen bereits den „islamischen Calvinismus" nennen, geht auf Gülen und seine Aufforderung zurück, im Diesseits Gutes zu tun. Arbeit ist dabei für jene, die das praktizieren, eine hohe Form des Gottesdienstes. Gülen betont neben Werten wie Nächstenliebe vor allem Einsatzbereitschaft und weltliche Askese. Sie werden in der Gesellschaft zu einer Kraft der Erneuerung.

Drittens, das Streben nach Wissenschaft. Zum Auftrag zu handeln gehört auch die Wissenschaft. Gülen propagiert die Wissenschaft als ein Mittel, die Schöpfung zu verstehen. Er versteht sie auch als ein Mittel, um zu Wohlstand zu gelangen. Wollen die Muslime am Fortschritt teilhaben, müssen sie die Wissenschaften als Teil der Moderne akzeptieren. Gülen weiß, was das für Folgen hat. Er will auch keinen Islam, der immer gleich bleibt und sogar zurückkehrt zur Zeit der vier rechtgeleiteten Kalifen, die Muslime das Zeitalter der Glückseligkeit nennen. Gülen spricht sich für einen Islam aus, der sich in jeder Zeit erneuert und der offen ist für Erfahrungen jeder Epoche und an jedem Ort.

Viertens, als politischen Rahmen, der die Kreativität der Gesellschaft fördert, will Gülen die Demokratie. In einem zehnteiligen Interview, das im März 2004 in der Zeitung *Zaman* erschien, sagte Gülen, vor 15 oder 20 Jahren hätten die Muslime in der Türkei noch nicht von Demokratie gesprochen. Das aber hat sich verändert, nicht zuletzt dank Gülen. In dem Interview fuhr er fort, dass es im Islam kein Hindernis für Demokratie gebe. Auch eine Demokratie bedürfe aber einer metaphysischen Dimension, und der Islam könne sie bieten. Wie es christliche, jüdische und buddhistische Demokraten gebe, könne es auch muslimische Demokraten geben.

Gülen argumentierte, der Islam lege eine Regierungsform nahe, die auf einem „Contrat social" basiere. Dann könne der Wille der Menschen aus freien Wahlen hervorgehen. Die Menschen sollten ihre Anliegen frei debattieren und ihre Regierungen frei wählen, fordert Gülen. Unabdingbar seien daher gleiche Rechte für alle, und die schütze allein die Demokratie. Rechte wie die Unantastbarkeit des Lebens, die Meinungs- und Glaubensfreiheit, das Privateigentum könnten nicht in Frage gestellt werden. Nur in der Demokratie sieht Gülen die Rechte des Einzelnen, die gleichen Rechte für alle und die Modernisierung der Gesellschaft gewahrt. Jahre hat es gebraucht, bis die Islamisten der Türkei diesem Denken gefolgt sind und Demokraten wurden.

Gülen lässt keinen Zweifel daran, dass der Islam und die Demokratie miteinander vereinbar sind. Das ist bedeutsam über die Türkei hinaus. Lebten Menschen friedlich miteinander, treibe die Welt nicht zwangsläufig in einen Konflikt der Zivilisationen, sagt er. Im globalen Dorf, zu dem die Welt geworden sei, könne es Frieden nur dann geben, wenn jeder die Unterschiede zwischen den Menschen als wertvollen Teil der menschlichen Existenz akzeptiere und wenn niemand daran gehindert werde, in Übereinstimmung mit seinen Prinzipien zu leben. Demokratie ermöglicht Pluralismus, und Pluralismus erfordere Toleranz. Jeder müsse also bereit sein, die Andersartigkeit des anderen zu respektieren. Auch dazu ruft Gülen auf.

Ein weiterer Aspekt von Gülens Aufruf zur Demokratie scheint mir bemerkenswert. Er predigt, die Gläubigen sollten den Islam als Individuen leben, und sie sollten nicht nach einer islamischen Staatsordnung streben. Nicht die Umma stehe im Mittelpunkt, die Gemeinschaft der Muslime, sondern das Leben eines Muslims als Einzelner. Die Muslime gestalten den Islam nach ihrem Denken immer wieder neu. Gott beurteile den Menschen nach seinem Handeln und nicht nach der Staatsordnung, in der er lebe. Nicht politische Fragen stehen für Gülen im Vordergrund, wie die Einführung des islamischen Gesetzes der Scharia, sondern Fragen der Moral und der Bildung. Die Moral solle dem Handeln eine ethische Grundlage verschaffen, die Bildung solle modernes Wissen vermitteln. Ausgestattet mit beidem, könne der moderne Muslim die Welt mit gestalten und seine Identität bewahren.

Vier Werte haben wir identifiziert, für die Gülen steht: Spiritualität, Handeln im Diesseits, Streben nach Wissenschaft und Demokratie. Ein fünfter Punkt versteht sich nun von selbst. Entschiedener als die meisten anderen muslimischen Führer verurteilt Gülen den Terrorismus, der sich auf den Islam beruft. Er sagt: „Einer der Menschen, die ich am meisten verabscheue und hasse, ist Bin Ladin." Wer Menschen töte, gewinne weder Allahs Wohlgefallen, noch gehe er in den Himmel ein. Mörder und Selbstmörder seien vielmehr für alle Ewigkeit zur Hölle verdammt. Dieses „Monster" habe das Bild des Islams beschmutzt, und lange werde es dauern, bis dieser Schaden behoben sei. Für ein „wahres Ziel" müssten stets „wahre Mittel" eingesetzt werden.

Wer Gülen folgt, kann nicht zum Selbstmordattentäter werden. Im Gegenteil führt er seine Anhänger auf einen Weg des friedlichen Miteinanders. Den Fanatikern unter den Muslimen hält Gülen vor, gerade sie hätten zu verantworten, dass sich die Mehrheit der Muslime falschen Anschuldigungen ausgesetzt sehe. Ihnen hält er entgegen: „Ohne Fäuste gegen jene, die uns schlagen; ohne Schmähung gegen jene, die uns beleidigen." Denn die islamische Mystik lehre, dass die Liebe die höchste Vervollkommnung des Menschen sei. Die Mystik lehre Liebe und Toleranz und führe so zur Erkenntnis Gottes.

Eine kleine Zwischenbilanz: Gülen inspiriert eine gesellschaftliche, nicht eine politische Bewegung. Seine Anhänger sind politisch Demokraten und kulturell Muslime. Als Werte gibt er ihnen auf den Weg: Seid spirituell, seid fleißig, seid wissbegierig, seid tolerant, begehret gegen den Terror auf.

Ein Netzwerk für die neue Mittelschicht

Dieser Islam ist keine Gefahr für die Gesellschaftsordnung, die Europa hervorgebracht hat. Im Gegenteil: Sie fügt sich in diese gut ein, und Fethullah Gülen wird dabei zu einer Stimme der Vernunft. Und doch behaupten die Kritiker Gülens weiter, seine Anhänger arbeiteten im Verborgenen, um den Laizismus durch eine Theokratie zu ersetzen. In anderen Worten ausgedrückt, Gülens Bewegung führe eine „geheime Agenda" im Schilde, betreibe also die Islamisierung der Türkei. Darauf gebe ich nach 17 Jahren Beobachtungen in der Türkei zwei Antworten. Erstens, was der Bewegung zum Vorwurf gemacht wird, ist ihre fehlende Institutionalisierung. Zweitens, ihre Aktivitäten sind sichtbar.

Erstens, das Netzwerk ist nicht institutionalisiert. Es ist keine Organisation, es ist nicht eingebettet in eine Hierarchie und ein Organigramm, sondern eben ein Netzwerk und ein gesellschaftliches Phänomen. Das bedeutet aber nicht, dass man es nicht sehen und nicht hören würde. Der gemeinsame Nenner ist nicht die Zugehörigkeit zu einer Organisation, sondern das Bekenntnis zu einer Ethik. Entstanden ist ein loses Netz, das die Anhänger informell verbindet. Unternehmer und Selbständige in Dienstleistungsberufen sind Teil des Netzwerks, Lehrer und andere Akademiker. Der Bochumer Islamwissenschaftler Bekim Agai hat das Netzwerk untersucht. Wer sich von Gülens Ideen inspirieren lässt, gründet aus eigener Initiative eine Schule oder ein Bildungszentrum. Die Bewegung selbst gibt sich daher den Namen „Gönüllüler Hareketi", „Bewegung der Freiwilligen und Ehrenamtlichen".

Wer sind ihre Mitglieder? Ich sprach davon, dass Fethullah Gülen der Prediger der neuen anatolischen und aus Anatolien kommenden Mittelschicht ist. Die Anhänger Gülens kommen aus dieser neuen Mittelschicht, sei es in der Türkei oder in Deutschland. Jene schließen sich ihr an, die sich mit den drei Anliegen Gülens identifizieren: Bildung, Dialog, Medien.

Der gesellschaftliche Wandel hat nicht allein die Politik der Türkei verändert, indem es mit der AK Parti erstmals eine Partei gibt, die für die bisher schweigende anatolische Mehrheit spricht. Der gesellschaftliche Wandel veränderte auch die Wirtschaft – etwa durch den Aufstieg neuer anatolischer Industriestädte, den sogenannten „anatolischen Tiger". Denkbar wäre das alles nicht ohne die stabile Grundlage von Werten. Fethullah Gülen hat sie der neuen Mittelschicht geliefert.

Die Aktivitäten sind für jeden sichtbar

Und doch hält sich hartnäckig die Behauptung, die Gülen-Bewegung habe eine „geheime Agenda". Wenn es in der Türkei eine „geheime Agenda" gibt, dann jene der Untergrundbande „Ergenekon". Sie hat sich formiert mit dem Ziel, die Türkei durch Attentate zu destabilisieren, eine Junta einzusetzen und die Türkei in nordkoreanische Verhältnisse zu führen. Auf ihren Todeslisten standen die Führer der nichtmuslimischen Minderheiten, mit denen Gülen in Kontakt stand. Was ist die offene Agenda der Bewegung, die sich von Fethullah Gülen inspirieren lässt? In ihrem Mittelpunkt stehen die bereits genannten drei Bereiche Bildung, Dialog und Medien.

Erstens, die Bewegung von Fethullah Gülen ist eine Bildungsbewegung. Seine Anhänger haben in der Türkei und im Ausland mehr als 500 Schulen gegründet. Ihre Lehrpläne sind modern, ihr Schwerpunkt liegt auf den modernen Naturwissenschaften und Fremdsprachen; in diesen Bereichen leisten sie mehr als staatliche Schulen. Längst gehören sie zu den besten Schulen der Türkei. Ihre Absolventen belegen bei den alljährlichen Hochschulzugangsprüfungen die vorderen Ränge. Sie unterstehen wie alle Schulen dem Bildungsministerium, dessen Inspektoren die Schulen regelmäßig kontrollieren. Sie sind also kein Instrument eines geheimen Umsturzes. Gegründet und betrieben werden sie aber von Vereinen, die von türkischen Selbständigen ins Leben gerufen werden.

Die Gründe, weshalb die Bewegung auf Schulen so großen Wert legt, ergeben sich aus dem Gesagten: Der Muslim soll die Schöpfung verstehen, er soll modern sein, auf der Höhe der Zeit und teilhaben am wissenschaftlichen Fortschritt. Das zum einen. Zum anderen hatte Gülen einmal in einem Interview dem Erziehungssystem die Schuld dafür gegeben, dass aus der Mitte der Muslime Terroristen hervorgegangen sind. So forderte er, die Schulen hätten dafür Sorge zu tragen, dass eine Saat des Terrorismus nicht entstehe.

Das zweite Element ist der Dialog. Die Türkei ist ein stark fragmentiertes Land. Das gilt für die Gesellschaft, für die ungleiche Verteilung von Vermögen und Einkommen, das gilt auch für die ideologischen Debatten. Die Republik Türkei hat keine Streitkultur und keine Debattenkultur hervorgebracht. Geographisch ist die Türkei ein breit gezogenes Rechteck, geistig besteht sie aus vielen Inseln, die nicht miteinander kommunizieren. Lange hatte es unter den verschiedenen ideologischen Gruppen kaum einen Dialog gegeben. Dialog und Kompromiss schienen nicht in das Vokabular der ideologischen Debatten zu gehören. Noch immer gibt es Gruppen, die glauben, zum Wohle des Staats anderen ihre Meinung aufzwingen zu können.

In den vergangenen zehn Jahren ist auch da einiges in Fluss gekommen. Fethullah Gülen war nicht der einzige, der dazu einen Betrag geleistet hat. Aber er hat einen wichtigen Beitrag geleistet. Seine Anhänger gründeten Foren wie die „Vereinigung der Journalisten und Schriftsteller" und die „Abant Plattform". Die „Vereinigung der Journalisten und

Schriftsteller" wurde 1994 gegründet, seither organisiert sie Vorträge und Konferenzen. Aufsehen erregte bei den Konferenzen der ersten Jahre, dass in der ersten Reihe Gülen neben den Würdenträgern der nichtmuslimischen Religionen saß. Ziel der Vereinigung ist, Foren für einen Dialog unter Intellektuellen, Meinungsmachern und Kulturschaffenden einzurichten, die es bisher in der Türkei nicht gab. Eines dieser Foren ist dem „Interkulturellen Dialog" gewidmet; es veranstaltete Konferenzen in Harran und Mardin, an Orten des abrahamitischen Geschehens.

Das wohl wichtigste Forum ist die „Abant Plattform", benannt nach einem Skiressort in den Bergen von Bolu. 1998 fand sie dort erstmals statt, und seither bringt sie die führenden Intellektuellen unterschiedlichster Überzeugungen der Türkei regelmäßig zusammen. Sie diskutieren dabei über mehrere Tage kontroverse aktuelle Themen, sei es das Verhältnis von Staat und Religion oder die Kurdenfrage. Die vorletzte „Abant Plattform" fand Mitte Februar 2009 in der nordirakischen Stadt Arbil statt, der Hauptstadt der autonomen Region Irakisch-Kurdistan.

Wesentlicher Bestandteil dieses Dialogs sind die Treffen Gülens mit hohen nichtmuslimischen Würdenträgern. Gülen hat eine offene Agenda. Er war der erste bekannte Türke, der den Ökumenischen Patriarchen zu Konstantinopel, Bartholomaios, und den armenischen Patriarchen in der Türkei, Mesrob, in ihren Amtssitzen in Fener und Kumkapı besucht hat. In Rom besuchte er Papst Johannes Paul II., in Istanbul auch den geistlichen Führer der sephardischen Juden, den Oberrabbi Eliyahu Bakshi Doron. Bereits als Gülen der Öffentlichkeit noch nicht bekannt war, hatte er mit dem Ökumenischen Patriarchen Athenagoras, der 1991 starb und dessen Nachfolger Bartholomaios wurde, Kontakte gepflegt.

Die nichtmuslimischen Minderheiten der Türkei erkannten früh, dass als erster führender türkischer Muslim Gülen mit ihnen einen ehrlich gemeinten Dialog suchte und auch führte. Denn Gülen ist sich bewusst, dass die Muslime und die Christen in der globalisierten Welt zum friedlichen Miteinander und zum Dialog keine Alternative haben, dass sie also miteinander auskommen müssen.

Das dritte Element sind die Medien. Hier läuft der Vorwurf, Gülens Bewegung sei klandestin, völlig ins Leere. *Zaman* ist die wichtigste Gülen nahestehende Zeitung. Vor einem Jahrzehnt schickte Gülen vier ihrer führenden Redakteure, wie den heutigen Chefredakteur Ekrem Dumanli und Eyüp Can, in die Vereinigten Staaten, wo sie das Handwerk des Zeitungsmachens lernten. Ihre Rückkehr machte sich bemerkbar. *Zaman* ist heute eine der wenigen Qualitätszeitungen der Türkei, professionell gemacht und mit einer großen Breite von Kolumnisten, auch Linken und Liberalen, so dass Themen auch innerhalb der Zeitung kontrovers diskutiert werden. Die Zeitung räumt natürlich Fethullah Gülen mehr Platz ein als andere. Mehr als andere Zeitungen berichtet sie aber über internationale Themen. Weitere wichtige Medien sind die Wochenzeitschrift „Aksiyon" und der Fernsehsender „Samanyolu".

Gülen steht für einen „Euro-Islam" und ist anders als „Millî Görüş"

Fethullah Gülen hat eine neue Phase des Islams in der Türkei eingeleitet. Bausteine sind eine gesellschaftliche Mobilisierung, ein Netzwerk für die Mittelschicht, Werte für eine Kultur des Dialogs und der Toleranz – und diese Kultur wird auch in die Praxis umgesetzt. Dieser Islam passt für Europa. Der arabische Islam ist der sunnitische Islam, der persische Islam ist die Schia. Einen „Euro-Islam" haben beide trotz ihrer vielen Facetten nicht geschaffen. Der Islam trägt einen Kern der Wahrheit, hat aber viele Manifestationen hervorgebracht. Daher ist es legitim, wenn die Muslime Europas einen Islam praktizieren wollen, der auch mit ihrer Lebenswirklichkeit in Einklang steht. Der Islam, wie ihn Gülen predigt und die Bewegung praktiziert, ist ein solcher.

Bis heute behaupten die Kritiker der Bewegung von Gülen, sie sei deckungsgleich mit „Millî Görüş", zumindest flössen beide ineinander. „Millî Görüş" ist die von Necmettin Erbakan gegründete Dachorganisation des politischen Islams der Türkei. Sie hat ein klar erkennbares Organigramm, einen islamistischen Diskurs und ein auf die türkische Innenpolitik gerichtetes Interesse. Die ägyptischen „Muslimbrüder" betrachten Erbakan als einen der ihren. Die Mitglieder von „Millî Görüş" in Deutschland sind überwiegend türkische Migranten aus der Arbeiterklasse.

Die Gülen-Bewegung unterscheidet sich in allen Punkten von „Millî Görüş". Ihre Mitglieder rekrutieren sich überwiegend aus der neuen Mittelklasse, ob in der Türkei oder in Deutschland. Akademiker schließen sich ihr an, die sich mit den drei Hauptanliegen Gülens – Bildung, Dialog und Medien – identifizieren. Sie beschäftigen sich weniger mit der hohen Innenpolitik der Türkei als mit lokalen Projekten in Deutschland und sind dabei häufig ehrenamtlich tätig.

Denn sie haben, das hört man von ihnen häufig, lediglich „die Hoffnung auf das Wohlgefallen Gottes", um ins Paradies zu gelangen, aber keine Garantie. Sie müssen sich also vor Gott beweisen, dass sie neben dem Gebet mit konkreten Taten Gutes bewirken. Da schwingt wieder das mit, was ich vorher „islamischer Calvinismus" genannt habe.

Anders als „Millî Görüş" versteht sich die Gülen-Bewegung als überparteilich. Sie unterstützt im Prinzip aber jene türkischen Parteien, die die Demokratisierung voranbringen. Gülen hat einen großen Anteil daran, dass sich aus dem politischen Islam heraus eine neue Generation muslimischer Demokraten entwickelt hat, zudem auch eine neue Generation muslimischer Intellektueller, die – wie Fehmi Koru und Ali Bulaç – nicht nach einem Schariastaat rufen, sondern nach einem demokratischen Staatswesen, in dem sie als moderne Muslime leben können.

101

Der Prediger der Moderne und eines modernen Islam

Weshalb aber, so fragen sich viele, hat ausgerechnet ein Prediger diese Breitenwirkung erzielt? Fethullah Gülen ist sogar Autodidakt, er hat sich sein Wissen selbst angeeignet. Von 1958 bis 1981 war er Prediger im Auftrag der Religionsbehörde Diyanet. Nach seinem Ausscheiden aus dem Staatsdienst lebte und predigte er weiter in Izmir. Dort war auch der damalige Ministerpräsident und Reformer Turgut Özal immer wieder unter seinen Zuhörern. In seinen Predigten beruft sich Gülen immer wieder auf sein Vorbild, den Prediger Said-i Nursi, der 1960 starb, dem er aber nie persönlich begegnet war. Weshalb also hat ein Prediger wie Gülen eine solche Breitenwirkung erzielt? Dafür lassen sich eine Reihe von Gründen aufführen.

Erstens, auch in anderen Gesellschaften sind Prediger einflussreich, nehmen wir nur die Vereinigten Staaten. Dort ist es selbstverständlich (und wird nicht als Gefahr für die Demokratie gesehen), wenn ein charismatischer Prediger wie Rick Warren die Präsidentschaftskandidaten in seine kalifornische Gemeinde der Saddleback Church einlädt. Rick Warren will in vielem das gleiche wie Fethullah Gülen, Gräben in der Gesellschaft überbrücken und dabei zu den Werten des Glaubens stehen.

Zweitens, auch Fethullah Gülen ist kein Theologe, sondern ein Prediger. Er hat keine Theologie des zeitgemäßen Islam entwickelt, er predigt ihn. Wir neigen dazu, die Breitenwirkung intellektueller Diskurse zu überschätzen. Theologen erreichen aus ihren Elfenbeinturm heraus nur wenige. Das ist bei der „Ankaraner Schule" der Fall, auch bei anderen. Wer von uns hat, Hand aufs Herz, Karl Rahner parat oder weiß über Wolfhart Pannenberg zu referieren, der als einer der kreativsten zeitgenössischen christlichen Theologen gilt? Wortgewaltige Prediger erreichen mehr Zuhörer als Intellektuelle Leser.

Drittens, Gülen verdankt seine Wirkung auch den Medien. Said-i Nursi musste seinen Zuhörern noch von Angesicht zu Angesicht predigen. Gülens Predigten wurden über Kassetten verbreitet, später über das Fernsehen. Seine Interviews werden in den Zeitungen abgedruckt. Die Technik reicht als Erklärung nicht. Das Geheimnis von Gülens Erfolg ist, dass er Themen anspricht, die die Menschen bewegen, und das in einer Form, die sie verstehen. Er bietet ihnen Lösungen an, die ihnen einleuchten und die sie akzeptieren.

Viertens, eine besondere türkische Komponente ist, dass Prediger im türkischen Islam einen höheren Stellenwert haben als bei anderen islamischen Völkern. In Zentralasien waren die Vorfahren der Türken Anhänger des Schamanismus gewesen. Der Schamanismus ist ein Kult, der Predigern eine starke Stellung gewährt. Dann wurden die Türken auf ihrer Wanderung nach Anatolien nicht von orthodoxen Religionsgelehrten zum Islam bekehrt, sondern von heterodoxen Derwischen, die den Islam nie als legalistische Religion praktiziert hatten. Schließlich ist es hauptsächlich Predigern zu verdanken, dass der Islam in der ersten Hälfte des 20. Jahrhunderts überlebt hat, in der Zeit also, in der eine dicke Eisschicht über dem religiösen Leben lag.

Modernisierer der Türkei

Auch wenn es seine Kritiker nicht gerne hören: Dieser Prediger Fethullah Gülen hat einen entscheidenden Anteil an der Modernisierung der Türkei. Im Mittelpunkt von Gülens Lehre stehen der Mensch und dessen Nächster. Das ist neu in der Türkei, und daher fürchten ihn auch seine kemalistischen Kritiker. Denn sie stellen den Staat und die nationale Sicherheit an die erste Stelle. Der Mensch ist nicht Mensch, sondern ein innerer oder äußerer Feind. Misstrauen steht über den Menschenrechten. Gülen, dem in der islamischen Mystik verwurzelten Prediger, gebührt mit seinem Aufruf zu Toleranz und Pluralismus ein großer Anteil an der Überwindung dieser autoritären Staatsideologie. Die Türkei wird de-

103

mokratischer, pluralistischer, europäischer. Und aufgrund Gülens Wirkens ist in der Türkei ein Islam lebendig, der im Einklang mit der Modernität und dem Westen steht, dabei aber nichts von seinen Glaubensinhalten preisgeben muss.

Gülen strebt nicht nach kalter politischer Macht, sondern nach einer besseren, humaneren Gesellschaft. Die will er von unten schaffen, durch Bildung und Toleranz. Er predigt nicht den abstrakten Islam von Religionsgelehrten, die in jenen Jahrhunderten Bedeutung hatten, in denen sie lebten. Gülen predigt einen Glauben, der auf der Vernunft basiert, wie wir sie heute verstehen. Wie schon gesagt: Seine Anhänger sind politisch Demokraten und kulturell Muslime. Als Werte gibt er ihnen auf den Weg: seid spirituell, seid fleißig, seid wissbegierig, seid tolerant, begehrt gegen den Terror auf. Wer sie befolgt, findet seinen inneren Frieden und daraus die Kraft zur Erneuerung. Ein neues Selbstbewusstsein entsteht, und der moderne Muslim findet den Platz in der heutigen Welt, auf Augenhöhe mit den anderen. Dieser Islam ist keine Gefahr und keine Herausforderung, sondern ein Partner und eine Bereicherung. Mit diesem Islam müssen wir uns nicht länger schwertun.

Claudia Derichs

Die Gülen-Bewegung *down under*: Eindrücke und Befunde aus Australien

Australien und das Prinzip „Multikulturalität"

Australien hat in der zweiten Hälfte des 20. Jahrhunderts Einwanderer gesucht. Sie sollten in erster Linie als Arbeitskräfte – vornehmlich in der Autoindustrie (z. B. Ford, General Motors, Dunlop) und der Schwerindustrie (z. B. Morgan Steel) – zur Verfügung stehen, im Unterschied zu den nach (West-)Deutschland migrierenden Menschen aber keine „Gastarbeiter" sein. Die australische Regierung, die 1967 einen bilateralen Vertrag mit der Türkei unterzeichnete, bestand auf der Formulierung *migrants* für die einwandernden Türken und Türkinnen, während die türkische Regierung auf dem Terminus *guest workers* beharrte. In den türkischsprachigen Archiven findet sich der Begriff der „Gastarbeiter" noch in Dokumenten. Die Fest-Broschüre zum 40-jährigen Einwanderungsjubiläum notiert:

> „In the early 1960s, Türkiye (as the Turkish diaspora refers to its homeland) was already sending guest workers to Europe, expecting these temporary workers to return with financial resources and modernised skills. By contrast, Australia was recruiting immigrants as future citizens, but unlike earlier waves of migration, families and couples were encouraged to come here."[1]

Die ersten türkischen Migranten trafen 1968 in Australien (hauptsächlich in Melbourne und Sydney) ein; ihre nachfolgende Geschichte zeichnet einige Parallelen zur Geschichte

---

[1] ‚We came as workers – we stayed as citizens'. Celebrating 40 years of Turkish migration to Australia. Melbourne 2008, S. 2.

der türkischen Einwanderung nach Deutschland: Viele derjenigen, die eigentlich nur wenige Jahre im Aufnahmeland ver-
weilen wollten, schoben die Rückkehr in die Türkei immer
wieder auf und blieben schließlich im Einwanderungsland.
Der Slogan der Jubiläumsfeierlichkeiten zur 40-jährigen Migration aus der Türkei im Jahr 2008 bringt dies deutlich zum
Ausdruck: „We came as workers – we stayed as citizens".

Der Slogan weist gleichzeitig auf einen anderen Aspekt
der türkischen Migrationsgeschichte in Australien hin: Die
Einwanderer erhielten, relativ rasch, den Status als Bürger
(*citizen*) und konnten dadurch politisch und wirtschaftlich
von allen Rechten, die mit diesem Status einhergehen, Gebrauch machen, aktiv partizipieren und die Gesellschaft mitgestalten. Für ihre soziale Sicherheit bedeutete dieser Status
nicht nur die Möglichkeit, die staatlichen Sicherungssysteme
in Anspruch nehmen, sondern auch, auf einer emotionalen
Ebene ein Gefühl von Sicherheit hegen zu können. Zu dieser
emotionalen Sicherheit trug die Integrationspolitik des australischen Staates in erheblichem Maße bei, zum Beispiel
durch Sprachangebote an Schulen, muttersprachliche Betreuung in Behörden oder durch kommunale Beratungsdienstleis-
tungen (*counselling*). Seit 1973 liegt dieser entgegenkommen-
den Politik auch formal das Paradigma der Multikulturalität
zugrunde.[2] Australien versteht sich somit nicht nur als Einwanderungsland, sondern als ein Aufnahmeland, welches
den Mehrwert der Multikulturalität zu schätzen weiß und
ihre Förderung in politische Maßnahmen umsetzt. Zur er-
wünschten kulturellen Vielfalt zählt dabei auch die religiöse
Vielfalt, so dass die Einrichtung von Andachtsstätten der verschiedenen Religionen (Kirchen, Moscheen u. a. m.) relativ
problemlos möglich ist.[3] Konfessionell ausgerichtete Schulen
erhalten staatliche Unterstützung und sind dadurch zu einer

---

[2] Zur Politik und zum gesellschaftlich-politischen Management religiöser
Vielfalt in Australien siehe Bouma (1995).
[3] Die erste türkische Moschee wurde 1976 in Coburg, Victoria, errichtet.

beliebten Anlaufstelle für Eltern geworden, die ihren Kindern Primär- und Sekundärbildung mit starken Bezügen zu ihrer eigenen Herkunftskultur sowie eine feste religiöse Orientierung bieten möchten. Einige dieser Schulen werden von der Gülen-Bewegung getragen; auf sie sei im Folgenden das Augenmerk gelegt.

Schule als Ort der kulturellen und religiösen Praxis

In den Großregionen Melbourne und Sydney, wo die meisten der ca. 200.000[4] türkischstämmigen Australier leben, befinden sich *Colleges*, die von den ansässigen türkischen Gemeinden erbaut wurden, als erste Fremdsprache Türkisch anbieten und islamische religiöse Bildung in ihr Curriculum integrieren. Zu ihnen gehören das Isik College, das Ilim College, das Mount Hira College, das Sule College und andere Einrichtungen. Sie bieten von der „Vorschule" (*prep*) bis zum hochschulqualifizierenden Abschluss (*grade 12*) eine staatlich anerkannte Schulausbildung an.[5] Im Jahrgang 12 besteht die Möglichkeit, am Zulassungstest für eine Universität des jeweiligen Bundesstaates (z. B. VCE = *Victorian Certificate of Education*) teilzunehmen. Die Wettbewerbe um das Zertifikat der allgemeinen Hochschulreife (*Higher School Certificate*) finden auf Bundesland-Ebene statt, so dass die Schulen in dem jeweiligen Bundesstaat miteinander konkurrieren. Entsprechend werden die Erfolge der bestandenen Eingangsprüfungen publik gemacht und dienen der Reputation der Einrichtung. Das Gülen-basierte Isik College beispielsweise verzeichnete

---

[4] Die Schätzungen variieren erheblich, zumal der Zuwanderungshintergrund bei der zweiten und dritten Generation nicht mehr erfasst wird. Genannte Zahlen für alle Generationen schwanken zwischen 150.000 und 300.000. Zum Vergleich: In Deutschland lebten 2002 ca. 2,4 Mio. Menschen türkischer Herkunft; vgl. Migrationsbericht (2002), S. 14.
[5] Die „Vorschule" besuchen Kinder im Alter von 5 Jahren. Sie gehört zum Primarbereich und dauert 1 Jahr.

eine durchschnittliche „Bestanden"-Quote von 76,25 % seiner Bewerber und Bewerberinnen im Jahr 2007.[6] Es zählt damit zu den erfolgreichsten Schulen des Bundesstaates Victoria.

Im Rahmen eines Forschungsprojektes zum Thema „Diversity and Social Protection among Turkish Communities in Germany and Australia" besuchte unser Team im Jahr 2008 verschiedene türkisch-islamische Colleges im Großraum Melbourne und Sydney, darunter die drei von der Gülen-Bewegung organisierten Privatschulen Mount Hira, Isik und Sule.[7] Mount Hira und Sule verzeichnen, ähnlich wie Isik, beachtliche Erfolge in der Ausbildung ihrer Schüler und Schülerinnen. Dies spiegelt sich sowohl in der Quote der Universitätszugänge als auch in der Nachfrage nach Aufnahmeplätzen an den einzelnen Colleges wider. Die Schulen können der steigenden Nachfrage kaum gerecht werden, ihre Kapazitäten sind in allen Jahrgängen erschöpft. Was macht die Einrichtungen so erfolgreich, so begehrt, vor allem unter muslimischen Gemeinden in Australien?

Der Wettbewerb um einen Universitätsplatz stellt einen Anreiz für die Schüler dar. Gleichwohl muss dieser Anreiz in einer Gesellschaft zunächst einmal eine gewisse Attraktivität ausstrahlen, um als solcher überhaupt wirken zu können. Mit anderen Worten: Bildung muss ein erstrebenswertes Gut darstellen, um als Anreiz fungieren zu können. Diese keineswegs banale Feststellung tritt im australisch-deutschen Vergleich relevant zutage, denn Bildung scheint in beiden Gesellschaften eine recht unterschiedliche Wertschätzung unter den türkischstämmigen Gemeinschaften zu genießen. Während in Australien geschätzte 60 % der Schulabgänger

---

[6] Jede/r Bewerber/in kann maximal 100 Punkte erreichen. Getrennt gelistet werden diejenigen, die über 90 Punkte, über 80 (= 80–90) und über 70 (= 70–80) Punkte erreicht haben. Der prozentuale Durchschnittswert ergibt sich aus den Prozentwerten dieser drei Kategorien.
[7] Ungefähr ein Viertel aller Schulen in Australien sind Privatschulen, die meisten von ihnen (ca. 70 %) werden von der katholischen Kirche getragen.

mit türkischem Migrationshintergrund eine berufliche Karriere im kaufmännischen, handwerklichen etc. Bereich anstreben, zieht es die übrigen 40 % an die Universität.[8] In Deutschland hingegen sind nur 7 % der Jugendlichen mit türkischem Migrationshintergrund an den für einen Hochschulzugang qualifizierenden Gymnasien repräsentiert. Von diesen wiederum zieht es nur 3 % (ca. 39.00 Personen in absoluten Zahlen) an die Universität.[9] Im Allgemeinen sind türkischstämmige Jugendliche trotz nachlassender Tendenz stärker an den Hauptschulen als an den übrigen Einrichtungen der Sekundärbildung vertreten.[10] In Australien, so Tevfik Kerimoglu, sind die türkischen Eltern sehr darauf bedacht, ihre Kinder auf die Universität zu bringen.[11] Über die Gründe für den Unterschied zwischen der Situation in Deutschland und der in Australien kann spekuliert werden. Interessant für die Frage nach dem Stellenwert von Bildung im Wertegefüge der Menschen scheint aber die Tatsache zu sein, dass Australien die Bedeutung des Wertes Bildung überzeugender zu vermitteln vermag als Deutschland. Insofern treffen die Gülen-basierten Colleges in Australien auf eine mehrheitlich respektierte gesellschaftliche Werthaltung. Ihr Bildungskonzept wird angenommen, ist attraktiv und zieht vor allem die Kinder aus muslimischen Familien an. Nicht-muslimische Schüler und Schülerinnen sind gleichwohl willkommen. Den Nexus zwischen der Religion des Islam und dem hohen Wert der Bildung, der im Ideengut der Gülen-Bewegung eine tragende Rolle einnimmt, schildert

---

[8] Interview mit M. Tevfik Kerimoglu, Victorian School of Languages, Melbourne, 16.09.2008.

[9] Interview mit Ahmet Güler, Bund Türkisch-Europäischer Unternehmer (BTEU), Hannover, 19.02.2009. Die Zahlenangaben basieren laut Güler auf Daten der PISA-Studie und des BMBF. Siehe auch Diefenbach (2007).

[10] Zur Bildungsbeteiligung türkischstämmiger Jugendlicher in Deutschland siehe von Below/Karakoyun (2007), S. 35–39 und 44.

[11] Interview mit M. Tevfik Kerimoglu, Victorian School of Languages, Melbourne, 16.09.2008.

Ibrahim Dellal von der Selimiye-Stiftung für Jugendbildung in Melbourne:

> „Education is the key. Teachers at the college [= Isik College, C.D.] are not there for money; they pass on the message of knowledge. The principle of the Selimiye Foundation is the Islamic Way of Life. However, no one is told to be religious."[12]

Die Selimiye-Stiftung ist in 110 Ländern weltweit vertreten. In Australien wirkt sie einzig im Bundesstaat Victoria und ist die Dachorganisation des Isik Colleges. Die Begeisterung für den Erwerb von Wissen über einen *Islamic Way of Life*, wie der Stiftungsvertreter ihn betont, geschieht über Rollenmodelle und dem Wunsch der Nachahmung. Lehrer sind Vorbild für Schüler, Schüler wiederum Rollenmodelle für andere Schüler.[13] Eine intensive Erfahrung des Dazugehörens, des Geborgenseins und des Gebrauchtwerdens trägt dazu bei, gegenseitiges Vertrauen herzustellen. Verantwortung gehört ebenso dazu und wird aus islamischen Prinzipien abgeleitet. Dies entspricht der allgemeinen Anschauung zu Erziehung und Bildung nach klassischem islamischem Verständnis.

> „Im Gegensatz zur vorislamischen Stammesethik tritt im Islam der Mensch als Individuum und für sich selbst verantwortlich in Erscheinung (...). Zu den wichtigsten islamischen Erziehungszielen gehören daher neben dem islamgerechten Verhalten auch Mündigkeit, Entschlossenheit, Konfliktfähigkeit, Verantwortung und die Vermittlung von Lebensfreude (...)."[14]

---

[12] Interview mit Ibrahim Dellal, Melbourne, 17.09.2008.

[13] Die „Erziehung durch Vorbild" gehört zu den wichtigsten Erziehungsmethoden, die islamische Quellen übereinstimmend hervorheben. „Hierbei haben alle, sowohl die Eltern als auch die anderen gesellschaftlichen Sozialisationsinstanzen die Pflicht, als authentische Vorbilder zu fungieren." Karakaşoğlu/Öztürk (2007), S. 159.

[14] Karakaşoğlu/Öztürk (2007), S. 158.

„Verantwortung bewirkt, dass man sich frei fühlt", sagt Ibrahim Dellal, „und wenn man sich frei fühlt, ist man glücklich. Glücklich zu sein macht erfolgreich [nicht einzig im materiellen Sinne, C.D.]." Die Aussage erinnert an das deutsche Sprichwort „Jeder ist seines Glückes Schmied", welches auf eine ähnliche Verbindung zwischen Verantwortung, Glück und Erfolg hinweist: Jeder ist selbst dafür verantwortlich, ob er im Leben glücklich und erfolgreich wird. Die Verantwortung des Individuums besteht folglich der eigenen Person gegenüber: In meiner eigenen Verantwortung liegt es, „zu geben und Gutes zu tun. Der Rest obliegt Gott."[15] Die Eigenverantwortung, symbolisiert durch Geben und Güte, wird damit zu einer wichtigen Voraussetzung für die Akzeptanz des göttlichen Wirkens. Den klassischen Idealen gemäß: „Dem Heranwachsenden soll seine Verantwortung bewusst werden, die er gegenüber dem Schöpfer, sich selbst, der Menschheit und seiner gesamten Umwelt trägt."[16] Diese Anschauung spiegelt sich folgerichtig in allen Bereichen des Alltagslebens (Gesundheit, Körperpflege, Altersvorsorge usw.) und besonders auch in der Haltung zum Wert der Bildung wider. Bildung zu ermöglichen, Bildungseinrichtungen bereitzustellen und Bildung zu vermitteln, gehört zum zentralen Anliegen der Selimiye-Stiftung. Ihre Mitglieder sammeln in ihren Gemeinden Spenden, die bedürftigen Kindern in Form von Stipendien, aber auch den Schulen zugutekommen. Nicht das Nehmen sei wichtig, so Dellal, sondern das Geben. Gemäß dieser Weltanschauung und dieses Glaubenssystems richten das Isik College ebenso wie die Mount Hira- und die Sule-Schule ihre Bildungsangebote aus.

---

[15] Interview mit Ibrahim Dellal, Melbourne, 17.09.2008.
[16] Karakaşoğlu/Öztürk (2007), S. 159.

Claudia Derichs

Isik College[17]

Isik Colleges finden sich an insgesamt sieben Campi im Bundesstaat Victoria. Zwei von ihnen befinden sich in den Regionen
Broadmeadows und Eastmeadows. An letzterem Standort, der
seit 1997 existiert, lernen 400 Schüler und Schülerinnen, nach
Geschlechtern getrennt und rekrutiert über Zulassungsprüfungen. Der Lehrkörper setzt sich aus Personen unterschiedlicher
Nationalitäten und Religionszugehörigkeiten zusammen, die
meisten von ihnen haben jedoch an türkischen Universitäten
studiert. Die Mehrheit der Schüler stammt aus Familien türkischer Herkunft. Die hohe Erfolgsquote der Schulabgänger bei
den Prüfungen zur Universitätszulassung (s.o.) führt der Schulleiter des Campus, Tuncay Terzi, auf mehrere Faktoren zurück.[18] Zunächst sei die große Unterstützung der Schule und
der Schüler durch ihre Familien ein wesentlicher Faktor. Die
Eltern der Schüler können die Vertreter der Schulleitung jederzeit treffen, es gibt keine Restriktionen oder feste Sprechzeiten –
abgesehen von vier formalen „Elternsprechtagen" für Lehrer
und Eltern pro Jahr. In Vereinigungen von Eltern und Freunden
des Colleges wird *fundraising* betrieben. Die gesammelten Mittel dienen u. a. der Organisation von Gastvorträgen *für die Eltern* (nicht für die Schüler). Über das Geschehen an der Schule
werden die Eltern in einem ein- bis zweimal pro Monat erscheinenden *newsletter* Informiert. Die Lehrer der Isik-Schule sind
äußerst engagiert und an fünf Tagen in der Woche anwesend.
Einige sind Alumni des College, die nach ihrem Studium an
ihre frühere Schule zurückgekehrt sind. Das Alumni-Netzwerk
ist stark und aktiv. Studierende etwa bieten Hilfe für die Vor-
bereitung der Zwölftklässler auf die Zulassungsprüfung für die
Universität an. Für eine gute Bildung, so der Schulleiter, sollten

---

[17] Für nähere Informationen siehe http://www.isikcollege.vic.edu.au/ (abgerufen am 12.03.09).
[18] Nachfolgende Aussagen basieren auf einem Interview mit Tuncay Terzi
am Eastmeadows Campus, Melbourne, 17.09.2008.

112

weder das Geschlecht noch Religion, noch Herkunft eine Rolle spielen. Das heißt im Umkehrschluss: Die Verankerung des Bildungskonzeptes in islamischen Glaubensfundamenten erfordert keinerlei Bekenntnis zum Islam von denjenigen, die das Bildungsangebot in Anspruch nehmen. Denjenigen, die sich islamisch bekennen und ihre Religion praktizieren, wird allerdings der Raum dafür zur Verfügung gestellt.

Mount Hira College[19]

Der Campus von Mount Hira ist etwas kleiner als der Eastmeadows-Campus des Isik College. Mit 250 Schülern ist er relativ gut überschaubar. Weniger als 5 % der eingeschriebenen Schüler stammen aus nicht-türkischen Familien. Alle Schüler sind Muslime, während unter den Lehrern auch Nicht-Muslime sind. Die Überschaubarkeit der Schule fördert den informellen Kontakt zwischen Lehrern und Eltern, aber auch zwischen Lehrern und Schülern. Ohnehin sei die türkische Gemeinde der mündlichen Kommunikation eher zugeneigt als der schriftlichen; formale Protokolle würden nicht gemacht, so Tevfik Kerimoglu.[20] Die Nachfrage nach einem Platz in der Mount Hira-Schule ist groß. Die türkische Gemeinde in der Gegend um Dandenong (Melbourne) hat die Schule mit eigenen Mitteln aufgebaut. Seit 2000 ist der Schulbetrieb aufgenommen worden. Diese Initiative hat Früchte getragen, denn die Wartelisten für Neuaufnahmen von Schülern sind lang. „Die türkischen Eltern wählen unsere Schule, weil sie damit auch ein Stück Sicherheit verbinden", sagt Kerimoglu. „Sie wissen die Kinder hier gut aufgehoben, weit weg von Gewalt, Drogen, Alkohol u. a.

---

[19] Für nähere Informationen siehe http://www.mthira.vic.edu.au/ (abgerufen am 12.03.09).
[20] Interview, 16.09.2008.

Dingen, dafür nah an ihrer Kultur und ihrer Religion."[21] Die
Schule führt „Religiöse Bildung" (*religious education*) als
Unterrichtseinheit durch. Es gibt Mittagsgebete für die älteren und die jüngeren Schüler. Bei den Älteren leitet ein
Imâm aus der Türkei das Gebet, bei den Jüngeren betet ein
Kind aus der Gruppe vor. In der Regel nehmen alle Schüler
an der Einheit „Religiöse Bildung" und am Mittagsgebet
teil. Die Betonung auf dem Geben (statt Nehmen) findet in
unterschiedlichen Kollekten und Spendensammelaktionen
ihren Ausdruck. Das Sammeln von *zakât* zum Beispiel wird
nicht einfach nur rituell ausgeführt, sondern die Schüler entscheiden selbst, was mit dem gesammelten Geld geschehen
soll. Für bestimmte Fälle – ein Kinderheim in Somalia oder
Katastrophenhilfe in Bangladesh – werden gesonderte Sam-
melaktionen durchgeführt. Mit dem Prinzip des *infâq* („geben, was übrig ist")[22] wird an die spirituelle Bedeutung des
Gebens appelliert: Gespendet werden kann auch ein Lä-
cheln, wenn es gerade „übrig" ist. Der Sinn liegt in der Be-
wusstmachung des Gebens, ohne dafür etwas zu erwarten.[23]
Diese Art der Wertevermittlung und das Aufgehobenwissen
in einer Gemeinschaft, die auch die kulturellen Werte des
Herkunftslandes (u. a. über die Sprache) vermittelt, tragen
in hohem Maße zur guten Reputation des Mount Hira
Colleges bei.

---

[21] Ebd.

[22] *Infâq* ist ein arabischer Terminus, er ist die Substantivierung des Verbs *anfaqa* (IV. Stamm nafaqa); *anfaqa* bedeutet Geld ausgeben im Sinne einer Verschwendung = Geld ausgeben, das man nicht wirklich benötigt, sondern übrig hat.

[23] Ebd.

Sule College[24]

Das Sule College wurde 1996 von der türkischen Gemeinde in Prestons bei Sydney, New South Wales, eröffnet und versteht sich als „rein australische Schule, die allen offen steht".[25] Der Schulbetrieb begann mit 33 Schülern. Heute beträgt die Schülerzahl am Campus 1.100; 44 verschiedene ethnische Herkunftsgruppen sind vertreten, unter denen die Schüler türkischer Herkunft mit ca. 40 % den größten Anteil bilden, gefolgt von denen libanesischer Herkunft.[26] Auf diese Diversität legt das College Wert, denn sein Anliegen besteht darin, „einen echten Teil von Australiens [ethnischer, kultureller] Harmonie zu verkörpern. Die Schule möchte ein Symbol für Australiens Multikulturalismus sein."[27] Schon im jungen Alter lernen die Kinder, mit Menschen aus unterschiedlichen Kulturen zusammen zu leben. Diese praktische Erfahrung wird als essentiell betrachtet, um das Leben in einer globalisierten Welt erfolgreich gestalten zu können. Auch im Sule College fungieren die Lehrer als Rollenmodelle. Sie vermitteln universelle Werte und Wege, ‚ein guter Mensch' zu sein. Offenheit für Neues zu wecken, ist ein wichtiges Ziel. Eine Spezialisierung ist im Bereich von Mathematik und Naturwissenschaften erfolgt, weil diese Gebiete ein besonderes Erfordernis der modernen Welt darstellen und die Schüler dafür die nötigen Qualifikationen erhalten sollen. Ansonsten folgt das Sule College genau wie andere private Schulen dem nationalen Curriculum.

Die Eltern der Schüler werden über verschiedene Aktivitäten in das Schulgeschehen eingebunden. So gibt es eigene *parents' schools* für Eltern, an denen die Mehrheit von ihnen

---

[24] Für nähere Informationen siehe http://www.sulecollege.com (abgerufen am 12.03.09).
[25] Interview mit dem Schulleiter Ahmet Yamakoglu, Prestions, Sydney, 18.09.2008.
[26] Sule Collge operiert auf insgesamt drei Campi mit 1500 Schülern.
[27] Interview mit Schulleiter Ahmet Yamakoglu, Prestons, Sydney, 18.09.2008.

auch teilnimmt. Die schulischen Beiträge werden meist mit gesellschaftlichen Anlässen kombiniert, so dass Freundschaften geschlossen werden können. Ein regelmäßiger, von den Schülern selbst zusammengestellter *newsletter* informiert die Eltern über das Geschehen am Schulcampus. Die Eltern, so der Schulleiter, interessierten bei der Entscheidungsfindung für die Schule ihrer Kinder vor allem vier Dinge: ob es eine gute Schule sei, ob die Freunde der Kinder diese Schule ebenfalls besuchten, welche Werte vermittelt würden, und ob die Qualität stimme.[28] Im Blick auf diese vier Kriterien schneidet das Sule College im Vergleich mit den (staatlichen) Alternativangeboten sehr gut ab. Die Wertschätzung des Gebens wird auch an dieser Schule vornehmlich über Spendensammelaktionen gefördert. Allerdings wird es den Schülern überwiegend selbst überlassen, eine Spendenaktion (z. B. Tsunami-Hilfe) zu initiieren. „Sie sollen selbst lernen, zu teilen (*sharing*). Doch wir geben ihnen Anreize dazu, etwa indem es eine Pizza-Party als Belohnung für die Klasse gibt, die die meisten Spenden gesammelt hat."[29] Das Sule College zeichnet sich durch ein vielschichtiges System von Anreizen und Belohnungen für soziale Aktivitäten der Schüler aus. Dass diese Strategie auch der allgemeinen Leistungsbilanz zuträglich ist, wird u. a. mit der hohen Zahl der Absolventen belegt, die ein Universitätsstudium aufnehmen; sie liegt bei über 90 %. Die Erfolge wiederum erleichtern das öffentliche *fundraising* für die Schule. Vor allem die Eltern sehen, dass die Lehrer sich weit über ihr Deputat hinaus für die Schule engagieren (an Samstagen, an Urlaubstagen) und dass die Schüler eine gute Ausbildung erhalten. Dies ist zweifellos eine gute Werbung.

---

[28] Ebd.
[29] Ebd.

Private Eliteschulen?

Während die Qualität der Ausbildung und das Engagement der Lehrer wesentliche Gründe für die Attraktivität der Gülen-basierten Schulen im Raum Melbourne und Sydney sind, betonen die Leiter der Schulen gleichwohl auch den Aspekt der Sicherheit und der kulturellen Nähe. Das Gefühl, die eigenen Kinder besuchten eine „sichere" Schule, wird dabei in erster Linie über die kulturelle und religiöse Wertevermittlung erzielt. Die Curricula der Schulen folgen den nationalen Vorgaben, und auch an den staatlichen Schulen wird Türkisch als Fremdsprache angeboten (in Samstagskursen), wird Raum für die religiöse Praxis zur Verfügung gestellt, wird der Wert des kulturellen Miteinanders vermittelt und gelebt. Dennoch scheinen die mehrheitlich türkisch-islamischen Schulen eine eigene Ausstrahlung zu besitzen, die von der Verbindung zwischen einer Kultur des Gebens – verankert im Islam – und der Ausrichtung des eigenen Handelns am Prinzip der Gottgefälligkeit (*for the pleasure of Allah*) getragen wird. Der Aspekt der religiösen Bildung ist für viele Eltern von Bedeutung, denn die staatlichen Schulen bieten das Unterrichtsfach Religion nicht an. Gleichwohl kann das Fach „Religionswissenschaft" (*studies of religion*) bei den Zulassungsprüfungen für die Universität gewählt werden – denn einige private Schulen bieten ja sehr wohl religiöse Studien an. Der australische Staat verhält sich in dieser Hinsicht ausnehmend responsiv. Ein weiteres Merkmal der türkisch-islamischen Schulen stellt die vergleichsweise enge Kooperation zwischen Schulleitung, Lehrern, Eltern und Schülern dar. Eltern werden auf formaler Ebene (*parents' schools*), vor allem aber auch auf informeller Ebene in das Schulgeschehen integriert. In vielen Fällen haben die Eltern und andere Verwandte bei der Errichtung der Schulen aktiv mitgewirkt – handwerklich und finanziell. Dass auf diese Weise besondere Bindungen an eine Einrichtung entstehen, ist nahe liegend.

Eine Bewertung der dargestellten drei Schulen kann nur mit äußerster Vorsicht erfolgen, denn es fehlen verlässliche Daten zur Einbettung des Geschilderten. Warteschleifen bei der Zuteilung eines Platzes an einer der Schulen etwa sollten nicht leichtfertig zu der Einschätzung verleiten, dass die überwiegende Mehrheit der türkischstämmigen australischen Familien danach trachtet, ihre Kinder auf eine private Schule diesen Typs zu schicken.[30] Was indessen als Erkenntnis aus dem Dargestellten abgeleitet werden kann, ist die augenscheinlich mühelose Vereinbarkeit einer religiös-kulturell beeinflussten Lebensweise mit einer pluralistischen, mehrheitlich nicht-muslimischen Orientierung der übrigen australischen Gesellschaft. Offenbar gelingt den Muslimen in Australien das, was Faruk Sen für Deutschland noch als „Suche" vor allem der jugendlichen Muslime bezeichnet, namentlich die Realisierung „einer islamischen Lebensweise, die sie nicht in einen Konflikt mit der westlichen Aufnahmegesellschaft zwingt, sondern selbstverständlicher Bestandteil einer pluralistischen Gesellschaft werden lässt".[31] Die Möglichkeiten, die präferierte Lebensweise praktizieren zu können, werden durch die staatliche Anerkennung der Bildungseinrichtungen der verschiedenen ethnischen und religiösen Gemeinden in Australien erheblich ausgeweitet. Gleichwohl sollten auch hieraus keine voreiligen Rückschlüsse auf das Zusammenleben in pluralistischen Gesellschaften gezogen werden, wie der Vergleich mit Deutschland anschaulich macht:

---

[30] Die Entscheidungsfindung wird dabei auch vom Grad der Religiosität getragen. Für Australien schätzt der Religionswissenschaftler Salih Yucel, dass etwa 50 % der türkischen Einwanderer keine praktizierenden Muslime sind (Interview, Monash University, Melbourne, 22.09.2008). Für Deutschland ergaben jüngere Umfragen folgendes, in etwa vergleichbares Bild: Ca. 2/3 der türkischen Zuwanderer kategorisieren sich als „eher religiös", ca. 7 % als „sehr religiös" und ca. 3 % als „gar nicht religiös", vgl. Şen/Sauer/Halm (2001), S. 78.

[31] Şen (2007), S. 18.

Trotz der Einschätzung, dass das Zusammenleben seit dem 11. September beeinträchtigt ist, und trotz des erlebten zurückgegangenen Verständnisses halten knapp drei Viertel (71 %) der jungen Muslime das Leben als Moslem in einem christlich geprägten Land wie Deutschland für eher nicht oder gar nicht schwierig.[32]

Interreligiöser Dialog

Die von der Gülen-Bewegung getragene Interkulturelle Gesellschaft Australien (*Australian Intercultural Society*, AIS) hat sich im Laufe weniger Jahre zu einer weithin geachteten Institution für die Förderung des interreligiösen Dialogs entwickelt. In Adelaide, Brisbane, Melbourne, Perth und Sydney hat die AIS Zweigstellen aufgebaut und ist damit seit ihrer Niederlassung im Jahr 2000 in den größten Städten Australiens organisiert. Wenngleich der Name der Gesellschaft anderes suggeriert, so besteht das Hauptanliegen der AIS im Dialog der Religionen – also nicht der Kulturen – und hier insbesondere in der Kommunikation der drei Buchreligionen Christentum (katholisches), Judentum (konservatives, progressives, orthodoxes) und Islam (vorwiegend sunnitischer). Die AIS versteht sich als Einrichtung der Verständigung, wobei sie die Gegenseitigkeit, die diese erfordert, stark betont und konzeptionalisiert. Die Adressaten der AIS sind Multiplikatoren aus Politik und Medien, die Polizei, die Immigrationsbehörden sowie die Zivilbevölkerung. Die Mitglieder der AIS sind zum größten Teil türkischer Herkunft.[33]

Die Dialog- und Verständigungsaktivitäten finden vor allem im Fastenmonat Ramadhan Anklang. Hochrangige Politiker werden zum täglichen *Iftâr* (Fastenbrechen) eingeladen,

---

[32] Ebd., S. 20.
[33] Interview mit Emre Celik, AIS General Coordinator, Melbourne, 24.09.2008.

aber auch „ganz normale Bürger" (*the average person*) nehmen teil. Im Jahr 2008 konnten alleine in Melbourne über
400 Personen in muslimischen Haushalten das Fastenbrechen erleben, d. h., die AIS sucht in der Gemeinde aktiv
nach Familien, die interessierte Mitbürger zum *Iftâr* einladen. Während die Interaktion in Privathaushalten dem
Kennenlernen islamischer Traditionen und Gebräuche auf
der zivilgesellschaftlichen Ebene dient, ist der Einladung von
Politikern auch eine pragmatische Komponente inhärent. Die
Kooperation mit Repräsentanten der politischen Öffentlichkeit stellt eine wichtige Säule der AIS-Aktivitäten dar, weil
sie die politische Anerkennung und Wertschätzung der AIS
und ihrer Tätigkeit belegt. Nicht zuletzt aus diesem Grunde
erhält die AIS auch staatliche Unterstützung (von kommuna-
ler, bundesstaatlicher und nationaler Seite). Überdies ist die
‚positive Presse', die sich aus der Berichterstattung über das
gemeinsame Fastenbrechen ergibt, in den Zeiten nach 9/11
von großer Bedeutung für die Muslime Australiens. Was
aber macht die AIS zu einem respektierten und förderungs-
würdigen Partner für die australische Politik?

Die Kanäle, über die die AIS ihre Ziele zu erreichen sucht,
sind „Bildungsbewusstsein" (*educational awareness*) und „soziale Interaktion" (*social interaction*).[34] Auf Basis dieser Leit-
linien sowie einer steten Betonung der Gegenseitigkeit, derer
ein Dialog bedarf, führt AIS verschiedene Projekte durch. Her-
vorstechend unter diesen ist – zumindest aus deutscher Sicht –
die Stiftung einer Fethullah-Gülen-Professur für „Islamwissenschaften und christlich-muslimische Beziehungen" an der
Australischen Katholischen Universität (*Australian Catholic
University*, ACU). Diese Professur soll der Ausbildung von Ba-
chelor-Absolventen mit einem Abschluss namens „Bachelor of
Divinity" dienen und zu einem in Planung befindlichen Programm der Imâm-Ausbildung / Qualifikation von Imâmen in

---

[34] Selbstdarstellung der Organisation (Power Point Präsentation), 24.09.2008.

Australien beitragen. Die Wahl für die Ausrichtung dieses Studienprogramms fiel auf die Katholische Universität, weil sie ein Institut für Theologie unterhält, welches derzeit zu einer Fakultät expandiert. Zudem liegt dem Programm ein Memorandum of Understanding (MoU) für die Abhaltung einer zweijährigen (2007–2009) christlich-islamischen Dialogserie mit der katholischen Erzdiözese in Melbourne zugrunde. Die Kooperation in der gemeinsamen Erstellung eines religionswissenschaftlichen Curriculums für Universitäten erfolgt in Kooperation mit der ACU und der Katholischen Bildungsorganisation (*Catholic Education Organisation*, CEO). Eine strenge Unterscheidung wird zwischen religiösen Studien (*studies of religion*) und religiöser Unterweisung (*religious instruction*) getroffen. Der Fokus der Aktivitäten liegt demnach sehr eindeutig auf dem Miteinander bzw. dem Voneinander-Lernen. Mit diesem Impetus sind auch die sog. *Social Cohesion Conferences* initiiert worden, auf denen australische Muslime von den früher eingewanderten Religionsgemeinschaften der Juden und Katholiken lernen sollen: über die Diskriminierung, die diese Gemeinschaften erfahren haben, und über ihre Wege, sie zu überwinden. „Überdies", so Emre Celik, „müssen Muslime auch über die jüdischen und katholischen Fest- und Feiertage Bescheid wissen. Wir können nicht einseitig von den Nicht-Muslimen verlangen, dass sie unsere Feiertage kennen, wir über die ihrigen aber nichts wissen."[35]

Die Kooperation mit der Polizei und den Immigrationsbehörden schließlich dient ebenfalls dem Zweck des Voneinander-Lernens, um zum einen pro-aktiv, zum anderen präventiv tätig werden zu können. So lernen Polizisten signifikante kulturelle Unterschiede kennen, die ihnen beispielsweise im Umgang mit Opfern von häuslicher Gewalt in muslimischen Gemeinden helfen. In der Bilanz gehört die AIS – und mit ihr die Gülen-Bewegung – durch ihre dezidiert auf

---

[35] Interview, 24.09.2008.

den interreligiösen Dialog bezogene Ausrichtung zu den erfolgreichsten Bewegungen ihrer Art in Australien.[36] Die Einladung von Angehörigen anderer Religionsgemeinschaften zum gemeinsamen Fastenbrechen wurde als Geste sehr positiv aufgenommen – vor allem auch, weil Politiker aktiv teilnahmen. Die Finanzierung von Professuren und Dozenturen[37] verweist auf den Stellenwert, den Bildung und Wissenschaft in der AIS/der Gülen-Bewegung genießen.

Integrationspolitische Anregungen

Die vorangehenden Darstellungen der schulischen und interkulturellen Einrichtungen der Gülen-Bewegung in Australien geben die Ergebnisse einer leitfadengestützten Interviewreise aus dem Jahr 2008 wieder, welche im Rahmen eines deutschaustralischen Forschungsprojektes stattfand. Sie sind weder empirisch repräsentativ noch multiperspektivisch. Vielmehr geben sie die Sicht der Dinge so wieder, wie die aktiv engagierten Männer und Frauen der beschriebenen Einrichtungen sie kommuniziert haben. Diese subjektive Perspektive ist selten selbstkritisch (im Sinne der Kritik an der eigenen Organisation/Institution), sondern stellt die Situation in einem ausnehmend positiven Licht dar. Jedwede empirisch haltbare These bezüglich des hier behandelten Themas bedürfte in wissenschaftlicher Hinsicht also eines wesentlich größeren Repertoires an Interview- und Gesprächspartnern, einer fundierten statistischen Untermauerung der Ergebnisse sowie einer breiteren Kontextualisierung, als sie hier erfolgt ist. Beispielsweise gilt es zu fragen, welchen Teil der tür-

---

[36] Gespräch mit Gary Bouma, Präsident des Parlaments der Weltreligionen, Hildesheim, 20.02.2009.
[37] Neben der erwähnten Professur ist z. B. auch eine Dozentur für „Religiöse und theologische Studien" an der Monash University, Melbourne, gestiftet worden.

kischstämmigen Gesellschaft in Australien die privaten türkisch-islamischen Schulen überhaupt repräsentieren, welchen Anteil sie an der Gesamtzahl der privaten und öffentlichen Schulen in den jeweiligen Bundesstaaten haben und
worin Unterschiede und Gemeinsamkeiten zwischen diesen
und anderen Privatschulen in Australien bestehen. Diese
Einordnung in einen gesamtgesellschaftlichen (Schul-)Bil-
dungskontext würde eine präzisere Verortung der behandelten Colleges erlauben und die Erfolgszahlen einem systema-
tischen Vergleich zugänglich machen. Eine ähnlich gestaltete
Kontextualisierung müsste, nach wissenschaftlichen Kriterien, auch die Organisation der Interkulturellen Gesellschaften (AIS) in Australien erfahren. Beides ist im vorliegenden
Text nicht geleistet worden. Nichtsdestoweniger erlauben
die gemachten Schilderungen und Beschreibungen die Ablei-
tung einiger Befunde, die bei aller empirisch-systematischen
Unzulänglichkeit doch für die integrationspolitische Diskussion in der Bundesrepublik Deutschland interessant sein
könnten. Ich möchte diese Befunde abschließend auf drei
Punkte komprimieren.

1) Das staatlich ausgegebene Paradigma der multikultu-
rellen Gesellschaft Australien hat sich integrationspolitisch
positiv ausgewirkt. Die Anerkennung von Diversität als Gewinn für eine Gesellschaft, ohne die Gemeinsamkeiten aus-
zublenden oder zu ignorieren, stellt eine politische Weichen-
stellung dar. Sie erleichtert es Organisationen wie der AIS,
den interreligiösen Dialog unter aktiver Partizipation von
Politikern *in der religiösen Praxis* zu gestalten. Und sie erleichtert es den ethnischen und religiösen Gemeinschaften,
in Selbstorganisation Schulen aufzubauen und Bildung als erstrebenswertes Gut zu etablieren. Die Formel „mit Bildung
zum Erfolg" ist dabei maßgeblich von der Vorstellung mit-
geprägt, dass Bildung nicht losgelöst von der individuell be-
vorzugten Kultur, Sprache und Religion erzielt werden
braucht, sondern gerade durch die symbiotische Verbindung
dieser Elemente zu äußerst erfolgreichen Resultaten (Univer-

sitätszulassung) führt. In dieser Hinsicht sind die Gülen-basierten Schulen sicherlich beispielgebend und stimulierend.

2) Im Unterschied zu zahlreichen anderen Staaten wird Australiens moderne Einwanderungspolitik von dem Prinzip geleitet, Einwanderer zu gewinnen, die im Land bleiben, sich dauerhaft niederlassen. Die vergleichsweise rasche Vergabe des Staatsbürger-Status (*citizenship*) unterstreicht diese Haltung. Die praktische Umsetzung dieses politischen Prinzips erfolgt auf verschiedenen Ebenen und in sehr unterschiedlichen Politikfeldern. In der Bildungspolitik etwa gilt, dass die „LOTE"-Sprache (= Language Other Than English) an den Schulen frei gewählt und in eigens eingerichteten Sprachzentren („Samstagsschulen") gelernt werden kann. Behörden und Ämter bieten ihren Beratungsservice in nahezu jeder gewünschten Sprache an.[38] Für Schulen wie die beschriebenen privaten Colleges bedeutet dies, dass die Vermittlung der türkischen Sprache zwei positive Effekte miteinander verknüpft: Neben der staatlichen Anerkennung als LOTE ist die Sprache auch ein wesentlicher Träger der türkischen Kultur. Kulturelle Bildung wird damit vor allem auch über das Medium Sprache vermittelt. Die Win-Win-Situation, illustriert am Beispiel der Erfolge der Gülen-Schulen in Australien, ist folgende: Sprachausbildung ist ein Element der kulturellen Bildung. Dass sie angeboten wird, wird von den Eltern der Schüler sehr geschätzt. Die Schüler lernen sie indes nicht allein zum Zwecke der kulturellen Bildung, sondern auch, um ihr erworbenes Sprachwissen für die Zulassungsprüfung zur Universität nutzbar zu machen.

3) Die Idee der Ausbildung von Imâmen *in Australien* ist von der Gülen-Bewegung/der AIS pro-aktiv aufgegriffen worden. Statt des sicherlich mühseligeren Weges über eine Einigung zwischen den verschiedenen *Jama'at* der türkisch-

---

[38] Die Einwanderungsbehörde (Department of Immigration) bietet einen 24-Stunden-Service (Translating and Interpreter Services) an, der von Privatpersonen, aber auch von Unternehmen und dem öffentlichen Dienst genutzt werden kann.

muslimischen Gemeinden ist die AIS auf die Australische Katholische Universität zugegangen und hat in ihr einen Kooperationspartner für die Entwicklung eines religionswissenschaftlichen Curriculums und eines berufsqualifizierenden Bachelor-Abschlusses (Bachelor of Divinity) gefunden. Die Symbolkraft, die diese Initiative besitzt, ist nachvollziehbar. Über die Auswirkungen, die sie haben wird, kann derzeit nur spekuliert werden. Einen Erfolg im Sinne der religiösen und kulturellen Integration stellt sie bereits jetzt dar. Allerdings wird deutlich: Beide Seiten müssen die Einstellung haben, dass Dialog immer auch einen beidseitigen Prozess darstellt, eine Offenheit beider Seiten bedingt.

Literatur

Susanne von Below/Ercan Karakoyun: Sozialstruktur und Lebenslagen junger Muslime in Deutschland, in: Hans-Jürgen von Wensierski/Claudia Dübcke (Hg.): Junge Muslime in Deutschland. Lebenslagen, Aufwachsprozesse und Jugendkulturen. Opladen und Farmington Hills, 2007, S. 33–54.

Gary Bouma: The Emergence of Religious Plurality in Australia: A Multicultural Society, in: Sociology of Religion 56 (1995) 3: 285–302.

Heike Diefenbach: Kinder und Jugendliche aus Migrantenfamilien im deutschen Bildungssystem. Erklärungen und empirische Befunde. Wiesbaden: VS Verlag, 2007.

Andreas Goldberg/Dirk Halm/Martina Sauer (Hg.): Migrationsbericht 2002 des Zentrums für Türkeistudien. Münster et al.: LIT, 2001.

Yasemin Karakaşoğul/Halit Öztürk: Erziehung und Aufwachsen junger Muslime in Deutschland. Islamisches Erziehungsideal und empirische Wirklichkeit in der Migrationsgesellschaft, in: Hans-Jürgen von Wensierski/Claudia Dübcke (Hg.): Junge Muslime in Deutschland. Lebenslagen, Aufwachsprozesse und Jugendkulturen. Opladen und Farmington Hills, 2007, S. 157–172.

Faruk Şen: Islam in Deutschland. Religion und Religiosität junger Muslime aus türkischen Zuwandererfamilien, in: Hans-Jürgen von Wensierski/Claudia Dübcke (Hg.): Junge Muslime in Deutschland. Lebenslagen, Aufwachsprozesse und Jugendkulturen. Opladen und Farmington Hills, 2007, S. 17–32.

Faruk Şen/Martina Sauer/Dirk Halm: Intergeneratives Verhalten und (Selbst-)Ethnisierung von türkischen Zuwanderern. Gutachten des ZfT für die unabhängige Kommission „Zuwanderung", in: Andreas Goldberg/Dirk Halm/Martina Sauer (Hg.): Migrationsbericht 2002 des Zentrums für Türkeistudien. Münster et al.: LIT, 2001, S. 11–126.

‚We came as workers – we stayed as citizens'. Celebrating 40 Years of Turkish Migration to Australia. Melbourne: Versch. Autor/inn/en und Hrsg., 2008.

Michael Blume

Die Gülen-Bewegung und die Wissenschaft

Einführung: Die Lebenswelt von Fethullah Gülen

Wer die besondere Haltung der Gülen-Bewegung zu Fragen der Wissenschaft und Bildung erfassen möchte, sollte von der Lebenswelt ausgehen, in der der 1941 geborene islamische Prediger Fethullah Gülen geprägt wurde. Das islamisch-multireligiöse Osmanische Reich war über Jahrhunderte hinweg zerfallen und die Eroberung der Türkei durch christlich-europäische Mächte nur aufgrund eines nationalen Befreiungskampfes vereitelt worden. Die nun herrschenden Nationalisten machten einerseits die ethnisch-religiöse Vielfalt, andererseits aber auch die traditionalistische Haltung islamischer Geistlicher für den wissenschaftlichen, wirtschaftlichen und zuletzt politisch-militärischen Niedergang des Osmanischen Reiches verantwortlich. Entsprechend brutal gingen sie sowohl gegen religiöse und ethnische Minderheiten wie auch gegen nichtstaatliche, islamische Gemeinschaften und Gelehrte vor. Sie errichteten an deren Statt mit der Religionsbehörde (heute *Diyanet*) die Struktur einer Staatskirche, die der nationalen Vereinheitlichung und autoritären Kontrolle der Religionsausübung verpflichtet wurde. Mit einer lateinischen Schriftreform wurde das literarische osmanische Erbe praktisch abgeschnitten und mit der staatlichen Schulpflicht ein neuer, nationalistisch-säkularer Wissenskanon etabliert. Plötzlich erwarben große Teile der jüngeren Generation mehr säkulare Bildung, als dies ihren Eltern oder Großeltern je möglich gewesen wäre – eine Situation, die heute auch in Deutschland besteht –, was dörfliche und familiäre Beziehungen, Traditionen und Identitätserzählungen massiven Belastungen unterwarf. Islamischer Religionsunterricht wurde erst zur Abwehr linker Ideologien und zur Ruhigstellung der jungen Generationen wieder eingeführt: Nun aber für alle, auch Nichtmuslime, verpflichtend und in Form einer „türkisch-islamischen Synthese", die den Nationalismus und die Herrschaft des Militärs verherrlichte. Die Haltung großer Teile der türkischen Staatseliten gegenüber religiös praktizierenden Türken (sowohl muslimischen wie, noch stärker, nichtmuslimischen Glaubens) war und ist zum Teil bis heute von einer Mischung aus Verachtung und Furcht bestimmt – was zur wiederholten Missachtung und Aushöhlung demokratischer und rechtsstaatlicher Standards durch genau jene Nationalisten führte und führt, die sich doch eigentlich als „westlich" und „fortschrittlich" verstehen.[1]

Die Antwort von Fethullah Gülen

Anregungen von Said Nursi aufnehmend, sah der anfangs bei der Religionsbehörde arbeitende Prediger Fethullah Gülen die Schuld und Verantwortung sowohl für die wissenschaftliche Erstarrung wie für die religiösen und interreligiösen Spaltungen der osmanischen Spätzeit nicht zuerst bei anderen. In einem offenen Brief an Papst Johannes Paul II., den er dann auch traf, formulierte er später: „Der Islam ist eine missverstandene Religion, und verantwortlich dafür sind in erster Linie die Muslime. [...] Zuweilen hat die Menschheit die Religion im Namen der Wissenschaft geleugnet, genauso wie sie umgekehrt auch die Wissenschaft im Namen der Religion geleugnet hat. Die beiden seien nicht miteinander vereinbar, wurde behauptet. Dabei gehört doch alles Wissen Gott, und die Religion stammt von Gott. Wie können Religion und Wissenschaft also im Widerspruch zueinander stehen? Vielleicht erreichen wir mit unseren gemeinsamen Anstrengungen für den interreligiösen Dialog und für Verständigung

---

[1] Zur türkischen Republik: Hermann, Rainer: Wohin geht die türkische Gesellschaft? München 2008.

und Toleranz zwischen den Menschen ja, dass sich diese Einsicht irgendwann durchsetzen wird.“[2]

Dass es zwischen den Religionen einerseits und Religion und Wissenschaft anderseits keinen unauflösbaren Widerspruch, sondern allenfalls vorläufige Missverständnisse oder bewussten Missbrauch gebe, ist dabei keine „Erfindung“ Gülens, sondern etablierte und durch die Jahrhunderte immer wieder bekräftigte Überzeugung aller monotheistischen Religionen. Auch von ihm benutzte Sprachbilder, wonach der Glaubende „auch im Buch der Natur lesen“ und darin Gott suchen solle, sind beispielsweise von christlichen und jüdischen Theologen ebenfalls vielfach belegt.[3]

Die eigentliche Frage ist, wie diese Überzeugung konkret umgesetzt wird: Wird gefordert, dass die Wissenschaft nur Erkenntnisse zu erbringen habe, die die religiösen Traditionen bestätigen – oder werden die Anhänger aufgefordert, vermeintliche Widersprüche auszuhalten oder gar zu bearbeiten? Die originelle Antwort Fethullah Gülens, die seine Bewegung zu einer der global einflussreichsten islamischen Reformbewegungen unserer Zeit gemacht hat, bestand in einer dritten Option: Die Glaubenden sollen wissenschaftliche Erkenntnis durch Bildung nicht nur ertragen, sondern aktiv suchen und fördern. Es mangele den Muslimen nicht an Moscheen und Religionsgemeinschaften, sondern an Schulen, Akademien und Universitäten samt Stipendien für arme, aber begabte Aufsteiger.

Der von manchen Gegnern genüsslich ausgebreitete Umstand, dass Gülen selbst nie eine höhere, akademische Laufbahn durchlaufen hat, unterstreicht dabei genau den Punkt: Das Vorbild ihres Lehrers („Hodscha“) verpflichtet jeden

---

[2] Gülen, Fethullah: Hin zu einer globalen Kultur der Liebe & Toleranz. Offenbach 2006, S. 319f.
[3] Vgl. z. B. Satlow, Michael: ‚Jewish Knowing. Monism and Its Biological Implication‘. In: Goldberg, Rick (Hg.): Judaism in Biological Perspective. Boulder 2009, S. 18–41.

Michael Blume

Mann und jede Frau, Jüngere und Ältere, formal Nicht- oder
Hochgebildete gleichermaßen. Jeder kann ein Leben lang Bildung suchen, erwerben und fördern, keiner muss sich mit
mangelnden Voraussetzungen begnügen. Umgekehrt kann
sich aber auch keiner mit einem akademischen Titel zum besseren Menschen erklären, solange es an spiritueller und persönlicher Bildung mangelt.

Beispiele Kopftuch, Dschihad, Terror, Krieg der Zivilisationen

Um es an zwei konkreten Beispiel festzumachen: Während
Fethullah Gülen nicht bestreitet, dass das Tragen des Kopftuches ein nachrangiges islamisches Gebot (wörtl. *furuat*,
Detail, Einzelheit) sei, so hat er doch stets die individuelle
Verantwortung der Glaubenden hervorgehoben und zudem
betont, dass der Erwerb von Bildung zu den höchsten Geboten der Religion zu zählen sei.[4] Entsprechend finden
sich – zum Ärger religiöser Extremisten – in der Gülen-Bewegung heute sowohl Musliminnen mit als auch ohne
Kopftuch, die aber das gemeinsame Bekenntnis zum Bil-
dungserwerb vereint.

Auch den Begriff des Dschihad (als Anstrengung für
Gott) spitzte Gülen vor diesem Hintergrund zu: Als „großer" Dschihad sei die umfassende Bildung der eigenen Persönlichkeit, als „kleiner" Dschihad der Einsatz für die Bildung anderer und die Religionsfreiheit zu verstehen.[5] In
diesem Sinne würdigen Bücher[6], Websites und Videos Mitglieder der Bewegung als Vorbilder bis über den Tod hinaus:
Lehrer wie zum Beispiel Adem Tatlı, der bei einem Auto-

---

[4] Fethullah Gülen im Interview mit Ertugrul Özkün. Hürriyet 23.01.1995,
vgl. http://tr.fgulen.com/content/view/2257/5/
[5] Afsaruddin, Asma: ‚Striving in the Path of God – Fethullah Gülen's Views
on Jihad'. In: Muslim World in Transition. London 2007, S. 494–502.
[6] Z. B. Tokak, Harun: Önden Giden Atlılar, Istanbul 2006.

unfall verunglückte und dessen letzter Wunsch in der Bestattung neben seiner geliebten Schule in der Mongolei bestand.[7]

Dieses friedliche Verständnis des Dschihad arbeitet Fethullah Gülen auch in seiner scharfen Antwort auf den Terror und die Selbstmordattentate von Al-Qaida aus: „Wir sagen: Das ist nicht der Islam. Bin Laden hat die Logik des Islams durch seine eigenen Gefühle und Wünsche ersetzt. Er ist ein Scheusal, genau wie die Leute, die sich um ihn geschart haben. Und auch all jene, die ihnen ähneln, sind nichts anderes als Scheusale." Auch aus dieser Verurteilung folgt für ihn Selbstkritik und der Aufruf zu Bildung und Erziehung: „Keine Religion billigt es, zum Erreichen eines Zieles einen Menschen zu töten. Natürlich muss man sich die Frage stellen: Welche Bemühungen haben wir unternommen, um unsere Kinder zu vollkommenen Menschen zu erziehen? Welche Werte haben wir ihnen mit auf den Weg gegeben, an denen sie sich festhalten können? Haben wir sie so verantwortungsvoll erzogen, dass wir nun von ihnen erwarten dürfen, sich nicht an terroristischen Aktivitäten zu beteiligen?"[8]

Gülen leugnet nicht, dass gegen Angreifer und Terroristen auch staatliche Gewalt ergriffen werden müsse, aber dabei sollten demokratische und menschenrechtliche Standards keinesfalls aufgegeben werden. Letztlich werde nur die umfassende Bildung der Menschen Frieden und Freiheit sichern.[9]

---

[7] Vgl. Hermansen, Marcia: ‚The Cultivation of Memory in the Gülen Community'. in: Muslim World in Transition. London 2007, S. 60–76.
[8] Gülen (2006), S. 233 f. (Aus einem mehrteiligen *Zaman*-Interview im März/April 2004).
[9] Gülen (2006), S. 305 ff.

Entwicklungsoptimismus statt Apokalyptik

Auffällig ist schließlich, dass Fethullah Gülen auf apokalyptische Szenarien verzichtet, wie sie von religiösen, politischen und wissenschaftlichen Akteuren gerne verwendet werden, um ihren Forderungen Dringlichkeit zu verleihen (Das Ende naht / Der Feind rüstet sich / Der Wald stirbt usw.)[10], und stattdessen eine dezidiert optimistische Zukunftsschau entwirft, in der ausgehend vom Einzelnen (nicht dem Kollektiv oder dem Staat) Wissenschaft und Religionen interagieren:

> „Das Individuum wird aus dem Schatten treten und lernen, sein Potential zu nutzen. Die Menschen werden sich mit den Flügeln der Liebe, des Wissens und des Glaubens zu neuen Höhen emporschwingen und versuchen, zu vollkommen erhabenen Menschen zu werden.'
> In diesem neuen Frühling, der nicht zuletzt von Wissenschaft und technologischem Fortschritt geprägt sein wird, werden die Menschen verstehen, dass die heutige Stufe von Wissenschaft und Technologie der Phase ähnelt, in der ein Kind zu krabbeln beginnt. Reisen in den Weltraum beispielsweise werden dann so alltäglich sein wie heutzutage Reisen in ferne Länder. Reisende auf dem Weg zu Gott, die sich aufopfern und keine Zeit für Feindseligkeiten haben, werden die Inspirationen ihrer Seele in andere Welten tragen. Dieser Frühling wird auf den Grundmauern von Liebe, Barmherzigkeit, Dialog, Akzeptanz, gegenseitigem Respekt, Recht und Gerechtigkeit aufbauen.
> Die Menschheit wird ihr wahres Wesen erkennen, und Frömmigkeit und Güte, Rechtschaffenheit und Tugend werden die treibenden Kräfte dieses Frühlings sein.

---

[10] Vgl. auch Nagel, Alexander-Kenneth: ‚Europa wider den Antichrist. Politische Apokalyptik zwischen Innovation und Institutionalisierung'. In: Zeitschrift für Religionswissenschaft 16 (2008), S. 133–156.

Was immer auch geschehen mag – früher oder später wird die Welt auf diesen Pfad finden. Niemand kann das verhindern.«[11]

Dem entsprechend hat Fethullah Gülen nicht nur, wie bereits beschrieben, den Terrorismus scharf verurteilt, sondern sich auch mehrfach religiös, historisch und politikwissenschaftlich argumentierend gegen die apokalyptischen Thesen Huntingtons vom „Clash of Civilisations" gewandt.[12]

Die Gülen-Bewegung – vergleichbar mit dem Pietismus

Einer Beobachtung Max Webers zum „protestantischen Arbeitsethos" und dem wirtschaftlichen Erfolg der religiösen Netzwerke folgend, haben Sozial- und Politikwissenschaftler die Gülen-Bewegung mit dem Calvinismus verglichen.[13]

Aus religionswissenschaftlicher Perspektive möchte ich jedoch anmerken, dass die Strukturen der Bewegung sehr viel größere Schnittmengen mit dem evangelischen Pietismus aufweisen: So hat die Gülen-Bewegung im Kontrast zu Calvin keine Kirchenstrukturen entworfen, weder liturgische oder rituelle Änderungen eingeführt und keine politische Herrschaft errungen. Vielmehr erkannten die Anhänger Gülens ebenso wie die frühen Pietisten die jeweilige Obrigkeit und Staatskirche kritisch-konstruktiv, aber gehorsam an, gründeten keine eigene Konfession und errichteten keine eigenen Gotteshäuser. Sie bestanden lediglich darauf, sich auch in eigenen, erbaulichen Lese- und Gesprächszirkeln (bei den Pietisten „Stund", in der Gülen-Bewegung „Soh-

---

[11] Gülen (2006), S. 288.
[12] Z. B. Gülen (2006), S. 315ff.
[13] Z. B. Akyol, Mustafa: ‚What made the Gülen Movement possible? – Incorporating Capitalism'. In: Muslim World in Transition. London 2007, S. 29f.

bet") austauschen zu können und auf Basis dieser Netzwerke im Rahmen der Gesetze private Initiativen etwa in Wirtschaft und Bildung entfalten zu können. Das ehrenamtliche und finanzielle Engagement der Einzelpersonen in diesen dezentralen Netzwerken und deren entsprechender Erfolg, der wiederum neue Anhänger anzog, erklärt sowohl die Dynamik des frühen Pietismus wie der heutigen Gülen-Bewegung.[14]

Die enormen Erschütterungen in Religion, Familie und Identität, die der oft in ein bis zwei Generationen erfolgende Übergang von der agrarisch-dörflichen zur marktwirtschaftlich-städtischen Lebenswelt mit sich bringt, balancierten sowohl Pietisten wie auch die Anhänger der Gülen-Bewegung durch eine intensive, auch emotionale Spiritualität aus. Der Glaubende soll sein Leben strikten Leistungsanforderungen unterwerfen und auch die aus dem Bildungsaufstieg erwachsene Autorität von jüngeren Männern und Frauen anerkennen. Neben diese Betonung der Rationalität und Individualität tritt zugleich aber auch die Möglichkeit, im religiösen Rahmen Gefühle zuzulassen – Freude wie auch Tränen – und die inneren und äußeren Konflikte in einer intensiven Liebes- und Vertrauensbeziehung zu Gott und seinen Geschöpfen zu ertragen.[15]

Wie damals die Pietisten sieht sich die Gülen-Bewegung massivem Misstrauen, Verschwörungstheorien und Verfolgungen durch religiöse Konkurrenten und autoritäre Staatseliten ausgesetzt: Bleiben sie unter sich, wird ihnen Abschottung und „Parallelgesellschaft" vorgeworfen, bringen sie sich ein, lautet der Vorwurf auf „Unterwanderung".[16] Ebenfalls

---

[14] Vgl. Küng, Hans: Das Christentum – Eine neue Reformation: Der Pietismus. München 1999, S. 713ff. und Ebaugh, Helen Rose und Koc, Dogan: ‚Funding Gülen-Inspired Good Works: Demonstrating and Generating Commitment to the Movement'. In: Muslim World in Transition. London 2007, S. 539ff.

[15] Z. B. Gülen (2006), S. 194ff.

[16] Zu entsprechenden Vorwürfen in Deutschland vgl. Blume, Michael: Fethullah Gülen erhält Green Card der USA, Zaman Avrupa 2008 (deutsch / türkisch, auch online).

analog zum Pietismus wuchsen jedoch auch vielerorts Respekt und Anerkennung für die sichtbaren Erfolge, die diese vermeintlichen Sektierer für Bildung und Entwicklung leisteten, ohne dabei auf einen politischen Umsturz hinzuarbeiten.

Nicht nur in der Türkei selbst, sondern inzwischen in Dutzenden Staaten weltweit hat die Gülen-Bewegung so Diskriminierungen und vereinzelt gar Verfolgungswellen überstanden und sich inzwischen von den USA über die GUS-Nachfolgestaaten bis nach Indonesien und Südafrika wachsendes Vertrauen erworben. Ihr Wirken wird weltweit zunehmend als stabilisierender Beitrag zu Bildung, zivilgesellschaftlicher und privatwirtschaftlicher Entwicklung sowie als friedlich-gesetzestreue Alternative zu extremistischen Strömungen bewertet.[17]

Natürlich aber gibt es bei allen Parallelen auch Unterschiede: So erlauben die modernen Medien Fethullah Gülen und der Gülen-Bewegung eine sehr viel schnellere und globalere Kommunikation, als sie frühe Pietisten wie August Hermann Francke (1663–1727), dessen Bewegung ebenfalls Waisenhäuser, Armen-, Bürger- und Mädchenschulen errichtete, zu ihrer Zeit erreichen konnten. Im Unterschied zum Großteil des Pietismus glauben Anhänger der Gülen-Bewegung zudem nicht, das Andersglaubende durch Mission „errettet" werden müssten, sondern hoffen auf wachsende Gemeinsamkeiten zwischen den Religionen auf Basis von Dialog und Zusammenarbeit gerade auch auf dem Gebiet von Bildung und Wissenschaft. Und während der Pietismus schließlich vor der konstruktiven Auseinandersetzung mit dem naturwissenschaftlich-philosophischen Weltbild zurückschreckte, entsprechend viele seiner selbst gebildeten Anhänger schließlich wieder verlor und sich von einer ökumenisch

---

[17] Turam, Berna: ‚The politics of engagement between Islam and the secular state: ambivalences of civil society'. In: British Journal of Sociology 55(2) (2004).

wirksamen Reformbewegung zu einer „frommen Subkultur" zurückentwickelte,[18] hat die Gülen-Bewegung diese Wegentscheidung noch vor sich.

Die Herausforderung der Evolutionstheorie

Von allen wissenschaftlichen Großtheorien fordert keine die religiösen Überlieferungen so sehr heraus wie die Evolutionstheorie. Praktisch von Anfang an wurde sie von Gegnern der Religionen als vermeintliche Überbietung des Glaubens gefeiert und für säkulare Ideologien wie den menschenverachtenden Sozialdarwinismus, für Eugenik, Rassismus, Nationalismus und Sozialismus vereinnahmt. Extreme Vertreter des so genannten „neuen Atheismus" knüpfen an diesen Missbrauch der Evolutionstheorie an, indem sie – ohne empirische Belege und übrigens im kompletten Bruch mit der Evolutionslogik selbst, wonach sich Veranlagungen grundsätzlich über Erfolg und Nutzen entwickeln – Religiosität und Spiritualität als unnatürlich, schädlich und pauschal gefährlich denunzieren. Auch christliche Theologen, die die Evolutionstheorie im Grundsatz anerkennen, stellen sich diesem Missbrauch der Evolutionsforschung zunehmend und mit guten Argumenten entgegen.[19]

Zudem hielt auch Charles Darwin selbst, der nach dem qualvollen Tod seiner Tochter Anna zunehmende Glaubenszweifel erlitt, stets daran fest, dass Evolutionstheorie und Gottesglauben vereinbar seien.[20] Der leider wenig bekannte Mitentdecker der Evolutionstheorie, Alfred Russel Wallace, blieb bis an sein Lebensende ein zutiefst gläubiger Mensch.

---

[18] Küng (1999), S. 719.
[19] Z. B. Schröder, Richard: Abschaffung der Religion? Wissenschaftlicher Fanatismus und die Folgen. Freiburg 2008.
[20] Keynes, Randal: Annies Schatulle. Charles Darwin, seine Tochter und die menschliche Evolution. Berlin 2002.

Der fromme Jesuitenpater und Naturwissenschaftler Teilhard de Chardin wurde wegen seiner Aussagen zur Vereinbarkeit von Evolutionstheorie und Glauben von seinem Orden nach China versetzt – wo er prompt wegweisende Entdeckungen zum *homo erectus* machte.[21] Inzwischen aber erkennt auch die katholische Kirche die wissenschaftliche Geltung der Evolutionstheorie an. In der neueren Zeit haben sich weitere führende Biologen wie der Leiter des erfolgreichen Humane Genome Project Francis Collins zu ihrem Gottesglauben bekannt.[22]

Die vielleicht deutlichste Äußerung aber tätigte einer der bedeutendsten Biologen des 20. Jahrhunderts, Theodosius Dobzhansky, in seinem Essay „Nichts in der Biologie macht Sinn außer im Licht der Evolution". Er kritisiert die Gottesvorstellungen islamischer und christlicher Fundamentalisten als „blasphemisch", gotteslästerlich, da sie auf eine Leugnung von Wissenschaft und letztlich auf ein täuschendes oder unzulängliches (ständiger Nachbesserungen an der Schöpfung bedürftigen) Gottesbild hinausliefen. Dagegen erklärte er: „Es ist falsch, Schöpfung und Evolution als sich ausschließende Alternativen zu betrachten. Ich bin ein Kreationist und ein Evolutionist. Die Evolution ist der Weg der Schöpfung Gottes oder der Natur. Die Schöpfung ist nicht ein Ereignis, das 4004 vor Christus geschah; sie ist ein Prozess, der vor 10 Milliarden Jahren begann und immer noch weitergeht."[23]

Die moderne Evolutionsforschung konzentriert sich über religiöse und weltanschauliche Gräben hinweg längst nicht mehr auf Konflikt- und Gewaltgeschichten, sondern

---

[21] Aczel, Amir: The Jesuit & The Skull. Teilhard de Chardin, Evolution, and the Search for Peking Man. New York 2007.

[22] Collins, Francis: The Language of God. New York 2006.

[23] Dobzhansky, Theodosius: ‚Nothing in Biology Makes Sense Except in the Light of Evolution'. In: The American Biology Teacher 35 (1973), S. 125–129.

erkundet in interdisziplinären Teams, wie sich Kooperation, Liebe – und auch Religiosität entwickelt haben.[24] Wir erforschen heute, warum die Haltung zur Religiosität „eines der wichtigsten Elemente in unser aller Leben" ist und „von keinem wie auch immer gearteten Element ersetzt werden" kann. Wir vermuten nicht mehr, sondern wir beobachten und messen in Studien und Experimenten, wie Religion „unser individuelles, häusliches und gemeinschaftliches, aber auch unser materielles Leben" ordnet – und sich in weltweit allen freiheitlichen Gesellschaften Mitglieder von Religionsgemeinschaften durchschnittlich zu glücklicheren Menschen mit durchschnittlich mehr Kindern (und also einer erfolgreichen Weitergabe auch ihrer genetisch-natürlichen religiösen Veranlagungen) entfalten. Wir beschreiben, dass der „Glauben an die Existenz eines Wesens, das den Menschen sieht und kontrolliert [...], dem Menschen angeboren" ist.[25] Denn während Menschen „vor den Gesetzen und der Rechtsprechung dieser Welt zu fliehen [vermögen]; dem prüfenden Blick Gottes können wir uns jedoch zu keiner Zeit entziehen".[26]

Und ich betone diese Erkenntnisse der Evolutionsforschung zur Religiosität (Evolutionary Religious Studies) deswegen so ausführlich, weil sie den soeben zitierten Beobachtungen von Fethullah Gülen zur Funktion von Religion bis in Details hinein entsprechen. Sie könnten also eine Einladung zum Dialog zwischen Wissenschaft und Religion(en) auch auf diesem Gebiet sein.[27]

---

[24] Z. B. Wilson, David Sloan: Darwin's Cathedral. Evolution, Religion, and the Nature of Society. Chicago 2002.
[25] Vgl. Blume, Michael: ‚Homo religiosus'. In: Zum Glauben geboren? Forscher ergründen die Evolution der Religion (Gehirn & Geist 4/2009), S. 32ff.
[26] Alle Zitate aus: Gülen (2006), S. 300f.
[27] Eine Übersicht über Forschungsstand und -diskussionen der evolutionären Religionsforschung in: Vaas, Rüdiger und Blume, Michael: Gott, Gene und Gehirn. Warum Glaube nützt. Die Evolution der Religiosität. Stuttgart 2009.

Die Gülen-Bewegung und die Evolutionstheorie

Bisher aber hat sich die Gülen-Bewegung dem offenen Dialog mit der Evolutionsforschung noch nicht gestellt. In einem Artikel vom Januar 2006 kritisiert Fethullah Gülen „den Darwinismus", wobei er hier nicht zwischen der wissenschaftlichen Forschung und der oft ideologischen Deutung differenziert. Vielmehr betrachtet er „die Akzeptanz von Evolution als eine Säule des modernen Materialismus", wie ihn Marx und Engels vertreten hätten. Gülen erkennt das hohe Alter der Erde und auch die Datierung von Fossilfunden sowie die sog. Mikroevolution innerhalb der Arten an, bezweifelt aber den Übergang der Arten und daher auch die gemeinsame Abstammung von heutigen Menschen und Affen. Schließlich bekennt er sich zum „Intelligent Design", einer sanfteren Variante des fundamentalistischen und wissenschaftsfeindlichen Kreationismus. Allerdings hält er das Tor für weitere Gespräche offen, indem er einräumt, dass viele Prozesse einfach „noch nicht verstanden" seien und dass „Darwin ein großer und begabter Wissenschaftler" war.[28] Und auch an anderer Stelle plädiert er ausdrücklich für das Gespräch mit Biologie und Anthropologie, die ohne die Erkenntnisse aus der Evolutionsforschung überhaupt nicht mehr darstellbar sind.[29]

Aus religionsrechtlicher Perspektive ist die Haltung zur Evolutionstheorie nur ein Detail: Sie in Teilen oder vollständig zu leugnen, ist Bestandteil der Religions- und Meinungsfreiheit, und die Bildungseinrichtungen der Gülen-Bewegung orientieren sich an den jeweiligen, fachlich verbindlichen Lehrplänen. Würde allerdings auf Dauer der konstruktive Dialog mit der Evolutionsforschung verweigert, fiele die Gü-

---

[28] Gülen, Fethullah: ‚What is the Reason of the Persistence of Darwinism in the General Culture of the Masses, Though Many of Darwin's Hypotheses Have Been Challenged and Even Disproved?‘, online seit 5. Januar 2006.
[29] Z. B. Gülen (2006), S. 307.

len-Bewegung hinter ihre bisher erreichten Standards zurück. Würde sie darauf bestehen, dass die Evolutionstheorie und der Gottesglaube unvereinbar sind, so würde sie zudem paradoxerweise genau jene Religionskritiker bestätigen, die eine grundsätzliche Unvereinbarkeit von Religion(en) und Wissenschaft behaupten. Vor allem aber würde sie ihre jüngere Generation in Nöte stürzen, die bereits so viel wissenschaftliche Bildung erworben hat (nicht selten in Bereichen der Biologie oder Medizin), dass sie den Erklärungswert der Evolutionstheorie erkennt und nach Wegen sucht, diesen mit ihrem Glauben zu verbinden.

Persönlich habe ich so im Kontakt mit jungen Anhängern der Gülen-Bewegung bereits die Erfahrung gemacht, dass diese sich Bücher zur Evolutionsforschung signieren lassen, aber auch bedauern, darüber in der Bewegung kaum offen sprechen zu können. Es gab Vortragseinladungen zur Evolutionsforschung, die dann kurzfristig zu „weniger strittigen Themen" umgebogen wurden. Es gab Interviews mit und Zusagen zu Buchrezensionen von Medien der Gülen-Bewegung, die dann aber nie abgedruckt wurden. Auch von Kolleginnen und Kollegen konnte ich selbst im Darwinjahr keine sachlichen Darstellungen in Medien der Gülen-Bewegung finden – dafür u. a. einen *Zaman*-Artikel vom 14. Februar 2009, der aktuelle Diskussionen in der Evolutionsforschung inhaltlich unsauber und unter der Überschrift „Ist die Darwin-Theorie am Ende?" wiedergibt.[30] Nicht böser Wille, aber Unsicherheit in der Bewegung zu diesem Thema wird zunehmend sichtbar. Es stehen Weichenstellungen an, die nicht nur die Gülen-Bewegung selbst betreffen.

---

[30] *Zaman* 14.02.2009: Darwin teorisi sona mı erdı? http://www.zaman.com.tr/haber.do?haberno=815228&title=darwin-teorisi-sona-mi-erdi

Fazit

Für die Förderung von Menschenrechten, Demokratie, vor allem aber auch von Bildung, Wissenschaft und des interreligiösen Dialoges sind die Lehren von Fethullah Gülen und die zivilgesellschaftlichen Initiativen der Gülen-Bewegung ein Glücksfall. Indem sie sich nach Jahren einzigartig dynamischer und erfolgreicher Arbeit nun auch selbst der wissenschaftlichen Reflektion und Begutachtung öffnen, leisten sie einen weiteren Beitrag zu Transparenz und religionssoziologischer Forschung. Sie bestärken damit das Vertrauen von Demokraten, Reformern und Vertretern anderer Religionen weltweit, das sich die Bewegung gegen nationalistische und extremistische Verschwörungstheorien zu Recht erworben hat.

„Dank der Bemühungen von christlichen und muslimischen Theologen und Wissenschaftlern deutet heute einiges darauf hin, dass der Jahrhunderte während Streit zwischen Wissenschaft und Religion beigelegt oder zumindest seine Absurdität eingeräumt werden kann", formulierte Fethullah Gülen optimistisch[31] – und hat selbst gemeinsam mit seinen Anhängern viel dazu beigetragen, dass dieser Optimismus begründet erscheint. Heute erwerben in über 2000 Bildungseinrichtungen, darunter sieben Universitäten, Schülerinnen und Schüler, Studentinnen und Studenten in mehr als 90 Nationen Bildung und Wissen, die ihnen ohne das ehrenamtliche und finanzielle Engagement der Gülen-Bewegung nicht gleichermaßen zugänglich gewesen wären. Hinzu kommen Zeitungen, Fernseh- und Radiosender sowie zahlreiche Dialoginitiativen, die für Frieden auf der Basis von freiheitlicher Demokratie, privatwirtschaftlichem und zivilgesellschaftlichem Engagement sowie gegenseitigem Respekt werben.[32]

---

[31] Gülen (2006), S. 287.
[32] Ebaugh, Helen Rose und Koc, Dogan: ‚Funding Gülen-Inspired Good Works: Demonstrating and Generating Commitment to the Movement'. In: Muslim World in Transition. London 2007, S. 540.

Ohne Zweifel gehört die Gülen-Bewegung am Beginn des 21. Jahrhunderts zu den global produktivsten islamischen und interreligiösen Akteuren und dient längst anderen als Vorbild und Ideengeberin. Von großer Bedeutung wird sein, ob sie den Mut findet, auch aktiv den Dialog mit der Evolutionsforschung zu suchen. Wird die Gülen-Bewegung hier ihren Idealen der Vereinbarkeit von Religion und Wissenschaft gerecht werden? Oder wird sie doch hinter ihre eigenen Überzeugungen zurückfallen? Wird sie ihre Balance zwischen Spiritualität und wissenschaftlicher Bildung halten können oder sich schließlich, wie ja auch die erste Welle des frühen Pietismus, angesichts der Dynamik der Naturwissenschaften wieder zu einer „frommen Subkultur" zurück entwickeln? Für die Entwicklung des Islam und unserer globalen Kultur ist das eine nicht unerhebliche Frage. Wir dürfen gespannt sein.

Johann Hafner

Abfall vom Islam und vom Christentum: Fethullah Gülen und der Ernstfall der Religionsfreiheit

1. Religionsfreiheit als Menschenrecht

Religionsfreiheit wurde 1948 in der Allgemeinen Erklärung der Menschenrechte zusammen mit der Gewissens- und Gedankenfreiheit verkündet. Art. 18 lautet: „Jeder Mensch hat Anspruch auf Gedanken-, Gewissens- und Religionsfreiheit; dieses Recht umfasst die Freiheit, seine Religion oder seine Überzeugung zu wechseln, sowie die Freiheit, seine Religion oder seine Überzeugung allein oder in Gemeinschaft mit anderen in der Öffentlichkeit oder privat durch Lehre, Ausübung, Gottesdienst und Vollziehung eines Ritus zu bekunden."[1] Das Grundgesetz der BRD formuliert knapp in Art. 4

---

[1] Vgl. etwas später 1950 die *Europäische Menschenrechtskonvention* für alle Mitgliedsstaaten des Europarates:
„(1) Jedermann hat Anspruch auf Gedanken-, Gewissens- und Religionsfreiheit; dieses Recht umfasst die Freiheit des Einzelnen zum Wechsel der Religion oder der Weltanschauung sowie die Freiheit, seine Religion oder Weltanschauung einzeln oder in Gemeinschaft mit anderen öffentlich oder privat, durch Gottesdienst, Unterricht, durch die Ausübung und Beachtung religiöser Gebräuche auszuüben. (2) Die Religions- und Bekenntnisfreiheit darf nicht Gegenstand anderer als vom Gesetz vorgesehener Beschränkungen sein, die in einer demokratischen Gesellschaft notwendige Maßnahmen im Interesse der öffentlichen Sicherheit, der öffentlichen Ordnung, Gesundheit und Moral oder für den Schutz der Rechte und Freiheiten anderer sind."
Neu an der Europäischen Erklärung ist, dass hier erstmals eine judizielle Instanz zur Verfolgung bei Verstößen angegeben wird, der Europäische Gerichtshof. Die EMK sollte in den gescheiterten EU-Verfassungsvertrag eingehen und wird nun in Art. 2 des Lissabon-Vertrags erwähnt: „Die Werte, auf die sich die Union gründet, sind die Achtung der Menschenwürde, Freiheit, Demokratie, Gleichheit, Rechtsstaatlichkeit und die Wahrung der Menschenrechte einschließlich der Rechte der Personen, die Minderheiten

„(1) Die Freiheit des Glaubens, des Gewissens und die Freiheit des religiösen und weltanschaulichen Bekenntnisses sind unverletzlich. (2) Die ungestörte Religionsausübung wird gewährleistet."[2] Die Besonderheit der Religionsfreiheit im Grundrechtsstatus liegt darin, dass es nicht unter dem Vorbehalt eines einschränkenden Gesetzes steht, sondern nur durch Grundrechte anderer eingeschränkt werden darf. Daher lässt sie sich nicht auf negative Religionsfreiheit, also die Abwesenheit von Religion im öffentlichen Raum, beschränken, sondern räumt das Recht ein, seinen Glauben in Bauten, Riten, Ständen in der Fußgängerzone, Versammlungen o.Ä. Ausdruck zu geben und sich als private Vereinigungen, d. h. als juristische Personen verfassen. Dies ist kein Zugeständnis des deutschen Staates an seine Bürger, sondern deren unveräußerliches, an Personen gebundenes Recht, das der Staat zu achten hat. Und das hat er zu gewährleisten unabhängig davon, ob in muslimischen Ländern Christen dieselben Rechte eingeräumt werden oder nicht.

---

angehören. Diese Werte sind allen Mitgliedstaaten in einer Gesellschaft gemeinsam, die sich durch Pluralismus, Nichtdiskriminierung, Toleranz, Gerechtigkeit, Solidarität und die Gleichheit von Frauen und Männern auszeichnet." Dieses wird in Art. 6 Abs. 1 en bloc übernommen. „Die Union erkennt die Rechte, Freiheiten und Grundsätze an, die in der Charta der Grundrechte der Europäischen Union vom 7. Dezember 2000 in der am 12. Dezember 2007 in Straßburg angepassten Fassung niedergelegt sind; die Charta der Grundrechte und die Verträge sind rechtlich gleichrangig."

[2] Die Entfaltung von Artikel 4 erfolgt in Artikel 140, wo das Grundgesetz Passagen aus der Weimarer Verfassung übernimmt: „Die bürgerlichen und staatsbürgerlichen Rechte und Pflichten werden durch die Ausübung der Religionsfreiheit weder bedingt noch beschränkt. Der Genuß bürgerlicher und staatsbürgerlicher Rechte sowie die Zulassung zu öffentlichen Ämtern sind unabhängig von dem religiösen Bekenntnis. Niemand ist verpflichtet, seine religiöse Überzeugung zu offenbaren. Die Behörden haben nur soweit das Recht, nach der Zugehörigkeit zu einer Religionsgesellschaft zu fragen, als davon Rechte und Pflichten abhängen oder eine gesetzlich angeordnete statistische Erhebung dies erfordert. Niemand darf zu einer kirchlichen Handlung oder Feierlichkeit oder zur Teilnahme an religiösen Übungen oder zur Benutzung einer religiösen Eidesform gezwungen werden."

Die Religionsfreiheit besitzt kein Recht auf Schutz, wo sie dazu benutzt wird, die Religionsfreiheit oder andere grundgesetzliche Regelungen in Frage zu stellen, wenn z. B. eine Religion die Demokratie als notwendiges Übel bis zur Einführung einer anderen Gesellschaftsordnung – sei es die Scharia, sei es eine christliche Theokratie – akzeptiert, wenn also Demokratie als Übergangslösung in Kauf genommen wird, wenn Religion als die bessere Politik verkündet wird.[3] Einerseits nimmt der Staat für sich in Anspruch, Religionsfreiheit zu schützen, andererseits beschränkt er sie in bestimmten Fragen. Er tut dies auch, wenn er etwas erlaubt, das in einigen Religionen verboten ist, z. B. die Ermöglichung von gleichgeschlechtlichen Partnerschaften, von Abtreibung, von Arbeit am Sabbat bzw. am Sonntag. Religionen müssen sich damit abfinden, dass sie auch unter den Bedingungen staatlich gewährter Religionsfreiheit nicht alle ihre Vorstellungen in sozialen und moralischen Fragen in die öffentliche Ordnung übersetzen können. Sie haben aber die Freiheit, Orden, Gemeinden, Modellstädte zu gründen, in denen ein

---

[3] Das ist freilich eine Zumutung für jede Religion, die Lösungen für das Zusammenleben von Menschen in einem Staatswesen zu haben glaubt. Kleidungsvorschriften und Ernährungsweisen fallen in den Privatbereich, über den Bürger selbst verfügen. Anders ist es bei Sitten, die in das öffentliche Leben eingreifen. Wenn eine Religion der Meinung ist, Zinsnahme sei gottwidrig, kann sie zinsloses Wirtschaften in ihren eigenen Gemeinschaften ausüben, kann dies aber nicht der Mehrheitsgesellschaft urgieren. Dies geht nur, wenn die Religion in den Diskurs der Öffentlichkeit eintritt und diese überzeugt. Um aber die ökonomischen Ansichten einer Religion im säkularen Bereich wirksam werden zu lassen, muss sich eine Religion darauf einstellen, dass vor allem ökonomische und nicht die eigenen religiösen Gründe ziehen. Man muss sozusagen bereit sein, religiöses Gedankengut in anderer Sprache an den Mann bringen. Zwischen dem Privaten und dem Öffentlichen liegen die eigentlich problematischen Fälle, nämlich öffentlichkeitswirksame Regeln für den Privatbereich wie z. B. das Erb- und das Heiratsrecht. Kann der Staat gläubigen Muslimen verbieten, Mehrehen oder Zeitehen zu führen, wenn deren Tradition diese vorsieht? Darf der Staat das Schächten verbieten? Offensichtlich nimmt der Staat Positionen ein, die in den Augen von Religionsteilnehmern als eindeutige religiöse Festlegung erscheinen. Hier liegt heute das Konfliktpotential.

Großteil dessen möglich ist. So wäre ein Ashram denkbar, in dem Gütergemeinschaft, eine andere Arbeitszeit und freie Liebe gepflegt werden.

Der Zentralrat der Muslime in Deutschland übernimmt 2002 die Grundgesetz-Formulierung in der „Islamischen Charta" § 11: „Muslime bejahen die vom Grundgesetz garantierte gewaltenteilige, rechtsstaatliche und demokratische Grundordnung. Ob deutsche Staatsbürger oder nicht, bejahen die im Zentralrat vertretenen Muslime daher die vom Grundgesetz garantierte gewaltenteilige, rechtsstaatliche und demokratische Grundordnung der Bundesrepublik Deutschland, einschließlich des Parteienpluralismus, des aktiven und passiven Wahlrechts der Frau sowie der Religionsfreiheit. Daher akzeptieren sie auch das Recht, die Religion zu wechseln, eine andere oder gar keine Religion zu haben. Der Koran untersagt jede Gewaltausübung und jeden Zwang in Angelegenheiten des Glaubens."

Dass die Position des Zentralrats nicht die einzige Meinung ist, zeigt die 2007 verfasste „Erwiderung" des Aal al-Bayt Instituts (Amman, Jordanien) an führende christliche Vertreter. Dort wird auf die Existenz von 12–15 Millionen arabischer Christen in muslimischen Gesellschaften heute hingewiesen und eine lange, ziemlich wirre Liste christlicher Zwangsmission dagegengestellt, die sich bis heute im Bosnien-, Tschetschenien- und Irakkrieg fortsetze. Das Christentum widerspreche sich selber, wenn es nach 1750 Jahren unter dem Druck des Säkularismus nun die Religionsfreiheit fordere. Die Christen nähmen für sich in Anspruch, Religionsfreiheit eingeführt zu haben, doch „Religionsfreiheit als angeborenes Menschenrecht ist kein Produkt der kirchlichen Lehre, sondern des Säkularismus."[4] Die Todesstrafe für Apostasie wird gerechtfertigt, wenn die Beleidigung Got-

---

[4] Aal al-Bayt Institut für islamisches Denken: Erwiderungen auf die Islamkritik in der Frage der Religionsfreiheit. In: Cibedo-Beiträge 1/2009, S. 19–30, hier S. 21.

tes eine Beleidigung der Gemeinschaft und damit Verrat bedeute.

Religionsfreiheit war weder im Kirchenrecht der katholischen Kirche noch in der Scharia vorgesehen, und nun bilden sie den Kern der Personrechte in der Moderne. Der Großteil der Christen und der Großteil der Muslime taten sich aus theologischen Gründen, die ich im Folgenden erläutern will, schwer, dies zu akzeptieren. Noch heute lehnen randständige Teile der katholischen Kirche und viele muslimische Organisationen[5] Religionsfreiheit ab, akzeptieren allenfalls die Freiheit, in die eigene Religion überzutreten, nicht aber die Freiheit, aus ihr auszutreten. Der Umgang mit Häretikern kann noch als innerdisziplinäres Problem angesehen werden, aber der Umgang mit Abgefallenen, mit Apostaten ist der Ernstfall. Der Apostat ist nicht einfach ein schwerer Sünder (ein sog. *munafiq*, der zwar nach außen den Glauben vertritt, ihn aber innerlich nicht mitvollzieht oder dagegen handelt), sondern ein Ungläubiger (*kafir*), denn er leugnet wesentliche Glaubenswahrheiten, z. B. dass es Gott gibt oder dass der Koran seine Offenbarung ist.

---

[5] Noch 1991 wurden in der „Kairoer Erklärung der Menschenrechte", unterschrieben von 45 Außenministern muslimischer Länder, Religionsfreiheit nur innerhalb den Grenzen der Scharia zugestanden, d. h. die halbierte Religionsfreiheit. Ridda, Rückfall in vorislamische Religion wird weiterhin als todeswürdig angesehen. „Apostasie wird heute noch in Sudan, Jemen, Iran, Saudi Arabien, Qatar, Pakistan, Afghanistan, Somalia und Mauretanien unter Strafe gestellt. In den übrigen muslimischen Ländern ist sie jedoch schon länger kein strafrechtlicher Tatbestand mehr, und die Verfassungstexte garantieren die Religionsfreiheit mehrheitlich." Vgl. Wick, L.: Islam und Verfassungsstaat. Theologische Versöhnung mit der politischen Moderne? Würzburg 2009, S. 132. Dennoch kann ein Apostat seines Lebens nicht sicher sein, wenn ein Iman die Scharia „nach den Erfordernissen des öffentlichen Interesses" (Wick, S. 133) restriktiv auslegt.

Johann Hafner

2. Warum tun sich Religionen mit Religionsfreiheit schwer?

„Die Zehn Gebote sind sicherlich eine der ersten in Wort und Schrift festgelegten ‚déclarations des droits humains‘. Sie gewähren das Recht zu leben und zu besitzen, sie schützen die Ehe, den Eid, die Arbeit, verweigern aber – da es nur *einen* Gott gibt – von vornherein die Glaubensfreiheit."[6] Mit diesem Satz äußert Arnold Schönberg die Eigenart von monotheistischen Religionen, dass sie bei aller Varianz ihrer Gebote doch in einem Punkt hart bleiben: Dem Menschen steht es nicht frei, nicht religiös zu sein. Das Verbot von Unglauben wurde in bestimmten Traditionen der islamischen und der christlichen Theologie konsequent zur Unfreiheit des Glaubens selbst weiter entwickelt. Wann immer ein Mensch glaubt, tut er es nicht ohne den Willen Gottes. Wenn aber Gottes Wille allmächtig ist, d. h. bei ihm Absicht und Durchsetzung zusammenfallen, dann ist das Phänomen des Unglaubens kein kontingentes Faktum und eine Religion muss darauf reagieren.

Für den Umgang mit dem Gegenteil ihrer selbst – also weniger mit den noch nicht gläubigen Heiden als mit den nicht mehr gläubigen Apostaten – gibt es zwei Lösungen: Entweder man rechnet die Apostasie ganz Gott zu, dann hat *er* es verfügt, dass ein Mensch abfällt und sich die Verdammnis zuzieht. Der Protestantismus wird es so formulieren: In Glaubensdingen ist der Mensch (im Sinne von Wahlfreiheit) nicht frei, denn der Glaube kann kein vom Mensch allein gewirktes Werk sein. Diese sog. „doppelte Prädestination" zum Heil bzw. zum Unheil provoziert allerdings die Frage, ob dies noch ein guter Gott sein kann, der solche Entscheidungen trifft. Die andere Lösung rechnet die Apostasie dem Menschen zu. In diesem Fall hat sich der Ungläubige aus eigener Entscheidung und wider besseres Wissen gegen seinen Glauben entschieden.

---

[6] Schönberg, A.: Menschenrechte (1947). In: ders.: Stil und Gedanke, Leipzig 1989, S. 232–242, hier S. 236.

148

Der letztgenannte Fall stellt die Toleranz einer Religion auf eine harte Probe: Es geht nicht um die Fälle, in denen ein Mensch aus Angst oder Unwissenheit eine andere Religion wählt, sondern dies mit voller Zurechnungsfähigkeit tut. Das Problem verschärft sich, wenn eine Religion annimmt, dass der Mensch, so wie er geschaffen ist, zum rechten Glauben kommen müsse, wenn er sich seiner natürlichen Vernunft bedient. Das heißt im Umkehrschluss: Wer nicht glaubt, handelt unvernünftig.

Ein Beispiel aus dem Christentum: Der frühchristliche Theologe Tertullian nahm an, dass die Seele des Menschen bereits *naturaliter christiana* (von Natur aus christlich) sei. Die natürliche Vernunft müsse bereits einsehen, dass Christus der Sohn Gottes ist. Mit der Unterstellung, dass alle Menschen – nicht nur ein erwähltes Volk oder die Gemeinde der Berufenen – potentielle Anhänger der eigenen Religion sind, weitet eine Religion ihren Anspruch universal aus. Jeder Mensch wird zum impliziten Anhänger der Religion. Wo jemand in Unglauben fällt, da hat er seinen Vernunftgebrauch bereits aufgegeben, sei es aus Bosheit, sei es aus Nachgiebigkeit gegenüber dämonischen Einflüssen. Ausgeschlossen ist jedoch der Irrtum.

Ein Beispiel aus dem Islam: Muhammad Saiyid Tantawi (Vorsitzender der Azhar-University, *1928) nimmt mit einem Großteil der Tradition an, dass der Vernunftgebrauch notwendig die Annahme des Islam nach sich ziehe,[7] weil der Mensch islamische Natur (*fitra*)[8] habe. Der muslimische Glaube ist *din al-fitra*, Urreligion. Wer vom Islam abfällt, wechselt demnach nicht einfach eine Religion, sondern vergeht sich an seinem eigenen Menschsein. Dann folgt daraus: Nicht-Muslime haben auf den Gebrauch ihrer Vernunft verzichtet. Wenn diese Menschen ihre Unmündigkeit erwiesen

---

[7] Vgl. Wick (2009), S. 166.
[8] *din al-fitra* = Urreligion. „Andersgläubige werden erst durch den Übertritt zum Islam zu reifen Menschen." Wick (2009), S. 129.

haben, können sie dann noch Träger von Rechten sein? Sie haben sich von anderen, nicht-vernünftigen Gründen leiten lassen, wie z. B. emotionalen, sinnlichen Einflüssen, die in religiösen Traditionen auch als Versuchungen des Teufels gedeutet werden. Also: Jedes Kind wird mit der Urreligion geboren und nachträglich zur „Apostasie" gebracht.[9]

Als ideale Vergleichsgruppe kann man die Engel heranziehen. Sie haben keine und benötigen auch keine Religionsfreiheit, denn aufgrund ihrer Erkenntnis halten sie dauerhaft an der Hingabe an Gott fest. „Wir haben kein Wissen außer dem, was Du uns gelehrt hast. Wahrlich, Du allein bist der Allwissende, der Weise."[10] Ihre Hingabe ergibt sich nicht aus einer Anfangsalternative fifty-fifty für oder gegen Gott, sondern sie verehren Gott aufgrund ihrer unverstellten Geschöpflichkeit. Jedes Vernunftwesen ist „Geschaffensein zu Gott hin"[11] und damit ist der Islam die „religiöse Urhandlung der völligen Hinwendung"[12] des Geschöpfs zu seinem Schöpfer. (Auch im Christentum meint *„religio"* die *natürliche* Anerkenntnis der eigenen Endlichkeit angesichts des unendlichen Seinsgrundes, was aber nicht gleichbedeutend ist mit „fides", der Anerkenntnis von Gottes Heilshandeln in Jesus Christus.) Weil Engel nicht durch Tradition beeinflusst werden – sind sie doch in jedem Augenblick unmittelbar zu Gott – halten sie den Islam jederzeit spontan ein. Nicht so die Menschen.

Sie unterliegen deformierenden Einflüssen, einerseits als Menschheit, deren Zivilisation verdirbt, andererseits als Individuum, wenn ein Kind eine andere Religion gelehrt bekommt. Den Islam müsste man eigentlich nicht lehren,

[9] Vgl. Ezzati, A.: Islam and natural law, 70. Zitiert in: Wick (2009), S. 128.
[10] 2,39. Zit. nach: Der Koran und seine Übersetzung, kommentiert v. A. Ünal, Offenbach 2009, S. 33.
[11] Nagel, T.: Der Koran. Einführung, Texte, Erläuterungen. 4. Aufl. München 2002, S. 252.
[12] Ebd.

wenn alle an ihrer natürlichen Religion festhielten.[13] Und deshalb würdigt der Islam auch jene integere Gottesverehrung des einen Schöpfers in allen Religionen, insbesondere im Judentum und auch im Christentum. „Ist der, der Gott in Demut zu Zeiten der Nacht anbetet, indem er sich niederwirft und steht, der das Jenseits fürchtet und auf die Barmherzigkeit seines Herrn hofft (jenen anderen [Ungläubigen] gleichzusetzen)? Sprich: Sind etwa diese einander gleich, jene, die wissen, und die, die nicht wissen?"[14] Der Koran verlangt nicht das explizite Bekenntnis zum Islam, sondern die grundlegenden Vollzüge der Gottesverehrung und der Selbstverdemütigung. Daher ist die Anforderung für Konversionen für Menschen, die nicht durch Geburt (patrilinear über den Vater) Muslime sind, sehr gering. Es genügt das Ablegen des kurzen Glaubensbekenntnisses *schahada*, das Sunniten und Schiiten gemeinsam anerkennen.[15]

Der Mensch weicht von seinem Natur-Islam aus zwei Gründen ab: erstens durch die Übernahme falscher Lehren, wie sie sich in der Geschichte entwickelt haben, zweitens durch Nichtbeachtung der Islam. Wie kommen aber falsche Lehren und individuelle Nichtbeachtung zustande? Das ist der Einfluss des Satans. Er war der erste, der die Unterwerfung unter Gott verweigerte. Anstatt ihn sofort zu verdammen – aus einer Art schlechtem Gewissen Gottes heraus, dass er Iblis in Versuchung geführt hat –, gibt er ihm die Erlaubnis, vom Moment seines Abfalls bis zum Jüngsten Gericht Menschen auf seine Seite ziehen. Apostasie ist somit die menschliche Wiederholung des angelischen bzw. satanischen Abfalls von Gott.

---

[13] So in zahlreichen Sprüchen Muhammads vgl. Ahmad b. Hanbal: Musnad, Bd. 2, S. 233, 275, 393, zit. in ebd., S. 351.
[14] 39,9. Übersetzung Ünal (2009), S. 1121.
[15] Der Koran nennt dies das „Bekenntnis Abrahams" 6,161.

3. Wie ahnden Religionen Apostasie?

Grundsätzlich hat eine Religion zwei Möglichkeiten: Entweder sie überantwortet die Bestrafung Gott oder sie sieht sich selber in der Verantwortung, Gottes Strafe zu Lebzeiten des Poenitenten zu vollstrecken. Das islamische Recht sieht mit Berufung auf einige Hadithe die Todesstrafe vor.[16] Uns allen ist klar, dass sie heute kaum mehr geübt wird, aber immerhin steht sie in 9 Ländern im Strafrecht und immerhin haben 1991 die Unterzeichner der erwähnten „Kairoer Erklärung der Menschenrechte" Religionsfreiheit nur innerhalb den Grenzen der Scharia zugestanden, d. h. die halbierte Religionsfreiheit. Ridda, Rückfall in vorislamische Religion wird weiterhin als todeswürdig angesehen.

In der jüngeren islamischen Tradition wird ein Argument gegen die Todesstrafe für Apostaten in Anschlag gebracht, das auch in der christlichen Theologie bei der Ablehnung von Kapitalstrafen angewandt wurde: Unter irdischen Bedingungen kann man noch nicht sagen, ob ein Apostat nur sich nur vorübergehend abgewendet hat oder ob er endgültig abgefallen ist. Das kann er nicht einmal selber sagen. Wer dies dennoch tut, greift der Allmacht und Vorsehung Gottes vor, der jederzeit Reue und Umkehr zu bewirken vermag. Das Todesurteil über Apostaten müsste also endgültiges Wissen vom göttlichen Willen haben. Deshalb gab es in der christlichen und muslimischen Tradition eine abgemilderte Form der

---

[16] Z. B. auf den Spruch des Propheten: „Tötet denjenigen, der seine Religion wechselt", der bereits im 8. Jh. in kanonischen Hadithsammlungen einstimmig überliefert wird. Die Straftatbestände für Religionswechsel wurden im Lauf der Geschichte immer wieder ausgeweitet und zusammengefasst, z. B. die Leugnung Gottes, die Beigesellung anderer Wesen, die Leugnung des Alkohol- oder Unzuchtverbots, die Verehrung von Götzenbildern, die Leugnung (von Teilen) des Korans, die Schändung des Korans, die Verspottung des Propheten. Dadurch verwischte sich die Grenze zwischen schwerer Sünde und Unglauben. Der Koran nennt hingegen nur die „Beigesellung" *shirk* als Sünde, die nicht vergeben werden kann.

Apostasieahndung: die Beugestrafen. Um Gott nicht vorzugreifen, werden Strafandrohungen als pädagogisches Mittel verstanden, den Abgefallenen dazu zu bringen, seinen Unglauben zu überdenken und zu umzukehren. Tut er dies trotz mehrfacher Aufforderung nicht (*pertinacia*, Hartnäckigkeit), konnte die Inquisition davon ausgehen, dass der Apostat auch später nicht mehr zur Umkehr gelangt wäre. Dennoch blieb immer der Zweifel, mit welchem Recht man zu einem bestimmten Zeitpunkt einem Menschen die Umkehrmöglichkeit kategorisch absprechen durfte. Im frühen Islam billigte man einem Unwissenden die Umkehr noch auf dem Totenbett zu, dem Gelehrten jedoch nicht.

4. Woher kommt die Schärfe für die Apostasie-Ablehnung?

Der Umgang mit Apostaten im Islam lässt sich nur verstehen, wenn man den Blick zurück in seine Anfangsgründe wirft. Bereits wenige Jahre nach dem Tode des Propheten 632, noch unter dem ersten Nachfolger Abu Bakr sagten sich viele Stämme vom Islam los und wurden als Apostaten bekämpft. Anlässlich der Ermordung des dritten Nachfolgers ʿUtman spaltet sich die Gemeinde und gerät 20 Jahre später in einen Bruderkrieg (656–60) zwischen den frühbekehrten Gefährten und den spätbekehrten Stammesgenossen (Quraiš) Mohammeds. Freilich bewerten Sunniten und Schiiten das Kalifat ʿAlîs, Mohammeds Schwiegersohn, und die einher gehende Spaltung unterschiedlich – die einen als Abfall, die anderen als Rückkehr zur rechten Tradition –, aber beiden Parteien ist die Tatsache eines Schismas am Anfang der eigenen Geschichte stets bewusst, und beide halten die Übernahme des Kalifats durch die Omaijaden im Jahre 660 für einen weiteren Abfall vom wahren Glauben.[17] Im Laufe des

---

[17] Weil der Kalifatsgedanke vom „Stellvertreter des Gottgesandten" zum „Stellvertreter Gottes" (man möchte sagen: vom *vicarius Petri* zum *vicarius*

folgenden Jahrhunderts „hatte man nämlich erlebt, wie der Bestand der Gemeinde durch politischen Abfall, Aufkündigung des Treueeides, gefährdet werden konnte, in der sog. *Ridda*; für die Apostasie benutzte man das gleiche Wort. So wie man dort die Rebellen bekämpft und erschlagen hatte, so verdient auch jemand, der nach seiner Bekehrung sich dem Heil wieder verschloß, die Todesstrafe."[18]

Gleichzeitig gelangte der Islam relativ schnell zu einer fixierten Heiligen Schrift. Egal, wie die tatsächliche Fixierung des verbindlichen Textes genau erfolgte, ob parallele Fassungen in Damaskus und Kufa entstanden, sicher ist, dass sich Muslime von Anfang an um einen einheitlichen Text und eine einheitliche Rezitation bemühten und unter Utmân (dritter Nachfolger) weitgehend durchgesetzt wurde;[19] ein Vorgang, der im Christentum mehr als 250 Jahre in Anspruch nahm. Theologisch besteht im Islam von Anfang an eine scharfe Diskrepanz zwischen der Sicherheit bezüglich der Glaubensurkunde und der Unsicherheit bezüglich der Glaubensgemeinschaft. Erstere hielt man für faktisch gegeben, letztere hielt man als Ideal der *umma* kontrafaktisch hoch. Nicht geschichtsprägend, wohl aber ein Beleg für die Wahrnehmung dieser Differenz sind die Charidschiten – Gegner Alis und der Omaijaden. Sie reagieren mit der Forderung, jeder Gläubige müsse dafür kämpfen, den ursprünglichen Zustand, der medinischen Urgemeinde, für die Mohammed 624 selbst eine Ordnung verkündet hatte[20] und wo Glaube

---

Christi) ausgedehnt wurde. Vgl. Nagel, T.: Geschichte der islamischen Theologie. München 1994, S. 42f.

[18] Vgl. Ess, J.v.: Theologie und Gesellschaft im 2. und 3. Jahrhundert Hidschra, Bd. IV. Berlin/New York 1997, S. 582f.

[19] Dennoch blieben im einige Varianten, denselben Text auf verschiedene Weise zu lesen. Die Koraninterpretation lässt traditionell sogar sieben Lesarten zu und unterlegt diese Abweichungsmöglichkeiten mit dem Theologoumenon, dass nur Gott selbst die vollkommene Lesart zukomme. Vgl. Nagel (2002), S. 26.

[20] Nagel (1994), S. 51.

und Herrschaft noch eins waren, wieder herzustellen. Wie im Christentum die rigorosen Bewegungen der Montanisten und Donatisten bewerten die radikalen Charidschiten eine Gebotsübertretung nicht nur als Sünde, sondern als Apostasie, als Verlust der Glaubensgemeinschaft, von dem auch die spätere Reue nicht heilen könne.

Hinzu kommt der Unterschied in der Beurteilung der eigenen Offenbarungsschrift: Das Neue Testament war zunächst nur „Erinnerungen der Apostel" und ein Kommentar zu den *graphês* (v.a. Tora und den Propheten), das Wort Gottes war nie identisch mit dem Text der Evangelien, sondern der menschgewordene Logos selbst. Der Koran hingegen wird von Muslimen als *nuzûl al-qur'ân*, als Niederkunft des Wortes (im Sinne von gelesenem Wort, also nur das aufgeschriebene Gehörte) verstanden, diktiert durch den Erzengel. Freilich kennt auch die islamische Exegese verschiedene Schriftsinne,[21] aber jede Auslegung muss sich daran halten, dass der *Klang* der Worte und nicht nur die Bedeutung der Worte inspiriert sind.

Die Differenz aus Wissensform und Sozialform ist nicht identisch mit der üblichen Unterscheidung von Ideal und Realität, denn (in der muslimischen Frühzeit und damit maßgeblich für die Gesamtgeschichte prägend) real ist der Koran, ideal ist die *umma*. Während Christen erst spät wussten, was sie glauben sollten (um 200, detailliert erst um 451), wussten Muslime es sehr früh. Während die Einheit der verschiedenen Christentümer der ersten beiden Jahrhunderte sich erst um

---

[21] Vgl. die klassische Darstellung in Goldziher, I.: Die Richtungen der islamischen Koranauslegung. Leiden 1920. Eine Hermeneutik im Sinne von Suche nach der Aussageabsicht der historischen Verfasser kann solange nicht in den Blick kommen, solange Gott der direkte Autor des Korans ist. Mohammed ist der Hörer, nicht der Schreiber des Korans. Daher legen moderne Korankommentare nicht aus, sondern wenden an: erstens auf den Text selber (philologische Fragen), zweitens auf die Natur (kosmologische Fragen), drittens auf das Leben des einzelnen (Alltagsfragen). Vgl. Jansen, J. J. G.: The Interpretation of the Koran in Modern Egypt. Leiden 1980, S. 95.

200 in einem faktischen und nicht – wie oft kolportiert – in einem dogmatischen Prozess herausbildete, stand das Einheits*ideal* im Islam früh vor Augen und damit auch die Abweichungssensibilität. Freilich hat das Christentum später eine kompakte Form in einer Reichsreligion mit klarer Ämterstruktur und scharfen Häretisierungen erhalten, aber das hat 300 Jahre gedauert. Im Vergleich zum Islam ist das Christentum ein Spätentwickler. Die Einheitsfiktion war im Christentum aufgrund seiner Abhängigkeit von der Hebräischen Bibel stets prekär, sie wurde durch das Auseinanderdriften von vor- und nachchalcedonensischen Kirchen erschüttert und ist durch die Reformation endgültig zerbrochen. Und das nicht nur faktisch, sondern auch theologisch, denn die Christen der anderen Konfessionen sind zwar Abweichler, aber durch ihre gültigen Taufen (evt. auch Weihen) getrennte Glieder der einen Kirche.

Also: Das Apostasieverbot erhält seine Schärfe v.a. durch die kompakte Frühgestalt des Islam. Anders als im Christentum ist *ridda* (ursprünglich das Schisma einiger Beduinenstämme unter Abu Bakr) nicht nur ein Glaubensabfall, sondern der Bündnisbruch von Glaubensbrüdern. Wer sich vom Islam abkehrt, ändert nicht nur eine individuelle Meinung, sondern versagt seine Loyalität. Für die Muslime ist die Entscheidung zur Religion zwar individuell frei, aber die *umma* wird am Ende der Tage vor Allah dafür Rechenschaft ablegen müssen, inwieweit es ihr gelungen ist, möglichst viel von der Welt nach der Scharia gestaltet zu haben bzw. möglichst viele Menschen im Glauben bewahrt zu haben.

5. Was sagt Fethullah Gülen über Apostasie?

Fethullah Gülen verweist nicht nur aus Gründen gedeihlichen Zusammenlebens auf die Gedanken- und Redefreiheit jedes Menschen, sondern bestimmt diese als Merkmal von

Menschsein schlechthin: „Frei zu sein und sich an der Freiheit zu erfreuen, gehört zur wesentlichen Grundausstattung der menschlichen Willenskraft und ist eine geheimnisvolle Tür, durch welche der Mensch zu den Mysterien des Selbst aufbrechen kann. Wer nicht fähig ist, in jene Tiefen aufzubrechen und durch diese Tür zu gehen, kann schwerlich Mensch genannt werden."[22] Das schließe die Freiheit der Wissenschaft inklusive der Interpretation des Koran ein. Die Freiheit der Forschung habe nur dort ihre Grenze, wo sie anderen schadet und wo sie sich nicht mehr mit Koran und Hadith vereinbaren lässt.[23]

Daher kritisiert er an mehreren Stellen das Zögern der islamischen Gesellschaften, sich auf die freiheitliche Demokratie einzulassen, die er für die beste der bekannten Regierungsformen hält.[24] Er erklärt es damit, dass viele muslimische Staaten von ausländischen Mächten besetzt waren. Der Islam half, die Einheit einer unterdrückten Nation herzustellen und gegen die Besatzer aufzubegehren: „Da all diese Kriege gegen Besatzungsmächte geführt wurden, wurden Islam und nationale Befreiung als identisch betrachtet und stets in einem Atemzug genannt."[25] Viele muslimische Gesellschaften hätten deshalb kein demokratisches Staatswesen hervorgebracht, weil kein Vertrauen zu den neuen Eliten aufgebaut wurde[26] und weil die Stammesloyalitäten (und damit mafiose Strukturen) nicht überwunden wurden, zwei Entwicklungen, die sich gegenseitig bedingen.

---

[22] Gülen, M.F.: The Statue of Our Souls. Revival in Islamic Thought and Activism. New Jersey 2007, S. 38f.

[23] Gülen, M.F.: Grundlagen des islamischen Glaubens. Mörfelden-Walldorf 2006, S. 336.

[24] Hermann, R.: Fethullah Gülen – eine muslimische Alternative zur Refah-Partei? In: Orient 37 (1996), S. 619–645, hier S. 633.

[25] Gülen, M.F.: Hin zu einer globalen Kultur der Liebe und Toleranz. Izmir 2006, S. 297.

[26] „Die neuen Eliten üben ihre Macht aus, ohne dem Volk „die wahre Essenz des Islams nahe zu bringen." Gülen (2006), S. 297.

Gülen bestimmt – und das klingt geradezu schon systemtheoretisch – Religion als *ein* wesentliches System einer Gesellschaft (neben Recht, Wissenschaft und Politik), nicht aber das einzige wesentliche System. „Das Leben in der Gesellschaft gründet im Wesentlichen auf den Faktoren Religion, Recht, Weisheit und Macht."[27] Als funktionale Bestimmung formuliert er: „Die Religion dient keinem Selbstzweck, sondern ordnet unser individuelles, häusliches und gemeinschaftliches, aber auch unser materielles Leben."[28] Sie wirft bei der Formulierung und Durchsetzung von Gesetzen „ihr Gewicht … in die Waagschale", d. h. sie bringt Menschen dazu, Gesetze nicht nur aus Angst vor Strafverfolgung, sondern aus innerer Wertüberzeugung zu halten.[29] Gülen vertritt damit eine Position moderner Soziologie, wonach Religion zum Aufbau von Systemvertrauen in die öffentliche Ordnung beiträgt. Bemerkenswert dabei ist aber, dass er dies nicht als Soziologe faktisch behauptet, sondern als religiöser Führer fordert: Den Beitrag der Religion zur Erreichung nichtreligiöser Ziele sieht er als *eine religiöse Aufgabe*, und nicht nur als unbeabsichtigte Nebenfolge eines Gesellschaftssystems. Offensichtlich hat sich bei ihm eine moderne, im guten Sinne säkulare Sicht auf Religion durchgesetzt.

In einer schwer erklärlichen Spannung stehen aber seine Aussagen zur Apostasie. Gülen hat in einem Artikel von 1970 Apostasie noch in Zusammenhang mit Hochverrat gebracht. Das ist die gängige Interpretation. Sein Schüler, der Rechtsgelehrte und Publizist Ahmet Kurucan, erklärt diese Assoziation aus der politischen Situation des Frühislam: „you were either a Muslim defending Islam or a non-Muslim attacking it".[30] Weil in dieser historischen Stresssituation

---

[27] Gülen (2006), S. 300.
[28] Gülen (2006), S. 300f.
[29] Vgl. Gülen (2006), S. 301f.
[30] Keles, O.: ‚Promoting Human Rights Values in the Muslim World. The Case of the Gülen Movement'. In: Muslim World in Transition. Contributions of the Gülen Movement. London 2007, S. 683–708, hier S. 698.

Apostasie gleichbedeutend mit Rebellion war, bezog sich die Todesstrafandrohung auf eine politische, nicht auf eine religiöse Entscheidung. Tatsächlich äußert sich der Koran nicht zur religiösen Apostasie,[31] erst unter Abu Bakr wurde sie mit Verrat identifiziert und als solcher geahndet. Dafür spricht auch, dass weibliche Apostatinnen nicht mit dem Tod bestraft werden, weil sie nicht mit Waffen gegen Muslime kämpfen könne. Das ist alles richtig, um die damalige Haltung zur Apostasie heute historisch verständlich zu machen; wir befinden uns aber nicht mehr im 6. Jahrhundert.

In seinem Buch „Grundlage des islamischen Glaubens" bezeichnet Gülen den Unglauben als „unverzeihliche Undankbarkeit"[32] und als Beleidigung unzähliger gläubiger Menschen, vor allem der Propheten. „Die Bestrafung eines Mordes, der in der Regel nicht länger als wenige Minuten oder auch nur einige Sekunden in Anspruch nahm, reicht von vielen Jahren bis hin zu lebenslänglich Gefängnis oder der Todesstrafe. Doch Unglaube ist ein viel schwereres Verbrechen als Mord."[33] Unglaube sei „absolut destruktiv". Er ist das „schwerste und abscheulichste aller Verbrechen."[34]

---

[31] Bekanntermaßen formuliert der Koran in 2,256: „In der Religion gibt es keinen Zwang." Daraus ließe sich ein Prinzip der Religionsfreiheit ableiten, wenn klar wäre, was unter „Zwang" verstanden wird. Es wurde in der Frühzeit als relative Religionsfreiheit ausgelegt, so dass Juden, Christen und später Zoroastrier (in Indien wurden sogar die Buddhisten unter die „Sabier" gerechnet und so zu den Buchreligionen gezählt!) unter muslimischer Schutzherrschaft ihre Religion weiter ausüben durften, wenn sie eine Zusatzsteuer für jeden Glaubensangehörigen entrichteten. Diese Toleranz hat das Christentum den Nichtchristen in seinen Gebieten nur in Ausnahmefällen und nur den Juden gewährt. Die muslimische Religionstoleranz gestattete keine öffentliche Religionsausübung (Prozessionen, Bau von Kirchen), keine Missionsaktivitäten (steht unter Todesstrafe) und keine militärischen und keine höheren Beamtenpositionen. Diese Restriktionen wirken heute noch in Ländern mit muslimischer Mehrheitsbevölkerung nach (Ausnahmen sind Türkei, Syrien und Indonesien).

[32] Gülen (2006), S. 170.

[33] Ebd.

[34] Ebd., S. 170 und 171.

Alle Vergehen verlangten nach einer angemessenen Bestrafung. „Wenn ein Mensch also trotz der Tatsache, dass er das angesehenste aller Geschöpfe ist, all seine Fähigkeiten, Sinne und Gefühle [durch die Leugnung Gottes, J.H.] verschwendet, muss er für diese Verschwendung zur Verantwortung gezogen werden.“[35] Das sind harte Worte. Gülen verwendet sie, um die Folgerichtigkeit der Höllenstrafe zu begründen. Über *irdische* Strafen (also die Todesstrafe) spricht er an dieser Stelle nicht. Zwar verweist er am Schluss dieses Abschnitts darauf, dass es keinem Menschen zustehe, ein Urteil über die Verdammung eines Ungläubigen zu fällen, weil er sich jederzeit bekehren könne,[36] aber der westliche Leser erwartet hier eine klare Absage an jede Form von strafrechtlicher oder auch zivilrechtlicher Verfolgung.

Gülen hat sich noch nicht von seinem Artikel aus dem Jahre 1970 distanziert. Ozcan Keles erklärt dieses Zögern als diplomatische Zurückhaltung, um den üblichen Vorwürfen, Gülen wolle die islamische Lehre demontieren, keine Nahrung zu liefern. Gülen verfolge die vorsichtige, stufenweise Neuinterpretation der islamischen Tradition „*tadriji ijtihad*“,[37] weil er – dem Vorbild des Korans folgend – eine verbreitete Überzeugung nicht einfach leugnet, sondern in kleinen Schritten verändern will. Vielleicht liegt es an meiner unvollständigen Kenntnis seiner Schriften, aber bisher ist der nächste Schritt des *ijtihad,* nämlich die deutliche Einräumung eines Rechts zur Apostasie, noch nicht geschehen.

---

[35] Ebd., S. 172.
[36] Vgl. ebd., S. 173.
[37] Keles (2007), S. 688.

6. Wie hat sich das Christentum korrigiert?

Wir halten fest: Eine Religion, die dem Irrtum in religiösen Dingen kein eigenes Recht zuerkennt, tut sich mit der Religionsfreiheit schwer. Sie muss dann Devianzen als aktive Bosheit oder passive Nachlässigkeit erklären und entsprechend ahnden. Daher hat auch die katholische Kirche lange jedes Recht abgesprochen, den Irrtum des Unglaubens in der Öffentlichkeit zu vertreten. Nur die Wahrheit habe ein Recht auf Öffentlichkeit und Existenz, so noch Papst Pius XII. 1953 in seiner Enzyklika „Mirari vos". Jemand mag sich zum Atheismus bekehren, aber er darf dies nicht öffentlich bekennen. Der Staat habe dafür zu sorgen, dass nicht-katholische Meinungsäußerung unterbunden wird. Die Meinung, der Irrtum/der Unglaube habe kein Recht, führte im Katholizismus zu der grotesken Forderung, dass man in Staaten mit einer katholischen Mehrheit verlangte, nicht-katholische Religionsausübung zu verhindern, dass aber in Gesellschaften mit einer katholischen Minderheit die Katholiken verlangen dürften, der Staat möge ihre Religionsausübung schützen. Gottseidank hat das Zweite Vatikanische Konzil, vorbereitet durch die Enzyklika „Pacem in terris",[38] eine grundlegende Wende vollzogen: Kein anderer Text wurde so verfochten und bekämpft wie die „Erklärung zur Religionsfreiheit" (1965). Es hat nicht viel gefehlt, und sie wäre nicht verabschiedet worden.[39] Ihre Annahme war ein Anlass für das Schisma zwischen den Anhängern Bischof Lefebvres mit der katholischen Kirche. Der Text beginnt gleich mit ihrem Hauptargument „Dignitatis humanae" (Menschenwürde), was ihr auch den Namen gab. Darin wird nicht mehr der

---

[38] 1963 formuliert Papst Johannes XXIII. darin, es sei das Recht des Menschen, „Gott der rechten Norm seines Gewissens entsprechend zu verehren" und dies „öffentlich zu bekennen".

[39] Vgl. Pesch, O.H.: Das Zweite Vatikanische Konzil. Würzburg 2001, S. 100 und 302.

Wahrheit ein Recht zugesprochen und dem Irrtum das Recht abgesprochen, stattdessen formuliert das Konzil das Recht jeder Person auf freies Religionsbekenntnis und freie Religionsausübung. *Träger des Rechts ist also nicht mehr die metaphysische Wahrheit, sondern die individuelle Person, welche eine Wahrheit behauptet.* Personen können aber irren. Und dennoch verliert das Gewissen des Einzelnen dadurch seine Würde nicht. Das irrende Gewissen mag falsch sein, aber es hat ein Recht, sich zu artikulieren, sei es privat, sei es im Raum der Öffentlichkeit. Das ist der Kern jeder Religionsfreiheit: das Recht, öffentlich zu irren.

Thomas Michel

Der Flügel des Vogels: Gülen zum Thema Aufrichtigkeit[1]

1. Gülen als spiritueller Lehrer

Über die Ideen Fethullah Gülens ist, soweit sie soziale Programme und Institutionen inspiriert haben, schon viel geschrieben worden. So wurde seine Bildungstheorie als pädagogische Grundlage derjenigen Schulen und sonstigen Bildungsprojekte untersucht, die Mitglieder der mit Gülens Namen verbundenen Gemeinschaft gegründet haben und betreiben. Andere Untersuchungen befassen sich mit Gülens Vision als dem philosophischen Motor einer sozialen Bewegung, die sich für gesellschaftlichen Wandel und Erneuerung engagiert, sei es in der Türkei, in der weltweiten islamischen *umma* oder in der modernen Welt insgesamt. Wieder andere betonen Gülens Aufruf zu universaler Liebe, Gemeinschaft und Toleranz und als Folge daraus auch seine Ermutigung zum interreligiösen Dialog als wesentlich islamischer Pflicht.

In meinem Beitrag möchte ich mich auf einen anderen Aspekt des Gülen'schen Denkens konzentrieren, der sich langfristig vielleicht als der Bereich erweisen wird, in dem sein Einfluss am stärksten wirkt – seine Rolle als geistlicher Begleiter, der verinnerlichte islamische Tugend vermittelt, als spiritueller Lehrer, dessen Rat muslimischen Gläubigen Wegweiser ist und der unter seinen Anhängern eine in sich geschlossene, funktionierende Gemeinschaft hergestellt hat. Tausende Menschen aus der Türkei, aus Zentralasien und darüber hinaus, von Studierenden über Geschäftsleute bis hin zu jungen Akademikern, betrachten Fethullah Gülen als

---

[1] Aus dem Englischen von Angelika Joachim.

163

ihren spirituellen Lehrer, dessen Rat und Weisheit, die in der islamischen Tradition verwurzelt sind, ihr Verständnis vom Islam als Religion und ihr Leben als Muslime in der modernen Welt prägen. Deutlich wird diese Rolle an dem Ehrentitel, mit dem seine Anhänger Gülen bezeichnen: „Hocaefendi" (Hodschaefendi) – „Geehrter Lehrer".

Dieser Aspekt der Lehre und der Wegweisung Gülens wird häufig als das „sufistische Element" seines Denkens bezeichnet. Die Frage nach Gülens Beziehung zur Tradition des Sufismus ist in der Forschung eingehend diskutiert worden und soll hier nur gestreift werden. Zeki Saritoprak nennt Gülen „einen Sufi auf seine eigene Weise"[2]. Ich habe Gülen, wie auch Said Nursi vor ihm, mit dem von Fazlur Rahman geprägten Begriff „Neo-Sufi" bezeichnet, womit ihre Funktion als Gelehrte beschrieben werden soll, die sufistische Ideen vertreten und darlegen, aber selbst nie einem *tariqa* angehört oder sich einem *pir* angeschlossen haben.[3] Heon Kim bezeichnet Gülens methodischen *Ansatz* als „dialogischen Sufismus" bzw. „dem Menschen zugewandten Sufismus"[4]; und Rifat Atay befindet, Gülen belebe die proto-sufistische *suffa*-Tradition der gelehrten Frömmigkeit wieder, wie sie in den ersten Jahrhunderten nach Muhammad in Medina entstand.[5]

Mustafa Gökçek stellt fest, dass Gülen erst in den 1990er Jahren, mit über fünfzig, über den Sufismus zu schrei-

---

[2] Saritoprak, Zeki: ‚Fethullah Gülen: A Sufi in His Own Way'. In: Yavuz, M. Hakan und Esposito, John L. (Hg.): Turkish Islam and the Secular State. Syracuse NY 2003, S. 156–169.

[3] Michel, Thomas: ‚Der türkische Islam im Dialog mit der modernen Gesellschaft. Die neo-sufistische Spiritualität der Gülen-Bewegung'. In: Concilium, Dezember 2005. Vgl. auch ders.: ‚Sufism and Modernity in the Thought of Fethullah Gülen'. In: The Muslim World, 95/3 (2005), S. 341–353.

[4] Kim, Heon: ‚Gülen's Dialogic Sufism: A Constructional and Constructive Factor of Dialogue'. In: Islam in the Age of Global Challenges. Alternative Perspectives of the Gülen Movement. Rumi Forum. Washington 2008, S. 374.

[5] Atay, Rifat: ‚Reviving the *Suffa* Tradition', in: Muslim World in Transition: Contributions of the Gülen Movement. London 2007, S. 459–472.

ben begann.[6] In seinen älteren Predigten und Texten geht es hauptsächlich um Grundelemente islamischen Glaubens und islamischer ethisch-moralischer Vorschriften, wobei er allerdings häufig Beispiele aus dem Leben früherer muslimischer Mystiker und Asketen anführt. Im Jahr 1990 begann Gülen für die Monatszeitschrift *Sızıntı* eine kleine Beilage zu schreiben, die in jeder Ausgabe einen anderen Begriff des Sufismus behandelte. Die gesammelten Beilagen bilden die Basis von Gülens Buch „Sufismus. Smaragdgrüne Hügel des Herzens. Schlüsselkonzepte in der Praxis des Sufismus".[7]

2. „Aufrichtigkeit" in der islamischen Tradition

Hier soll nicht die ganze Bandbreite spiritueller Wegweisung behandelt werden, die Fethullah Gülen seinen Anhängern gibt, vielmehr will ich mich auf ein zentrales Konzept beschränken und darzulegen versuchen, welche Funktion es im Blick auf die Praxis eines in sich geschlossenen, islamisch motivierten Gemeinschaftslebens hat. Dabei geht es um das koranische Konzept *ikhlas*, was gewöhnlich mit „Makellosigkeit der Absicht" oder „Aufrichtigkeit" übersetzt wird. Beide Übersetzungen berühren einen wesentlichen Aspekt des koranischen Gedankens von *ikhlas*.

„Aufrichtigkeit" bedeutet gewöhnlich „Ehrlichkeit im Denken", „Freiheit von Verstellung und Heuchelei". Bei einem aufrichtigen Menschen befinden sich die äußeren Worte und Taten im Einklang mit den inneren Gedanken und Gefühlen. Er verstellt sich nicht und gibt nicht vor, einen Ge-

---

[6] Gökçek, Mustafa: ‚Fethullah Gülen and Sufism: a Historical Perspective'. In: Hunt, Robert A. und Aslandogan, Yuksel A. (Hg.): Muslim Citizens of the Globalized World: Contributions of the Gülen Movement. Somerset/Houston 2007.

[7] Gülen, M. Fethullah: Sufismus. Smaragdgrüne Hügel des Herzens. Schlüsselkonzepte in der Praxis des Sufismus. Mörfelden-Walldorf 2005.

danken oder ein Gefühl auszudrücken, dem in Wirklichkeit die innere Gestimmtheit zuwiderläuft. Dieser Mensch wird sich also nicht selbst in den Vordergrund spielen, heucheln, unecht, doppelzüngig oder verschlagen sein. Weder schmeichelt er anderen, noch versucht er, sie zu manipulieren. Auch Jesus ermahnte seine Jünger in der Bergpredigt, diese Art Aufrichtigkeit zu üben: „Euer Ja sei ein Ja, euer Nein ein Nein ..." (Matthäus 5,37).

Das koranische Konzept *ikhlas* hat allerdings noch einen anderen Aspekt. Es verbindet den Gedanken der „Makellosigkeit" mit der „Widmung, Hingabe, Weihe der eigenen Person" an eine Sache und ist eine zentrale Tugend der islamischen Praxis.[8] *Ikhlas* ist zutiefst innere Gesinnung, eine Haltung, aus der heraus der muslimische Gläubige alle äußeren Handlungen in einem Geist des Dienstes und mit dem ausschließlichen Ziel vollzieht, dem göttlichen Herrn zu gefallen. Ja, die Vollkommenheit des Glaubenszeugnisses einer Person lässt sich prüfen anhand der doppelten Messlatte von *ikhlas* (Makellosigkeit der Absicht) und *ihsan* (Güte).

Bemerkenswert ist hier, dass die knappe Zusammenfassung des islamischen Bekenntnisses in Koransure 112, „1. Sprich: «Er ist Allah, der Einzige; 2. Allah, der Unabhängige und von allen Angeflehte; 3. Er zeugt nicht und ward nicht gezeugt; 4. Und keiner ist Ihm gleich»", in der islamischen Tradition als *Surat al-Ikhlas*, also als „Kapitel der Aufrichtigkeit" oder als „Kapitel der reinen Religion" bezeichnet wird.

Über die Jahrhunderte haben in jeder Generation muslimische Gelehrte, Exegeten und spirituelle Lehrer die Bedeutung von *ikhlas* kommentiert. Die Sufi-Meister diskutierten diese Tugend besonders ausgiebig, so dass vielen Muslimen *ikhlas* als „sufistisches Konzept" gilt. In seinen Kommentaren zu *ikhlas* sieht sich Said Nursi wiederholt genötigt, seinen

---

[8] Gardet, L.: Encyclopaedia of Islam, Leiden 2006, III: 1059.

eigenen Rat von der Lehre der Sufis abzugrenzen. Er würdigt den Wert der Lehren, die die Sufi-Meister vertreten, stellt in diesem Zusammenhang aber fest: „Ich bin kein Sufi. Doch sie ermöglichen uns mit diesen Grundsätzen auf unserem Weg […] auch einen guten Grundsatz."[9]

Nursis Ansatz unterscheidet sich von dem der Sufis in dem Sinne, dass er auf die Praxis orientiert ist. Er nennt dies den „Weg der Wahrheit". An die Stelle kontemplativer Spekulation tritt bei ihm praktische Wegweisung für das Zusammenleben seiner Anhänger. Er führt aus: „Da unser Weg jedoch nicht der eines Ordens ist, sondern (der Weg) der Wahrheit, brauchen wir diese Verbundenheit [mit dem Tod] in der Theorie und in der Kontemplation nicht nach Art der Sufis zu machen."[10]

Angesichts der Wurzeln des Begriffs im Koran und in der Tradition des islamischen spirituellen Schrifttums sollte die von Nursi intendierte Bedeutung von *ikhlas* vielleicht besser mit „Gedankenreinheit" oder gar „reine Religion" übersetzt werden anstatt schlicht mit „Aufrichtigkeit". *Ikhlas* geschieht, wenn ein Mensch alle Handlungen der Religion ausschließlich vollzieht, um Gott zu gefallen, und nicht mit dem Ziel, einen möglichen persönlichen Vorteil zu erringen – sei es Ansehen, Ehre oder Bewunderung. Wenn man „Gott aufrichtig anbetet", tut man dies mit makelloser Absicht und bleibt rein von niedrigen und sachfremden Motiven. Im Koran heißt es: „Und manch einer unter den Menschen würde sich selbst verkaufen im Trachten nach Allahs Wohlgefallen; und Allah ist gütig gegen die Diener." (Koran 2:207)

---

[9] Said Nursi: Risale-i Nur. Einundzwanzigster Blitz, http://www.designe-ligne.de/de/risale/download/21Blitz.pdf, S. 324. Aufgerufen am 7. Dezember 2009.
[10] Ebd., S. 326. Aufgerufen am 7. Dezember 2009.

Thomas Michel

3. Aufrichtigkeit und Treue

Gülen legt die Grundbedeutung des Begriffs als „Aufrichtigkeit, Rechtschaffenheit und Reinheit" aus und verweist gleichzeitig darauf, *ikhlas* bedeute, „in [der] Verehrung Gottes und [dem] Gehorsam Ihm gegenüber keine weltlichen Ziele" anzustreben.[11] Im tiefsten Sinne kann Aufrichtigkeit nur im Geheimnis der Beziehung zwischen Gott und der Person verstanden werden, die ihm in Treue dient. Die Makellosigkeit der Absicht ist eine Gnade bzw. eine Gottesgabe, die Gott in die Herzen derer einpflanzt, die er liebt[12], damit die gewöhnlichen guten Taten seiner Diener zunehmen, sich vertiefen und ewigen Wert erlangen.

Gülen betrachtet die Makellosigkeit der Absicht als „Flügel des Vogels" im Leben eines Menschen vor Gott. Der zweite Flügel ist die Treue. Beide Tugenden gemeinsam bilden die beiden Flügel der göttlichen Gnade, die Gott in die Seele einpflanzt, sodass der Mensch in der Lage ist, sich Gott direkt und ohne Hindernisse zu nähern. Gülen verweist auf den Gedanken eines Mawlana Dschalal ad-Din ar-Rumi: Wenn gute Taten ein Körper sind, so ist die Makellosigkeit der Absicht dessen Seele. Das heißt, die Aufrichtigkeit erweckt gute Taten zum Leben, macht sie wirksam und gibt ihnen ewigen Wert. Wird menschliches Tun nicht von Aufrichtigkeit spirituell beseelt, so bleibt alles Mühen leblos, flüchtig und letztlich wertlos. Diejenigen aber, die mit den beiden Flügeln von Aufrichtigkeit und Treue fliegen, stehen unter dem Schutz Gottes und werden zuverlässig ihr Ziel erreichen, „das Wohlgefallen Gottes".

Die Treue, der zweite Flügel, ermöglicht es dem Diener Gottes, seine Absicht konsequent zu verfolgen und Gott selbst dann zu dienen, wenn dies unangenehm oder scheinbar fruchtlos ist. Diese Loyalität gegenüber Gott ist eine der of-

[11] Gülen (2005), S. 97.
[12] Ebd., S. 98.

168

fensichtlichsten Eigenschaften der Diener Gottes, ein herausragendes Merkmal aller Propheten und Quelle der Weisheit im Gläubigen. Im loyalen, treuen Diener sät Gott die Saat der Weisheit, die dann in seinem Herzen und auf seiner Zunge aufgeht.

Unter Verweis auf Bayazid al-Bistami stellt Gülen fest, dass der Mensch durch Aufrichtigkeit, nicht durch das eigene Tun, zu Gott gelangt. Gott beurteilt die Werke einer Person auf der Grundlage ihrer Aufrichtigkeit, nicht aufgrund dessen, wie groß oder bekannt diese Werke sind. Größe und Anzahl guter Taten sind unerheblich. Auch eine kleine Tat oder eine, von der niemand weiß, ist Gott wohlgefällig, wenn sie aufrichtig vollzogen wird. Gülen merkt an, dass Gott eine geringe Handlung, die in reiner Absicht vollzogen wird, höher belohnt als viele auffallende Werke, denen es an dem aufrichtigen Wunsch gebricht, Gott allein zu dienen.

So wie die Propheten keinen einzigen Schritt ohne Aufrichtigkeit zu tun vermochten, so wird es auch denen, die ihren Spuren folgen, nicht möglich sein, ohne die entsprechende Makellosigkeit ihrer Absichten irgendetwas zu tun. Gülen beschreibt diese Makellosigkeit als „Nichtbeachtung weltlicher Ziele in der Beziehung zu Gott"[13]. Oder, anders gesagt, die Anbetung Gottes und der Gehorsam gegenüber Gott sind die einzigen Beweggründe, die ein aufrichtiger Mensch dafür haben sollte, irgendeine gute Tat zu vollbringen.

4. Leben mit makelloser Absicht

Wie schon Said Nursi interessiert auch Fethullah Gülen die Theorie des spirituellen Lebens eher wenig. Ihm geht es vielmehr darum, denjenigen, die bei ihm spirituelle Wegweisung suchen, konkreten, praktischen Rat zu geben. Hier unter-

---

[13] Ebd., S. 97.

scheidet sich Gülen von den großen Meistern des Sufismus, wie Al-Muhasibi, Al-Ghazali und Hujwiri, und steht damit in der Tradition Nursis. Gülens Interesse liegt darin, Nursis „Weg der Wahrheit" weiterzuführen, also Muslimen, die in dieser Welt gottgefällig leben wollen, wirkungsvolle, hilfreiche Wegweisung anzubieten.

Gülen rät seinen Anhängern zu spiritueller Diskretion. Bedeutet „Makellosigkeit der Absicht", dass das Tun eines Dieners allein darauf ausgerichtet ist, gottgefällig zu leben, und dass er keinerlei weltliche Motive hat, so ergibt sich hieraus in der Praxis, dass aufrichtige Gläubige ihre guten Werke nicht zur Schau stellen sollten. Jemand, der ausschließlich Gott gefallen will, sollte jedes über das erforderliche Maß hinausgehende Tun vor den Augen der Menschen verbergen und über erbauliche persönliche Erfahrungen, bevorzugte Behandlung durch Vorgesetzte oder besondere Gaben, die Gott geschenkt hat, schweigen. Dies begründet sich darin, dass die allgemein menschliche Neigung dahin geht, gute Werke so zu verrichten, dass sie von Anderen wahrgenommen und positiv vermerkt werden. Zudem bestimmt häufig ein ganzer Komplex von Motiven das Tun des Menschen, so dass sich der Wunsch, Gott zu dienen, vermischt mit der Begierde nach menschlicher Bewunderung und menschlichem Wohlwollen. Der aufrichtige Diener ist sich bewusst, dass nur Gottes Wohlwollen, nicht das anderer Menschen, Bedeutung hat, weswegen es unwichtig ist, ob der Dienst für Gott von anderen zur Kenntnis genommen wird.

Ein Mensch, dessen ganzes Tun in makelloser Absicht geschieht, sorgt sich weder darum, ob er für das, was er leistet, gelobt, noch ob er für seine Fehler getadelt wird. Es ist ihm gleichgültig, ob andere sich seiner Leistungen bewusst sind oder nicht, und er kümmert sich nicht weiter darum, ob er belohnt wird. Im Verhalten eines solchen Menschen gibt es keine Widersprüche zwischen öffentlichem und privatem Leben.

Mich als Christen beeindruckt, wie sehr dieser Ansatz den Worten Jesu in der Bergpredigt ähnelt, der seine Jünger dazu anhält, ihre guten Taten allein mit dem Ziel zu vollbringen, Gott zu gefallen und zu gehorchen: „Wenn du Almosen gibst, soll deine linke Hand nicht wissen, was deine rechte tut. Dein Almosen soll verborgen bleiben [...] Du aber geh in deine Kammer, wenn du betest, und schließ die Tür zu; dann bete zu deinem Vater, der im Verborgenen ist. [...] Du aber salbe dein Haar, wenn du fastest, und wasche dein Gesicht, damit die Leute nicht merken, dass du fastest, sondern nur dein Vater, der auch das Verborgene sieht; und dein Vater, der das Verborgene sieht, wird es dir vergelten."

Nach Gülens Auffassung lehrt uns die Aufrichtigkeit, dass das wahre Ziel unserer frommen oder guten Werke nicht in der Erlangung menschlicher Anerkennung oder Achtung liegt, sondern darin, Gott zu gefallen. In der aufrichtigen Verehrung erkennen wir überdies, dass unser menschliches Sehnen nach dem Paradies als Motivation, das Rechte zu tun, nicht ausreicht. Über die Verehrung Gottes lehrt Gülen:

„Diejenigen, die Gott verehren, können nach ihrer Intention, ihrer Entschlossenheit, ihrem Durchhaltevermögen und ihrer Aufrichtigkeit wie folgt eingeordnet werden: diejenigen, die ins Paradies gelangen möchten, diejenigen, die hoffen, vor dem Höllenfeuer gerettet zu werden, diejenigen, die Gott lieben und in Ehrfurcht vor ihm stehen, und schließlich diejenigen, die glauben, so handeln zu müssen als Bedingung für die Beziehung zwischen Gott, als dem Schöpfer, und den Menschen."[14] Wer Gott aufrichtig verehrt, den kümmert es nicht länger, ob seine Werke die Grundlage schaffen, um ins Paradies zu gelangen.

Ja, die Aufrichtigkeit sollte denen, die Gott dienen, in Fleisch und Blut übergehen und nicht einfach eine Tugend bleiben, um die sich der Mensch bewusst bemühen muss. Gü-

---

[14] Gülen, M. Fethullah: Toward a Global Civilization of Love and Tolerance. Somerset 2004, S. 54.

len rät seinen Zuhörern zu einer „so große[n] Inanspruchnahme durch die Anbetung Gottes oder andere religiös motivierte Handlungen [...], dass sich der aufrichtige Mensch nicht einmal daran erinnert, ob er aufrichtig sein sollte oder nicht".[15] Mit anderen Worten darf auch die Tugend der Aufrichtigkeit selbst nicht zum letzten Ziel religiösen Handelns werden. Das einzig wahre Ziel guter Werke ist es, Gott zu dienen und zu gehorchen und ihm damit so zu gefallen und seinen Willen so zu erfüllen, wie es Ihm gebührt.

Nur der von Demut geprägte Mensch kann wahrhaft aufrichtig handeln. Gülen führt aus:

> „Von Demut geprägte Menschen schreiben die Früchte ihrer Arbeit und Mühen nicht sich selbst zu und betrachten die für Gott errungenen Erfolge und unternommenen Anstrengungen nicht als Faktoren, die ihnen Überlegenheit über andere verleihen. Es kümmert sie nicht, welches Ansehen sie bei anderen Menschen haben, sie verlangen für ihren Dienst an Gott keine Gegenleistung. Dass sie von anderen geliebt werden, betrachten sie als Prüfung ihrer Aufrichtigkeit, und sie ziehen keinen Vorteil aus den Gnadenerweisen Gottes, indem sie sich mit ihnen brüsten."[16]

Um hierzu in der Lage zu sein, muss sich der Mensch selbst prüfen und kontrollieren. Nur derjenige, der gelernt hat, sich selbst gegenüber ehrlich zu sein, ist in der Lage zu erkennen, ob die eigene Motivation ausschließlich darin besteht, Gott anbeten zu wollen, oder ob der wirkliche Ansporn in weltlichen Vorteilen wie Zufriedenheit mit der eigenen Leistung, Anerkennung vor den Menschen oder persönlichem Ehrgeiz liegt. Entwickelt man die Gewohnheit, sich ehrlich und eingehend selbst zu prüfen, nimmt die Makellosigkeit der eigenen Absichten zu. Gülen bezeichnet diesen Prozess

---

[15] Gülen (2005), S. 100.
[16] Gülen (2004), S. 80.

als *muraqaba* (Selbstkontrolle). Er hilft dem Diener Gottes dabei, „all seine Gedanken, Vorstellungen und Absichten selbst dann rein zu halten, wenn er allein ist, da er sich der ständigen Kontrolle durch Gott bewusst ist".[17]

Die Makellosigkeit der Absicht gilt denen, die bestrebt sind, Gottes Willen zu tun, nicht nur im Blick auf die Förderung des geistlichen Wachstums der einzelnen Person als zentrale Tugend. Sie wirkt auch auf die Gemeinschaft. Nichts kann die rechten Bande der Freundschaft unter Gläubigen schneller zerstören als persönlicher Ehrgeiz, Konkurrenzkämpfe und Rivalität. Verweist jemand immer wieder auf die eigenen überlegenen Fähigkeiten oder Leistungen im einen oder anderen Bereich oder brüstet sich diese Person mit ihren guten Beziehungen zu Höhergestellten, entstehen in ihrem Umfeld zwangsläufig Missgunst und Neid.

Gülens Schwerpunktsetzung bei der Aufrichtigkeit als zentralem Element zur Erhaltung der Einheit einer Gemeinschaft hat große Ähnlichkeit mit Said Nursis Ansatz, der immer wieder von der Notwendigkeit schrieb, aufrichtig zu sein, um Uneinigkeit unter den Schülern der „Risale-i Nur"[18] zu verhindern. In seinem langen Diskurs zur Wahrhaftigkeit entwirft Nursi das folgende Bild von Gemeinschaft: Jedes Glied „ergänzt [die] Unvollkommenheiten [des anderen], bedeckt seine Fehler, hilft ihm in seiner Not, und unterstützt [es] in (der Erfüllung) seiner Aufgaben".[19] Damit in einer Gemeinschaft von Gläubigen Beziehungen dieser Art möglich sind und die Einheit der Gemeinschaft erhalten wird, müssen alle aufrichtig danach streben, Gott allein zu gefallen.

Die Geschichte zahlreicher religiöser Gruppen in verschiedenen Religionen hat immer wieder gezeigt, dass Neid

---

[17] Gülen (2005), S. 94.

[18] Ein von Said Nursi verfasster Korankommentar.

[19] Said Nursi: Risale-i Nur. Einundzwanzigster Blitz, http://www.designe-ligne.de/de/risale/download/21Blitz.pdf, S. 319f. Aufgerufen am 7. Dezember 2009.

und Konkurrenzdenken unter ihren Mitgliedern Ursache für Querelen, Missgunst und die Aufspaltung in rivalisierende Gruppierungen sind. Gleichermaßen ist es die Aufrichtigkeit, die Diener Gottes in die Lage versetzt, sich allein auf den Dienst an Gott zu konzentrieren, wodurch ihre kleinen wie großen Taten Gott wohlgefällig werden. Ist es Gülen gelungen, unter seinen Anhängern ein Gefühl von Harmonie und gemeinsamem Dienst (*hizmet*) zu schaffen, so begründet sich dies im Wesentlichen darin, dass er die Makellosigkeit der Absicht so klar betont. In diesem Zusammenhang zitiert er Mawlana:

> „Sei bei all deinen Taten aufrichtig,
> damit der Majestätische Gott sie auch annimmt.
> Die Aufrichtigkeit ist der Flügel
> des Vogels der Hingabe.
> Wie willst du ohne Flügel
> zum Ort des Glücks fliegen?"

Leonid R. Sykiainen

Muslime zwischen islamischen und europäischen Rechtskulturen[1]

Die Relevanz der Ideen eines jeden bedeutenden Denkers wird nicht nur durch ihren intellektuellen Gehalt, ihre Orientierung an grundlegenden Quellen und die Überzeugungskraft der Argumentation bestimmt, sondern vor allem durch die Rolle, die diese Ideen in dem Moment spielen, in dem eine Gesellschaft eine Krise erleidet oder mit Problemen konfrontiert wird, die es zur Sicherung ihrer Zukunft zu lösen gilt. Nur den hervorragenden Denkern kann das Prädikat „groß" zugestanden werden, deren Perspektiven nicht nur auf das Bewusstsein und das Verhalten einzelner beschränkter Gruppen oder selbst Nationen einwirken, sondern auch das internationale Beziehungssystem und die globale Situation insgesamt beeinflussen. Zu diesen Denkern gehört auch Fethullah Gülen.

Die Rechtsordnungen in muslimischen Ländern basieren heute auf einer sehr komplizierten und bisweilen gar widersprüchlichen Wechselbeziehung zwischen den islamischen und europäischen Rechtskulturen. Diese Wechselbeziehung nimmt gelegentlich den Charakter eines explosiven Konflikts zwischen unterschiedlichen Rechtstraditionen an. Gleichzeitig kommt sie zum Ausdruck in einer konstruktiven Zusammenarbeit zwischen ihnen. Unter solchen Umständen stehen Muslime oft vor Widersprüchen zwischen den Regeln ihres Glaubens und den ihnen als Bürgern auferlegten gesetzlichen Verpflichtungen, da sie sich entscheiden müssen, ob sie die Bestimmungen der islamischen Scharia befolgen oder positivrechtlichen Vorgaben Folge leisten sollen.

---

[1] Aus dem Englischen von Angelika Joachim.

Dieses Problem steht in enger Verbindung mit der Frage der „Durchsetzung der Scharia", für deren Lösung unterschiedliche Möglichkeiten zur Verfügung stehen. Manche muslimischen Denker der Moderne schlagen als ersten Schritt politische Maßnahmen vor, zum Zweck der Verabschiedung neuer, gänzlich von der islamischen Scharia abgeleiteter Gesetze, während andere dafür eintreten, kulturellen und aufklärenden Programmen Priorität zu geben. Fethullah Gülens Ideen können und müssen bei der Beilegung dieser Kontroverse eine entscheidende Rolle spielen. Er ist der Überzeugung, dass die Hauptprobleme der modernen muslimischen Gemeinschaft keine politischen Maßnahmen fordern, sondern Bildungsanstrengungen zum richtigen Verständnis des Islam und der islamischen Scharia. Vor der Analyse dieser Frage ist es erforderlich, Fethullah Gülens Meinung über die Beziehungen zwischen den islamischen und europäischen Rechtssystemen darzulegen.

Wechselbeziehung zwischen den islamischen und europäischen Rechtskulturen

Das islamische Recht gehört zu den wichtigsten Rechtsordnungen der modernen Welt. Es verfügt über eine Reihe von Merkmalen, durch die es sich von anderen Rechtskulturen unterscheidet. Gleichzeitig ähneln seine allgemeinen Grundsätze und die meisten seiner konkreten Vorschriften den grundlegenden Vorstellungen wie auch Einzelbestimmungen anderer Rechtsordnungen. Für die Scharia war eine enge Zusammenarbeit mit anderen Rechtskulturen schon immer gängige Praxis. Die vorhergehende Entwicklung der muslimischen Rechtswelt schuf im 19. Jahrhundert in vielen muslimischen Ländern die Grundlage für das Interesse an europäischen Rechtsmodellen und ist verantwortlich dafür, dass das islamische Recht auf der einen Seite für Erfahrungen aus dem Ausland empfänglich war und andererseits andere

176

Rechtskulturen bereichern konnte. Inzwischen wirken in den modernen Rechtsordnungen muslimischer Länder islamische und europäische Rechtskulturen noch intensiver aufeinander. Diese Wechselwirkung ist verantwortlich für die Hauptmerkmale der aktuellen Rechtspraxis in vielen muslimischen Ländern.

Gülen macht auf einige Unterschiede zwischen der westlichen und der islamischen Vorstellung von guter Regierungsgewalt aufmerksam. Für den Islam liegt nämlich der wesentliche Aspekt einer guten Staatsverwaltung nicht in der Existenz formaler Institutionen wie beispielsweise Wahlen, parlamentarische Strukturen oder politische Parteien und noch nicht einmal in der Gewährung bestimmter Rechte, sondern in ihrem Inhalt, der auf den Schutz konkreter islamischer Werte – Schutz des Glaubens, des Lebens, des Geistes, der Würde und des Eigentums – abzielen muss, wobei die oben genannten Institutionen an sich als wichtiges Mittel zur Sicherung dieser Werte und Ziele unentbehrlich sind. Gülen betont, dass das islamische Demokratieverständnis hauptsächlich auf dem Konzept der Schura (Beratung der Gemeinschaft, Mitbestimmung) beruht. Für ihn ist die Beratung wesentliches Fundament der muslimischen Gemeinschaft (vgl. Gülen 2005:43–58). Für Muslime ist sie Methode, Regierungsprozess und Lebensart. Im politischen Bereich entspricht die Schura im Allgemeinen der modernen Demokratie.

Hier ist hervorzuheben, dass die Verse des Korans, die den Gläubigen befehlen, die kollektive Beratung zu ersuchen, zu befolgen und anzuwenden, keinerlei Vorbehalte oder Einschränkungen enthalten (as-Sura 42:38). Folglich sind alle Bürger eines islamischen Staates berechtigt, in Bezug auf alle Angelegenheiten – abgesehen von solchen, die durch eine eindeutige göttliche Offenbarung abgedeckt sind – Rat zu erteilen oder einzuholen. Daher sind alle politischen Angelegenheiten, etwa die Wahl des Staatsoberhaupts, die Struktur und Gestaltung der Regierung, die Form des politischen Systems, der Regierungsbetrieb, die

Handhabung der verschiedenen Staatsangelegenheiten sowie alle anderen damit verbundenen Angelegenheiten, im Wege der Beratung unter Beteiligung aller berechtigten Mitglieder der Gemeinschaft zu entscheiden.

So befasst sich die kollektive Beratung in öffentlichen und staatlichen Angelegenheiten im Wesentlichen mit zwei Punkten: der Bestimmung des Staatsoberhaupts und dem Regierungsbetrieb gemeinsam mit der Überprüfung der Rechtmäßigkeit und Angemessenheit von staatlichem und präsidialem Handeln. Hinsichtlich des ersten Punkts, der Bestimmung des Staatsoberhaupts, unterstreicht Gülen, dass die kollektive Beratung sehr flexibel ist und unterschiedliche Ausprägungen hat. Wahlen, ob direkt oder indirekt, sind laut Gülen eine islamische Methode zur Bestimmung des Staatsoberhaupts oder der Mitglieder der Legislative, da sie den Erfordernissen der Beratung Rechnung tragen.

Auch hinsichtlich des zweiten Punkts – dem Regierungsbetrieb und der Kontrolle der Rechtmäßigkeit und Angemessenheit von Maßnahmen der Exekutive – ist das islamische Recht sehr flexibel. Die Einrichtung eines repräsentativen Organs durch direkte oder indirekte Wahlen ist mit dem Islam vereinbar und stellt eine angemessene Umsetzung der Beratung der Gemeinschaft dar. Zusätzlich zu ihrer Kontrollfunktion kann repräsentativen Organen Gesetzgebungsvollmacht für verschiedene Angelegenheiten erteilt werden, sofern solche Vorschriften keine eindeutigen Grundsätze oder Regeln des islamischen Rechts verletzen. Aus Gülens Sicht dürfen Muslime in jedem Land und in jedem Gemeinwesen leben, in dem Menschenrechte, Gleichbehandlung und Gerechtigkeit gewahrt werden.

Nach Gülens Lehre entspricht im politischen Bereich und in Regierungsangelegenheiten die Schura im Islam der Demokratie in westlichen Systemen. Wenn Demokratie die Regierung des Volkes durch das Volk und für das Volk ist, stellt die Schura einen Prozess dar, der gewährleistet, dass alle Angelegenheiten des Volkes durch das Volk und im Interesse des Volkes entschieden werden. Die Grundlagen der Demokratie und der Schura im politischen Bereich sind also vergleichbar; diese beiden Auffassungen stehen nicht im Gegensatz zueinander.

Dieser Standpunkt unterscheidet sich etwas von dem traditionellen islamischen Konzept der Schura, das eher auf Verpflichtungen als auf Rechte ausgerichtet war. Doch kann diese genuin islamische Idee als eines der fundamentalen Menschenrechte ausgelegt werden und als ein Mittel zum Schutz und zur Wahrung aller anderen Menschenrechte unter islamischem Recht, insbesondere des Rechts auf Gleichberechtigung, der Gedankenfreiheit und des Rechts auf freie Meinungsäußerung mit dem Ziel, das, was nicht rechtens ist, zu beheben oder dessen Behebung zu verlangen. Alle haben das Recht und sogar die Pflicht, Ungerechtigkeit und andere Missstände zu beheben oder deren Behebung zu fordern, selbst wenn solches Unrecht durch höchstgestellte Staatsbeamte, einschließlich des Staatsoberhaupts selbst, verübt wird. Deshalb ist die Beratung nach dieser Auslegung die unabdingbare Garantie für alle Menschenrechte im Islam.

Neben dem modernen Verständnis der Schura im Islam schenkt Gülen dem politischen Prozess und den Methoden zur Sicherstellung politischer Ziele besondere Beachtung. Er hält nichts davon, Religion als politisches Instrument einzusetzen, da eine Verquickung von Politik und Religion stets die Religion entwürdigt. Auch lehnt er den Einsatz von Gewalt zur Verwirklichung politischer Ziele kategorisch ab. Gülen betont die Bedeutung der Rechtsstaatlichkeit für die Gesellschaft und ist der Überzeugung, dass man die Achtung des Mitmenschen nicht durch Gewalt vermitteln oder eine moderne Welt durch Unterdrückung aufbauen kann. Im Gegenteil, er beharrt darauf, dass in der heutigen Welt die Richtigkeit eines jeglichen Wertes am wirkungsvollsten durch Überzeugungsarbeit und vernünftige Argumente nachgewiesen werden kann. Entsprechend bezeichnet er all jene, die zu diesem Zweck Gewalt anwenden, als intellektuell bankrott (vgl. Gülen 2005:59–66).

Der Denker Gülen betont, dass im Islam jedes einzelne Recht geachtet wird und nicht verletzt werden darf. Insbesondere darf das Recht eines Einzelnen nicht im Interesse der Gemeinschaft verletzt werden (vgl. Gülen 2004:1–4). Diese Auffassung spielt eine wesentliche Rolle in Gülens Auseinandersetzung mit dem Begriff der Menschenrechte im Islam und der Auslegung der islamischen Traditionen in Bezug auf dieses Thema. Er verweist auf das Beispiel eines Schiffes, auf dem sich neun Verbrecher und nur ein Unschuldiger befinden. Der Islam erlaubt es nicht, zur Bestrafung der Verbrecher das Schiff zu versenken, solange der Unschuldige an Bord ist. Der Koran, so Gülen weiter, lehrt, einen Menschen zu Unrecht zu töten, wiegt genauso schwer, als würde die ganze Menschheit getötet (al-Ma'ida (Sure 5), Vers 32). Auch sagt der Prophet Muhammad, dass ein Muslim jemand ist, der anderen weder mit Zunge noch Händen Schaden zufügt.

Gülen legt dar, dass islamische Perspektiven und Menschenrechtsgrundsätze nicht im Widerspruch zu einander stehen. Genau diese Grundsätze müssen bei der modernen Auslegung der islamischen Tradition den Ausgangspunkt bilden. Es ist bedeutsam, dass Gülen – genau wie die westlich-liberale Auffassung – von der Bedingtheit von Gruppenrechten durch Individualrechte ausgeht. In Übereinstimmung mit diesem Grundsatz bringt Gülen vor, dass der Koran sowie die Pflicht der Muslime, das Wort Gottes zu befolgen, uns bei der Entfaltung eines islamischen Verständnisses von den Menschenrechten unterstützen. So spiegeln sich zum Beispiel die Individualrechte sowie die Kultusfreiheit in Versen wie „Es gibt keinen Zwang in der Religion" (al-Baqara 2:256) wider.

Gülen untersucht die verschiedenen im Islam anerkannten Rechte, unter anderem die Religions- und Glaubensfreiheit, die Gedanken- und Meinungsfreiheit, das Recht auf Eigentum und die Unantastbarkeit des eigenen Heimes, das Recht zu heiraten und Kinder zu bekommen, zu kommunizieren und zu reisen, und das Recht auf eine ungehinderte Ausbildung (vgl. Ünal und Williams 2000:135–138). Er unterstreicht, dass sich die Grundsätze der islamischen Rechtslehre auf diese und andere Rechte stützen, die inzwischen alle von den modernen Rechtsordnungen übernommen wurden: Schutz des Lebens, der Religion, des Eigentums, der Familie und die Bewahrung der Vernunft sowie die grundlegende Überzeugung von der Gleichheit aller Menschen. Sie beruht auf der Tatsache, dass wir alle Menschen sind, woraus die Ablehnung jeglicher Diskriminierung aufgrund von Ethnie, Hautfarbe oder Sprache folgt. Gülen macht uns auf die Tatsache aufmerksam, dass moderne Rechtsordnungen all diese Werte als jeweils eigenen Grundsatz schützen und sie als unabdingbar betrachten.

Gülens Auseinandersetzung mit der Menschenrechtsproblematik bedeutet einen großen Beitrag zur Entfaltung moderner islamischer Menschenrechtsideen im Vergleich zur westlich-liberalen Theorie. Obwohl noch immer verbesserungsbedürftig, so ist heute die Demokratie, wie Gülen argumentiert, doch das einzige zukunftsfähige politische System, und man sollte danach streben, die demokratischen Institutionen zu modernisieren und zu konsolidieren, damit sich eine Gesellschaft entwickelt, in der die Rechte und die Freiheit des Einzelnen geachtet und geschützt werden. Während er seine persönliche Bindung an den Islam hervorhebt, unterstreicht Gülen aber, dass Menschen überall stets Entscheidungsfreiheit in ihren Überzeugungen einfordern, das heißt, in der Art und Weise, wie sie ihr Leben gestalten und ihren spirituellen und religiösen Werten Ausdruck verleihen.

Wie können Muslime ihre großen Ziele verwirklichen, indem sie nicht etwa islamische Traditionen über Bord werfen, sondern diese vielmehr entfalten? Gülens Antwort hierauf ist unmissverständlich. Er weist die Vorstellung zurück, dass der Islam dogmatisch sei, und hebt die Trennung des Ewigen von den sich weiter entwickelnden Urteilen der islamischen Rechtsprechung hervor. Konkret heißt das, politische Angelegenheiten im Allgemeinen sowie die demokratischen Institutionen und Menschenrechte im Besonderen sind durch islamische Rechtsvorschriften geregelt, die sich von Ort zu Ort, von Epoche zu Epoche und mit sich verändernden Gegebenheiten ändern können und müssen.

Gülen weist darauf hin, dass sich die Demokratie im Lauf der Zeit herausgebildet und entwickelt hat. Genau wie sie in der Vergangenheit viele Phasen durchlaufen hat, wird sie sich auch in Zukunft weiterhin entwickeln und verbessern. Islamische Grundsätze der Gleichberechtigung, Toleranz und Gerechtigkeit können in dieser Beziehung helfen, solange die Prinzipien des Koran und der Sunna sowie alle endgültigen Rechtsurteile angesichts des sich weiterentwickelnden Wissens und der gesellschaftlichen Veränderungen überprüft, neu strukturiert und wiederhergestellt werden.

Um dieser erneuten Überprüfung willen hebt Fethullah Gülen hervor, dass dem islamischen Demokratieverständnis unter anderem die Überzeugung zugrunde liegt, dass Muslime das göttliche Gesetz auslegen können und müssen. Gülen macht uns zudem auf die Tatsache aufmerksam, dass *idschtihād (Auslegung)* (vgl. Gülen 2004:xix) selbst die Möglichkeit vorsieht, dass Nationen voneinander lernen, und er lehnt daher keine westliche Form der Demokratie ab. Vielmehr rät er, solchen von anderswo übernommenen Institutionen eine islamische Dimension zu verleihen und auf diese Weise politische Theorien weltlicher und religiöser Ausprägung miteinander in Einklang zu bringen. Gülen ist der Überzeugung, dass eine islamische Regierung viele Gemeinsamkeiten mit ihren ideologischen Gegenstücken verbindet, dabei jedoch ihren eigenen, einzigartigen Blickwinkel auf die anzuwendende politische Methodik hat.

So bietet Gülens Ansatz einen guten Nährboden für die durch den Islam verbreiteten demokratischen Ideen, da er davon überzeugt ist, dass islamische Demokratie und weltliche politische Liberalisierung nicht zwei voneinander getrennte Erscheinungen sind. Anders ausgedrückt: Gülen leistet einen

Beitrag zur Theorie des islamischen Rechts insbesondere insoweit, als es um die Vorstellungen von *idschtihād* und „exklusiven Interessen" (*Masa'il* al *Mursala*) geht (Yilmaz 2003:203–237).

Muslime in Europa: Wie lässt sich das Festhalten an dem islamischen Recht mit der Erfüllung der staatsbürgerlichen Pflichten und der Einhaltung der Vorschriften des positiven Rechts vereinbaren?

Die Beziehungen zwischen den islamischen und europäischen Rechtskulturen werfen zahlreiche komplizierte Probleme auf, was muslimische Minderheiten im Westen betrifft. Hier werden die Widersprüche zwischen beiden Rechtstraditionen konkret. Manche versuchen, diesen Konflikt durch radikale Schritte zu lösen, während andere wiederum die Vorstellung einer vollständigen Assimilierung der Muslime in westlichen Gesellschaften befürworten. Fethullah Gülens Lehren schlagen die wirksamste Methodik zur Überwindung dieser Krise vor.

Zunächst weist er darauf hin, dass die entscheidende Problemstellung darin besteht, sich in einer anderen Gesellschaft zurechtzufinden. Wir sollten jedoch keine Angst oder Unsicherheit verspüren, was einzelne Menschen, deren Entwicklung oder Motivation angeht, denn der Koran sieht jeden Einzelnen als ein *Geschöpf* im Vergleich zu anderen *Geschöpfen*. Wichtig ist, woher die Emotionen kommen und welche Gedanken sie nähren. Wenn Einzelne zu einem gewissen Denken und Verständnis gelangen und einen gewissen Horizont erreichen, wird ihnen bewusst, dass sie soziale Wesen sind. Reife Menschen werden das Bedürfnis nach menschlicher Gesellschaft verspüren, verstehen, dass sie nicht allein sein und dass sie anderen gesellschaftlichen Gruppen oder Einzelpersonen keinen Schaden zufügen sollten. Heute leben Muslime im Westen hauptsächlich in zivilisierten Ge-

183

sellschaften. Dies bedeutet vor allem, höflich, liebenswürdig und mitfühlend zu sein, über geistige Tiefe zu verfügen und anderen respektvoll zu begegnen. Vor allem bedeutet es, das Wesen der Freiheit zu verstehen.

Fethullah Gülen vertritt den Standpunkt, dass wahre Freiheit zivilisierte Freiheit ist. Wahre Freiheit ist die Freiheit des menschlichen Geistes von allen Fesseln, die seinen materiellen und spirituellen Fortschritt hemmen. Freiheit erlaubt den Menschen zu tun, was immer sie möchten, solange sie anderen und sich selbst keinen Schaden zufügen und weiterhin uneingeschränkt der Wahrheit verpflichtet bleiben. Eine Freiheit, die religiösen Gedanken und Gefühlen ihre Relevanz abspricht und die nicht als Grundlage für Tugendhaftigkeit und Sittlichkeit dient, ist ein Trugschluss. Wahre Freiheit jedoch, die Freiheit der moralischen Verantwortung, zeigt, dass man menschlich ist, denn sie motiviert und belebt das Gewissen und räumt Hindernisse aus, die den Geist beschränken (vgl. Ünal und Williams 2000:88, 90, 121).

Eines der Hauptmerkmale einer zivilisierten Gesellschaft ist die Anerkennung der Unterschiede und Vielfalt von moralischen und religiösen Werten. Alle diese Werte werden in sämtlichen Rechtsordnungen als jeweils eigener Grundsatz geschützt. Aus dieser Sicht sind Religion, Leben, Nachwuchs, Denken und Eigentum elementare Notwendigkeiten, die jeder schützen muss. Gewissermaßen behandelt der Islam die Menschenrechte aus der Sicht dieser elementaren Grundsätze. Sie werden in den wesentlichen Werken des modernen Rechts als *unabdingbar* benannt. Das bedeutet jedoch nicht, dass die Einstellung zu diesen Werten in allen Kulturen und Zivilisationen vollkommen gleich ist. Fethullah Gülen betont, dass Differenzen bestehen, da die Grundlage der allgemeinen Moral und Denkweise nicht vollkommen verstanden wird oder diese für jeden Menschen unterschiedlich sind. Es wurde allerdings noch nicht ganz begriffen, wie man trotz unterschiedlicher Standpunkte zu bestimmten Themen miteinander leben kann. Jeder betrachtet das Thema aus seiner Perspektive und seinen eigenen Wahrheiten gemäß. Die andere Seite sieht es aus der Sicht ihrer eigenen Wahrheiten. Zweifelsohne hat jede Seite in manchen Punkten recht.

Reife Menschen instrumentalisieren niemals unterschiedliche Vorstellungen und Meinungen als Konfliktstoff. Es hat jedoch niemand das Recht, Anschauungen und Sichtweisen zu tolerieren, die Menschen in unterschiedliche Lager spalten und die Gesellschaft zerstören. Das Tolerieren von Spaltungen bedeutet, die Augen vor dem Untergang der Nation zu verschließen. Menschen, die anders denken als man selbst, könnten womöglich sehr aufrichtig und hilfreich sein, weswegen man nicht jede scheinbar widersprüchliche Idee von sich weisen und diese Menschen auch nicht abschrecken sollte. Man sollte nach Wegen suchen, von ihren Meinungen und Ideen zu profitieren, und mit ihnen in den Dialog treten. Andernfalls werden Andersdenkende, die auf Abstand gehalten werden – was ihre Unzufriedenheit nährt –, sich zu ungeheuren Massen formieren, die uns feindlich gegenübertreten. Diese Unzufriedenen mögen noch nie etwas Positives erreicht haben, doch haben sie schon ungezählte Staaten zerstört (vgl. Ünal und Williams 2000:134, 144, 149).

Eines der entscheidenden Merkmale wahrer Demokratie – die ein System der Freiheiten ist – ist die faire Beurteilung der Werte und Gedanken anderer, besonders im politischen und rechtlichen Bereich. Da wir jedoch mit all unseren unterschiedlichen Standpunkten und Ansichten zusammenleben müssen, hört unsere Freiheit dort auf, wo die eines anderen beginnt. Themen, die im Zusammenhang mit den Werten eines Volkes, gewissen ethischen Normen, der Dauerhaftigkeit der Nation und der Einheit des Landes stehen, stellen keine Beschränkung der Freiheiten dar; stattdessen sollten sie als Kriterien dafür betrachtet werden, wie Freiheit genutzt werden soll. Andernfalls entsteht Anarchie, und in einer solchen Umwelt können nicht einmal die elementarsten Freiheiten wahrgenommen werden. In Bezug auf dieses Thema ist Fethullah Gülen der festen Überzeugung, dass es ein Fehler ist, Islam und Demokratie als Gegensätze zu betrachten. Gleichzeitig entwickelt sich die Demokratie weiter. Dies ist ein unumkehrbarer Prozess der Reifung. Das bedeutet, dass die Demokratie auch weiter vervollkommnet wird. Demokratie ist ein Prozess, der nicht rückgängig gemacht werden kann (vgl. Ünal und Williams 2000:150–151).

Dieses Verständnis von Demokratie ist eng an die Achtung der geltenden Gesetze gebunden. Aus diesem Grund schenkt Fethullah Gülen diesem Thema besondere Aufmerksamkeit und weist darauf hin, dass Gesetze zu jeder Zeit, überall und für alle gültig sein sollten. Politik wird hauptsächlich in der Gesetzgebung sichtbar; sie ist die Kunst, die Angelegenheiten einer Nation in einer Art und Weise zu verwalten, die sowohl Gott als auch dem Volk wohlgefällig ist. Solange eine Regierung das Volk vor Schaden und Unterdrückung schützt, kann sie als politisch erfolgreich und damit als Hoffnungsträgerin gelten. Anerkennung von Rechten, Vorrang des Gesetzes und Pflichtbewusstsein sind charakteristisch für eine gute Verwaltung und Politik. Der Denker Gülen sieht die Politik jedoch nicht als den höchsten Wert für den Islam. Die Politik muss ihrerseits anhand religiöser Kriterien gemessen werden. Jene, die unter Politik politische Parteien, Propaganda, Wahlen und das Streben nach Macht verstehen, irren sich. Politik ist die Kunst des Verwaltens, die sich auf einen weitgefassten Ausblick auf heute, morgen und den Tag danach stützt und die die Zufriedenheit des Volkes und die Zustimmung Gottes sucht. Die Herrschaft der Macht ist vergänglich, wogegen Wahrheit und Gerechtigkeit ewig herrschen. Selbst wenn sie heute nicht existieren, werden sie doch in nächster Zukunft triumphieren. Aus diesem Grund sollten sich aufrechte Politiker, persönlich und in ihrer Politik, an Wahrheit und Gerechtigkeit ausrichten (vgl. Ünal und Williams 2000:148–149).

Dieses Thema ist von besonderer Bedeutung, denn da der Islam im Kampf der Muslime um die Unabhängigkeit von ihren Kolonialherren eine grundlegende Rolle spielte, wurde er allmählich immer politischer und diente oft als Rechtfertigung für Gewalt. Fethullah Gülen hebt jedoch hervor, dass der Islam niemals ein politisches Ziel verfolgt; vielmehr geht es ihm darum, in jedem Moment des Lebens Gott wohlgefällig zu sein. Folglich muss der Islam als Religion behandelt werden, die hauptsächlich auf Glauben, Verehrung Gottes und guten Taten basiert, und nicht als rein soziale, wirtschaftliche und politische Lehre oder Weltanschauung. Dieser Standpunkt erklärt die Haltung des Denkers Gülen zu einigen konkreten Problemen, die bisweilen Konflikte zwischen islamischen Normen und europäischen Rechtstraditionen verursachen. Das Kopftuch ist eines dieser Probleme.

Fethullah Gülen betont nachdrücklich, dass dieses Thema weniger wichtig ist als die Grundlagen des Glaubens und die Säulen des Islam, denen es nicht zugeordnet ist. Im *fiqh* ist es von untergeordneter Bedeutung. Den Themen, denen der Islam Vorrang einräumt, sollten wir – aus unserer eigenen Frömmigkeit heraus – Vorrang einräumen, wenn es darum geht, Muslim zu sein und den Islam anderen weiterzugeben. Es ist ein Fehler, aus dem Kopftuch eine grundsätzliche Frage des Islam und des Glaubens zu machen. Es ist nicht einer der wesentlichen Grundsätze oder eine Voraussetzung des Islam. Es verstößt gegen den Geist des Islam, unbedeckte Frauen als außerhalb der Religion stehend zu betrachten. Wir haben so vieles gemeinsam, dass wir uns nicht durch Detailfragen spalten lassen sollten. Wenn wir in der Moschee miteinander streiten wollen, sollten wir zuerst außerhalb der Moschee Frieden schließen, indem wir dem Geist beziehungsweise dem Wesentlichen einer Sache Vorrang vor den Äußerlichkeiten geben (vgl. Ünal und Williams 2000:63, 140–141).

Im Blick auf Frauenrechte allgemein erkennt Gülen an, dass dies ein sehr weitreichendes Thema ist. Auf der einen Seite betrachten wir Männer und Frauen nicht getrennt voneinander. Andererseits gibt es aber doch körperliche und psychologische Unterschiede. Frauen und Männer sollten die beiden Seiten der Wahrheit sein, wie die beiden Seiten einer Medaille. Der Mann kann nicht ohne die Frau, die Frau nicht ohne den Mann existieren; sie wurden gemeinsam erschaffen. Unser Prophet, der Koran und die Lehren des Korans betrachten Männer und Frauen nicht als voneinander getrennte Geschöpfe. Ich denke, dass das Problem in diesem Punkt darin liegt, dass die Menschen dieses Thema aus extremen Positionen angehen und das Gleichgewicht stören. Bei bestimmten Punkten gibt es Unterschiede. Bei der Suche nach dem Platz beider Geschlechter in der Gesellschaft sollten wir diese und andere angeborenen Unterschiede berücksichtigen. Es gibt allerdings keinen Grund, weshalb eine Frau keine administrative Leitungsverantwortung übernehmen sollte. In der Tat besagt die hanafitische Rechtsschule, dass Frauen Richterinnen sein können. Vielleicht könnten Frauen einer Richterin bestimmte Dinge bisweilen leichter erklären (vgl. Ünal und Williams 2000:138–139).

Aus Fethullah Gülens Sicht gibt es nur einen Weg, unterschiedliche Auffassungen, Werte und Traditionen zu überwinden – den Dialog zwischen den Kulturen. Die Möglichkeit eines solchen Dialogs ist im Islam selbst verwurzelt. In Hinblick auf seine Grundsätze ist der Islam universell. Dabei können Detailfragen unterschiedlich ausgelegt werden. Trotz aller weniger bedeutenden Unterschiede böte er eine sehr gute Basis für einen Dialog nicht nur unter Muslimen, sondern innerhalb der gesamten Menschheit. In einer immer globaler werdenden Welt ist die Dialogbereitschaft von großer Bedeutung. Gleichzeitig stellt der Denker Gülen fest, dass Muslime leider nicht alle Aspekte des Islam kennen. Wenn sie ihn sich als Ideologie anstatt als Religion zu eigen machen, streiten sie gern darüber, wie der Islam verstanden und gelebt werden sollte. Und so sind sie dann nicht offen genug für den Dialog. Will man aber ohne Krisen und Auseinandersetzungen miteinander leben, gibt es keine Alternative zum Dialog.

Fethullah Gülen beschreibt im Detail, wie man diesen Dialog fördern kann. Er hebt hervor, dass die Existenz unterschiedlicher und einmaliger Kulturen nicht bedeutet, dass es keinen interkulturellen Austausch von Ideen und Menschen geben kann (oder sollte). Menschen, die ihr eigenes Weiterbestehen oder Überleben zu sichern suchen, indem sie die Kultur und Zivilisation anderer blind akzeptieren, sind wie Bäume, an deren Ästen fremde Früchte hängen. Sie täuschen nicht nur sich selbst, sondern geben sich zudem der Lächerlichkeit preis. Lange haben wir Dinge von außerhalb angenommen, ohne uns zu fragen, ob sie zu uns passen, und haben versucht, uns in eine bestimmte Schablone zu pressen. Dabei haben jedoch unsere Nation, unser Staat und unsere Gesellschaft ihre besondere Eigenart. Unsere Nation sollte im Rahmen ihrer typischen Merkmale betrachtet werden, da das Ignorieren dieser Eigenart nur erneut zu Entfremdung und sozialen Krisen führt, wie wir sie ja auch gegenwärtig durchleben. Es gibt einige Dinge, auf die unsere Nation nicht verzichten wird. Unsere treibenden historischen und religiösen Kräfte sowie unser Wesen müssen Berücksichtigung finden. Das kann man beurteilen, wie man möchte, doch gibt es einige Dinge, die man nicht einfach über Bord werfen kann. Ignoriert man diese zugunsten von Dingen, die – wie Kleidung von der Stange – in einer anderen Welt und nach den Kriterien dieser anderen Welt entwickelt wurden, entstehen Probleme.

Das heißt aber nicht, dass es unmöglich ist, aus der Erfahrung anderer das Beste zu übernehmen. Im Gegenteil: Muslime müssen lernen, vom Wissen und den Ansichten anderer Menschen zu profitieren, denn diese können für ihr eigenes System, Denken und ihre Welt von Vorteil sein. Insbesondere sollten sie immer danach streben, aus den Erfahrungen erfahrener Menschen Nutzen zu ziehen. Fethullah Gülen sieht keine Gefahr darin, sich dem Westen und westlichem Denken in denjenigen Punkten anzuschließen, wo es erforderlich und ohne Gefahr möglich ist. Es gibt viele schöne Dinge, die dem Westen entlehnt werden können. Wir können sie übernehmen und weiterentwickeln. Genauer gesagt stellen meiner Meinung nach der Westen und der Osten jeweils eine Facette des Menschseins dar. Der Westen steht für Vernunft und Aktivismus, der Osten für Herz und Geist. Diese beiden Welten sollten daher ihre jahrhundertealten Konflikte beiseitelegen und um einer glücklicheren und friedlicheren Welt willen zusammenfinden. Schließlich haben auf der Zusammenarbeit zwischen Wissenschaft und Moral basierende Gemeinschaften immer wahre Zivilisationen hervorgebracht.

Natürlich unterliegt die Förderung eines solchen Dialogs gewissen Bedingungen. Hierzu gehört, wie Fethullah Gülen ausführt, die Notwendigkeit, Extreme im Denken und Handeln zu vermeiden, da dies ein tödliches Gift ist. So wie es falsch ist, Einfachheit und Ehrlichkeit in armer Kleidung und einem Leben in einem armseligen Haus mit nur wenigen, zerbrochenen alten Dingen zu suchen, so ist es ebenso falsch, Kultiviertheit, Zivilisation und Wohlstand im modernen Stil teurer Kleidung und anderer Luxusartikel zu sehen. Wir sollten uns klarmachen, dass wir auf dem Weg in eine bessere Zukunft toleranter und selbstloser werden müssen. Mehr als alles andere benötigen wir heute ein großmütiges Herz und einen offenen, tiefsinnigen Geist, die die Freiheit des Denkens respektieren, Naturwissenschaft und Forschung gegenüber aufgeschlossen sind und die Harmonie zwischen dem Koran und den göttlichen Gesetzen des Universums und des Lebens erkennen können. Abschließend besteht auch ein Bedarf an innovativen Geistern, besonders wenn die Zeit sehr schnell vorwärts schreitet und Entwicklungen sich beschleunigt vollziehen (vgl. Ünal und Williams 2000:56, 58, 66, 89f., 115, 122, 123, 149, 190f.).

Die Rolle der islamischen Rechtskultur im Dialog zwischen den Zivilisationen

Gülen weist darauf hin, dass die vorherrschende islamische Kultur in der muslimischen Welt mit demokratischen Strukturen auf der Weltebene koexistiert. Das Konzept der Modernisierung und Demokratisierung muss also nicht zwingend eine Verwestlichung bedeuten, sondern kann die Möglichkeit beinhalten, viele demokratische Errungenschaften des Westens im islamischen Rahmen zu übernehmen.

Der Wert der muslimischen Rechtskultur ist nicht ausschließlich auf juristische Fragen beschränkt. Sie kann und muss eine wichtige konstruktive Rolle in der Behandlung allgemeinerer, ja selbst globaler Themen spielen. Besonders die rechtlichen Errungenschaften der islamischen Gesetzgebung können dazu beitragen, einen konstruktiven Dialog zwischen der islamischen Welt und dem Westen in Gang zu setzen, und zu einer Zusammenarbeit bei der Bewältigung solch komplexer Probleme wie der Globalisierung und der Menschenrechte, ja selbst dem Kampf gegen Extremismus und internationalen Terrorismus führen. Die Rechtssprache unserer heutigen Welt ist universell, und die moderne muslimische Rechtslehre sollte eine aktivere Rolle in der Entwicklung der heutigen Rechtssprache spielen. Die islamische Rechtsprechung ist eine großartige Kunst und ein wichtiger Bestandteil der islamischen Zivilisation. Sie wird zurzeit ziemlich vernachlässigt, sollte jedoch in einem wesentlich größeren Maße von muslimischen und nicht-muslimischen Rechtsgelehrten gleichermaßen studiert werden.

Unter Berücksichtigung dieser Gedanken verteidigt Gülen den Islam in seinem zivilisierten, aufgeklärten Verständnis, wobei er die Vereinbarkeit des Islam mit Wissen und Naturwissenschaft betont. Er ist der Überzeugung, dass die Wirklichkeit der heutigen Welt zu komplex ist, um vom Einzelnen verstanden zu werden, und dass daher Experten aus verschiedenen Gebieten wie zum Beispiel den Fachgebieten

191

der Naturwissenschaft, der Ethik, der Religion und so weiter allesamt bei wichtigen Fragen zu Rate gezogen werden und diese gemeinsam bearbeiten sollten. Er betont, dass die Religionsgemeinschaften solche Themen, die sie alle betreffen, nicht voneinander isoliert zu lösen versuchen sollten; der Beratungsprozess sollte anderen Standpunkten der religiösen Lehre gegenüber offen sein. Er hat also viel dafür getan, den Dialog zwischen den Religionsgemeinschaften zu fördern. Gülen ist überzeugt, dass uns in der heutigen Zeit nur Dialog, Bildung und Toleranz voranbringen. Er erinnert uns daran, dass Probleme, die ein Einzelner oder sein Tun verursacht, nicht unsere Einstellung gegenüber einer ganzen Gruppe von Menschen beeinflussen sollten. Er billigt auch nicht die politische Herrschaft eines religiösen Klerus; er ist sicher, dass weltliche und religiöse Werte und Ideen in der gleichen Gesellschaft friedlich nebeneinander existieren können. Dieser letzte Gedanke ist sehr wichtig im Zusammenhang mit dem Dialog zwischen der Türkei und der Europäischen Union.

Die Ideen Fethullah Gülens leisten somit einen bemerkenswerten Beitrag zum islamischen Denken. Bekannterweise unterscheidet das traditionelle islamische Denken bei Macht und Politik zwischen drei wesentlichen Grundbegriffen: Beratung, Gleichberechtigung und Gerechtigkeit. Gülen fügt diesen weitere hinzu: Toleranz, Dialog, konstruktiver Aktivismus, Bildung und Zusammenarbeit gegen gemeinsame Herausforderungen und Probleme. Diese Aspekte sind nicht weniger wichtig als die ersten drei, spiegeln sie doch spezifische Merkmale unserer Welt sowie die Beziehung des Islam zu den anderen Kulturen und Religionen wider.

Der Leitgedanke der Lehre Gülens ist eine intellektuelle und spirituelle Aufklärung, die sich aus den traditionellen Quellen des Islam speist. Seine Methodik ist an der Basis und an der einzelnen Person ausgerichtet. Er rät Muslimen, sich zu bilden und mit Hilfe der Ressourcen der islamischen Geistestradition und Kultur einen Beitrag zur heutigen Welt zu leisten. In seinem Aufruf zu Dialog und Toleranz bleibt

Gülen fest mit der islamischen Zivilisation verbunden. Seine Arbeit zeigt, dass Muslime durch eine geistige und spirituelle Wiederbelebung, die die heutige Realität berücksichtigt, die Zukunft gestalten können. Gülen weist mit Nachdruck darauf hin, dass eine neuerliche, von Respekt geprägte Auseinandersetzung mit dem geistigen Erbe und der politischen Kultur des Islam erforderlich ist und dass der Fortschritt der Muslime von der Entwicklung der islamischen Wissenschaften und Bildung abhängt. Die islamische politische Kultur und Demokratie wiederum werden nicht durch Isolation oder den Widerstand gegen andere einflussreich werden, sondern indem sie ihre eigenen Errungenschaften anderen weitergeben und von ihnen deren Bestes übernehmen.

Um die weitreichende Bedeutung der Lehren Fethullah Gülens für das moderne islamische Denken im Allgemeinen und für die in Europa lebenden Muslime im Besonderen besser zu verstehen, wäre es nützlich, einige Entscheidungen des Europäischen Rates für Fatwa und Forschung hinsichtlich der Wechselbeziehung zwischen den islamischen und europäischen Rechtskulturen zu zitieren. So stellte der Rat in seiner ersten Sitzung beispielsweise fest, dass der interreligiöse Dialog angemessenerweise mit Begriffen wie Zusammenarbeit, Dialog, Teilhabe und dergleichen beschrieben wird. In dieser Beziehung machte der Rat auf die Tatsache aufmerksam, dass Dialog und Zusammenarbeit zwischen dem Islam und anderen Religionen möglich sein können, denn Allah (s.w.t.) sagt: „Sprich (o Muhammad): O Volk der Schrift (Juden und Christen), kommt herbei zu einem gleichen Wort zwischen uns und euch, dass wir nämlich Allah allein dienen und nichts neben Ihn stellen und dass nicht die einen von uns die anderen zu Herren nehmen außer Allah." (al-Imran 3:64) Diese Dialoge sollten jedoch in einer gesunden Atmosphäre geführt werden und frei sein von Zwang, Arroganz oder Kränkung anderer.

Trotz der Tatsache, dass der Islam sich von anderen Offenbarungsreligionen unterscheidet, gibt es doch einen Bereich, in dem er und die anderen Offenbarungsreligionen zusammenfinden können. So akzeptieren zum Beispiel alle Offenbarungsreligionen die Existenz eines wahren Gottes, der Propheten und das Leben im Jenseits an. Sie akzeptieren die Grundgedanken des Anstands und die Sozialstruktur der Familie. Sie haben ähnliche Auffassungen über Umweltfragen, Menschenrechte, Rechte unterdrückter Völker, den Widerstand gegen Willkürherrschaft und Unrecht, die Ablehnung von Völkermord, Aggression und Fanatismus, die Verbreitung von Toleranz usw. Besonders deutlich wird die Bedeutung von Dialog und Zusammenarbeit im Blick auf die Vorherrschaft der materialistischen, freizügigen und atheistischen Kultur sowie den Zerfall der Gesellschaftsordnung in einer Zeit, in der die ganze Welt durch die Kommunikationsrevolution, die sie in ein Dorf verwandelt hat, miteinander verbunden ist. Im Heiligen Koran heißt es: „Oh ihr Menschen, Wir haben euch aus Mann und Frau erschaffen und zu Völkern und Stämmen gemacht, auf dass ihr einander erkennen möget. Wahrlich, vor Allah ist von euch der [a]ngesehenste [Gläubige], welcher der Gottesfürchtigste ist (*taqwa*)." Der Heilige Koran stellt weiter fest: „Helft einander zur Frömmigkeit und Gottesfurcht, aber nicht zur Sünde und Übertretung!"

In einer seiner letzten Entscheidungen erklärte der Rat, der islamische Diskurs bedürfe im Zeitalter der Globalisierung der Veränderung und Weiterentwicklung. Das bedeutet nicht die Veränderung der feststehenden islamischen Gebote und Ziele, sondern die Veränderung der Methoden der *da'wa*, der Formen der Veranschaulichung und der Künste der Lehre, denn wir waren es gewohnt, untereinander zu sprechen, so dass andere uns nicht hörten. Jetzt aber erreicht alles, was an irgendeinem Ort gesagt wird, zur gleichen Zeit die am weitesten entfernten Winkel der Erde. Die juristischen Entscheidungen, die gegenüber Muslimen ausgesprochen werden, sind nicht die gleichen, die Nicht-Muslimen gegenüber ausgesprochen werden, angefangen vom islamischen Glauben und allem, was folgt. Was einem neuen Muslim gesagt wird, ist nicht das Gleiche wie das, was einem ursprünglichen Muslim gesagt wird. Ebenso unterscheidet sich der Diskurs je nach der Schule, der der Prediger angehört, und je nachdem, wessen Meinungen er äußert. Es ist besser, dass die Rede charakterisiert wird durch die Spiritualität des Mystikers, das Engagement des Hadith-Gelehrten, die Vernunft des Gelehrten und das wissenschaftliche Herangehen des Juristen und dass sie von jeder Quelle das Beste nimmt, über das diese verfügt. Wir müssen uns von Chaos und Schein ab- und der Wirklichkeit und dem Wesentlichen zuwenden; vom Reden und Streiten zum Handeln und Arbeiten; von Leidenschaft zu wissenschaftlicher Argumentation, vom Nebensächlichen zum Ursprung der Dinge; davon weg, Dinge schwieriger und abstoßender zu machen, und dazu hin, sie stattdessen einfacher und Erfolg versprechend zu gestalten; von Stillstand und Nachahmung zu *idschtihād* und Erneuerung; von Fanatismus und Entfremdung zu Toleranz und Offenheit, von Übertreibung und Lässigkeit zu Mäßigung und einem gesunden Mittelmaß; von Gewalt und Missgunst zu Sanftheit und Barmherzigkeit; von Gegensätzen und Uneinigkeit zu Einheit und Solidarität.

Unter Berücksichtigung all dieser Gedanken scheint Fethullah Gülens Schlussfolgerung auf der Hand zu liegen: „Ich glaube nicht, dass es einen Kampf der Kulturen oder der Zivilisationen geben wird. Wenn manche Menschen so etwas auf der Basis ihrer aktuellen Träume planen und hier irgendwelche Behauptungen aufstellen und wenn sich eine solche Welle erhoben hat, dann sollten wir, bevor ein solcher Kampf über uns hereinbricht, ihr eine größere Welle entgegensetzen, an der sich ihre Welle bricht" (Gülen, zitiert nach Ünal und Williams 2000:189).

Literaturverzeichnis

Gülen, Fethullah, *Toward a Global Civilization of Love and Tolerance*, The Light Inc., New Jersey 2004.

Gülen, Fethullah, *Hin zu einer globalen Kultur der Liebe und Toleranz*, Fontäne Verlag, Offenbach am Main 2008.

Gülen, Fethullah, „In true Islam, terror does not exist", in: Çapan, Ergün (Hrsg.), *Terror and suicide attacks. An Islamic perspective*, The Light Inc., New Jersey 2005.

Gülen, Fethullah, „Im wahren Islam gibt es keinen Terror", in: *Terror und Selbstmordattentate aus islamischer Perspektive*, Fontäne Verlag, Offenbach am Main 2005.

Ünal, Ali (Hrsg., Übers.) und Williams, Alphonse (Hrsg.), *Advocate of dialogue: Fethullah Gulen*, The Fountain, Fairfax 2000.

Yilmaz, Ihsan, „Ijtihad and tajdid by conduct", in: Yavuz, M. Hakan und Esposito, John L., *Turkish Islam and the Secular State. The Gulen Movement*, Syracuse University Press, New York 2003.

Simon Robinson

Fethullah Gülen: Verantwortung in der Wirtschaft[1]

Dem Verantwortungsbegriff wird im ökonomischen Bereich bereits seit einigen Jahrzehnten zentrale Bedeutung eingeräumt. An Unternehmen richtet sich die Erwartung, soziale Verantwortung zu übernehmen (die sog. *Corporate Social Responsibility*, CSR); so wird nach dem Drei-Säulen-Modell Bericht erstattet und die Entwicklung einer ethischen Unternehmenskultur angestrebt (Robinson 2008). Die gegenwärtige Finanzkrise allerdings hat das Konzept Verantwortung sowie die Frage danach, wie sie ausgeübt wird, ganz akut in den Vordergrund gerückt. Trotz geltender CSR-Richtlinien und -Verfahren, trotz der seit Enron verschärften Regulierung zeigt die Entwicklung der Kreditkrise ein Maß an Verantwortungslosigkeit auf, wie es bisher unvorstellbar schien. Nun wird allenthalben Entschlossenheit demonstriert, einen Schlussstrich unter dieses „Zeitalter der Unverantwortlichkeit" zu ziehen, aber bisher gibt es kaum konkrete Hinweise darauf, wie das in der Praxis aussehen soll.

In dem vorliegenden Beitrag möchte ich erste Überlegungen zur Konkretion der Debatte anstellen, unter Berücksichtigung der Lehren Fethullah Gülens und des Beitrags, den sie zu dieser aktuellen Diskussion über bürgerschaftliche und unternehmerische Gesellschaftsverantwortung leisten können. Dazu soll eine Analyse des Verantwortungsbegriffs im Sinne der Konzepte Zurechenbarkeit, Rechenschaftspflicht und Zuständigkeit dienen. Es wird dargestellt, dass Gülens Verständnis von Verantwortung im Begriff der Rechenschaftspflicht wurzelt, was sich von seiner Theologie her begründet, die Schöpfung und Tat in den Mittelpunkt stellt.

---

[1] Aus dem Englischen von Angelika Joachim.

Hieraus ergibt sich seine Perspektive zur Zurechenbarkeit, die den Blick in Richtung einer universalen Verantwortlichkeit lenkt.

Verantwortung

Schweiker (1995) fasst drei ineinandergreifende Verantwortungsmodi zusammen, wovon die ersten beiden dem aristotelischen Denken entlehnt sind (Alexander 2008):

Zurechenbarkeit („imputability"): Handlungen können einer Person zugeordnet werden. Entsprechend ist erkennbar, dass diese Person für die betreffenden Handlungen und die Entscheidungen, auf denen sie gründeten, verantwortlich ist.

Rechenschaftspflicht („accountability"): Die betreffende Person ist einer anderen Person *gegenüber* verantwortlich bzw. Rechenschaft schuldig.

Verantwortlichkeit („liability"): Eine Person ist *für* etwas oder jemanden verantwortlich.

Zurechenbarkeit

Die Ansätze zum Konzept der Zurechenbarkeit variieren in ihrer Stringenz. Weniger stringente Perspektiven (McKenny 2005, 242) verweisen lediglich auf den kausalen Zusammenhang zwischen der Person und jeglichem Handeln. Dieser kausale Zusammenhang belegt, dass eine Handlung dieser Person zuzuordnen ist. Dieser Ansatz ist nicht geeignet, festzustellen, inwieweit der betreffende Mensch konkret in eine Handlung involviert und damit voll für sie verantwortlich ist. Stringenter ist die Argumentation, dass Verantwortung mit einem rationalen Entscheidungsprozess einhergeht, der den Betreffenden in die Lage versetzt, sich mit der Handlung, die aus dieser Entscheidung erwächst, in vollem Umfang zu identifizieren. Taylor (1996) argumentiert, eine solche Entscheidungsfindung konstituiere eine starke Wertigkeit, die die Handlung mit der Tiefenebene der Entscheidungsfindung verknüpfe. Dies bestimme die moralische Identität der betreffenden Person. Damit ein Mensch als vollumfänglich verantwortlich gelten kann, setzt dies also dessen Bewusstsein für das eigene soziale Umfeld, für wesentliche Beziehungen, die wechselseitige Wirkung dieser Beziehungen etc. voraus.

Rechenschaftspflicht

Ein zweiter Modus der Verantwortung ist die Rechenschaftspflicht. Hierbei geht es um vertragliche Beziehungen formeller wie informeller Art. Ein Vertrag legt eine Reihe gegenseitiger Erwartungen fest. Auf einer Ebene geht es dabei um erkennbare Ziele, die die Grundlage eines jeden Projekts bilden und ohne die die Kompetenz einer Person nicht bewertet werden kann. Auf einer anderen Ebene wiederum geht es um breiter gefasste ethisch-moralische Erwartungen an das Verhalten von Vertragspartnern allgemein. Hierunter fällt die Bedeutung, die Offenheit und Transparenz in Beziehungen sowie ähnlichen Verhaltensmustern beigemessen wird, die die Grundlage für Vertrauen bilden.

Verantwortlichkeit

Verantwortlichkeit im vorliegenden Sinn (also nicht im Sinne der juristisch gedachten Haftung/*liability*) reicht über die Rechenschaftspflicht hinaus in den Bereich der Fürsorge, der allgemeinen Verantwortung für bestimmte Projekte oder Menschen hinein. Jeder Mensch, jede Berufsgruppe muss diese Verantwortlichkeit für den eigenen Kontext ohne Rückgriff auf einen definierten Vertrag ausbilden. Dazu ist ein Bewusstsein für die Grenzen der eigenen Person oder Organisation erforderlich. Eine Überforderung durch die Übernahme von zu viel Verantwortung ist zu vermeiden. Wichtig ist weiter die Fähigkeit, mit anderen zusammenzuarbeiten, Kompromisse auszuhandeln und andere in die Wahrnehmung von Verantwortung einzubinden. Dieser Modus macht unterschiedliche Bereiche von Verantwortung – persönlicher, beruflicher, unternehmerischer, bürgerschaftlicher, ökologischer und globaler Art – sichtbar.

So weist der Verantwortungsbegriff über reine Codes hinaus. Niebuhr, der christliche Theologe, der am stärksten mit diesem Begriff in Verbindung gebracht wird, argumentiert, er reiche gar weiter als die teleologische und deontologische Ethik. Diese umfassen, so Niebuhr, nicht alle ethischen Möglichkeiten. Die Teleologie stütze sich auf das Grundbild des Menschen als Schaffendem. In diesem Sinne sei Ethik Mittel zum Zweck, was am deutlichsten im Utilitarismus zum Ausdruck komme. Bei der deontologischen Ethik wiederum stehe das Bild des Menschen als Bürger im Mittelpunkt, der das Gesetz befolge. Beide vertreten, so Niebuhr, eine Anthropologie des Individuums, also die Perspektive, dass der Mensch getrennt von der Gesellschaft existiere. Niebuhr seinerseits schlägt ein drittes Grundbild vor: den Menschen als soziales Wesen, das folglich jederzeit auf die fortlaufende soziale Interaktion reagiert, an der es beteiligt ist. Niebuhr schreibt:

> „Im Verantwortungsbegriff impliziert ist das Bild des Menschen als des Antwortenden, des im Dialog Stehenden, desjenigen, der auf ein ihm geltendes Handeln reagiert." (Niebuhr 1963, 56)

Diese Perspektive wurzelt in der Schöpfungstheologie, legt aber den Schwerpunkt vor allem auf das gegenwärtige Beziehungsgefüge Menschheit und das Handeln der Menschen, die zugleich Mittler sind für Gottes Handeln an uns:

> „Verantwortung heißt: In allen Handlungen an dir handelt Gott. Reagiere also auf alles Handeln, das an dir ge-

schieht, wie du auf das Handeln Gottes reagierst. "
(Niebuhr 1963, 126)

Niebuhr neigt dabei immer dazu, sich auf eine Verantwortung
zu konzentrieren, wie sie im staatlichen Bereich zum Ausdruck
kommt, wo der Mensch als Bürger agiert. Verantwortung darf
für Niebuhr dementsprechend nicht beschränkt sein auf die
Grenzen der christlichen Kirche; sie hat ein starkes existenziel-
les Element. Dieses Verständnis von Verantwortung im Sinne
der sozialen Einbindung des Menschen wurde später von der
feministischen Bewegung nochmals deutlich weiterentwickelt,
wobei die Frau sehr stark im Zentrum dieser Vernetzungen gesehen wird. Dieser Ansatz neigt dazu, sich auf die Verantwortlichkeit im Sinne einer unmittelbaren Reaktion auf den Mitmenschen zu konzentrieren (Koehn 1998).

Bonhoeffer (1985) stellt die Verantwortung in eine verstärkt christologische Perspektive. Verantwortung ist für ihn
im Wesentlichen eine Haltung des Dienens, die in der Person
Christi zentriert ist. In Christus ist die Haltung der Verantwortlichkeit als dem Dienst am Nächsten hingegebener
„Mensch für andere" konzentriert. Dazu gehören der Gehorsam gegenüber Christus und die Reaktion durch Christus auf
die Realität der alltäglichen Beziehungen. Dass der Mensch
mit der Bereitschaft zum Dienst antwortet, dazu wird er
durch diese Beziehung zu Christus befähigt. Hierzu gehört
die Akzeptanz sowohl der Freiheit zu reagieren als auch der
Schuld, an der alle auf die eine oder andere Weise Anteil haben. Wir haben es hier mit keiner bequemen Sicht von Verantwortung zu tun. Sie erfordert sowohl die umfassende Verantwortung für den Mitmenschen als auch die Übernahme
von Verantwortung für die eigenen Werte und die eigene
Praxis, einschließlich möglichen moralischen Versagens oder
moralischer Beschränkungen. Im Kern geht es immer wieder
um das Annehmen persönlicher Verantwortung, aber auch
um das Bewusstsein der unmittelbaren Rechenschaft vor
Gott, bei sehr geringem eschatologischem Spielraum.

Fethullah Gülen

Gülen platziert die Verantwortung ebenfalls konsequent in diesem Modus der Rechenschaftspflicht, diese wiederum ist verankert in seiner Schöpfungstheologie. Gott erschuf die Welt und berief den Menschen zum Stellvertreter (vgl. Koran 2:30). Dementsprechend ist die Menschheit für die Verwaltung der Schöpfung verantwortlich. Ihre Beziehung zu Gott dem Schöpfer bedeutet, dass die Menschheit im Namen Gottes Verantwortung trägt. In diesem Sinne steht sie *stellvertretend für* Gott, aber sie steht auch *vor* ihm. So trägt die Menschheit für die Welt in ihrer ganzen Fülle sowohl *mit* Gott als auch *vor* Gott Verantwortung. Diese Verantwortung stellt unser Tun in den Zusammenhang mit dieser und der nächsten Welt. Was wir heute tun hat Auswirkungen in beiden Welten und somit auch darauf, wie wir beide wertschätzen.

Damit wir diese Verantwortung wahrnehmen können, hat Gott jedes denkbare Mittel für uns bereitgestellt.

> „Wenn der Mensch der Stellvertreter Gottes auf Erden, der Favorit Seiner Schöpfung, die Essenz und die Substanz all dessen, was existiert, und der glänzendste Spiegel des Schöpfers ist – woran ja gar kein Zweifel bestehen kann –, dann muss uns das Göttliche Wesen, das uns auf diese Welt geschickt hat, das Recht, die Erlaubnis und die Fähigkeit gegeben haben, die in der Seele des Universums verborgen liegenden Geheimnisse zu enthüllen und uns unserer eigenen Kraft, unserer Macht und unseres Potenzials gewahr zu werden. Dann muss Gott uns auch das Recht, die Erlaubnis und die Fähigkeit gegeben haben, Seine charakteristischen Merkmale Wissen, Willen und Macht zu repräsentieren." (Gülen 2008a, 151)

Eine solche Verantwortung ist komplex. Niebuhr zum Beispiel bezieht sich stellenweise einfach auf die Verantwortung für die Nöte der Gemeinschaft und der Welt insgesamt. Für Gülen ist diese Verantwortung teleologischer Art. Alle verfügbaren Mittel sind einzusetzen, um den göttlichen Plan zu verwirklichen. Entsprechend ist jede Art von Reaktion zu verstehen im Sinne der übergreifenden Souveränität Gottes und seines Willens, dass die Menschheit seinen Plan verwirklicht. Diese Dimension von Verantwortlichkeit arbeitet Gülen in wesentlicher Weise aus. Aufgabe des Stellvertreters ist nicht nur der Glaube an Gott und seine Anbetung, sondern auch „das Wissen um das Funktionieren der Dinge und um die Ursachen der Phänomene in der Natur sowie das Eingreifen in die Natur." (Gülen 2008a, 154)

Diejenigen, die so handeln, sind für ihn „aufrichtige Menschen", und er stellt fest, sie setzen „ihren freien Willen auf konstruktive Art und Weise ein [...]. Sie machen sich die Welt zu Nutze und entwickeln sie weiter, schützen das Gleichgewicht zwischen Schöpfung und Menschheit und ernten die Geschenke der Erde und der Himmel zum Wohle der ganzen Menschheit. Sie veredeln Farbe, Gestalt und Geschmack des Lebens, um es im Rahmen der Anweisungen und Befehle des Schöpfers auf eine menschlichere Ebene zu heben. Genau durch diese Merkmale zeichnet sich ein Stellvertreter Gottes aus, und genau in diesen Merkmalen findet sich die Bedeutung dessen, was es heißt, ein Diener Gottes zu sein, der Ihn von ganzem Herzen liebt." (Gülen 2008a, 154)

Die Konsequenz dieser Perspektive erschließt sich schnell. Erstens: wir müssen die Naturwissenschaft ernst nehmen. Sie sollte nicht als autonom oder der Religion entgegenstehend betrachtet werden. Vielmehr offenbart uns die Naturwissenschaft die Gesetze der Natur und hilft uns in der Folge, das *telos* der Schöpfung zu erkennen. Hier wird deutlich, warum Gülen, trotz seiner konsequent kreationistischen Haltung, die Naturwissenschaft als wesentliches Element seiner Bildungsarbeit behandelt. Zweitens sollte der freie Wille, der für jede Art Verantwortung der Schlüsselfaktor ist, zum Dienen eingesetzt werden, und zwar im Sinne einer Wahrung des Gleichgewichts zwischen Umwelt und Menschheit, wodurch die Gaben, die die Schöpfung bietet, bestmöglich genutzt werden. All dies dient dem Wohl der ganzen Menschheit und hat das Ziel, allen Menschen eine höhere Zivilisationsstufe zu ermöglichen. Gülen macht dabei deutlich, dass die Natur zu positiven Zwecken manipuliert werden darf. Aus der ökologischen Perspektive stellen sich hier Fragen – etwa ob solche Haushalterschaft mit der Beherrschung der Schöpfung einhergeht oder ob der Mensch als Stellvertreter Gottes gleichzeitig als dessen Mit-Schöpfer wirkt. Für Gülen liegt der Schlüssel zu diesen Fragen im *telos*. Hat der Stellvertreter das *telos* erschlossen, heißt das, er ist in das schöpferische Wirken Gottes eingebunden und es geht nicht darum, der geschaffenen Welt seine Herrschaft aufzuzwingen. Hier besteht wohl Bedarf an einer kontinuierlichen Reflexion der *teloi* in ihrem Kontext. Hierzu wiederum wird die Naturwissenschaft gebraucht. Natürlich darf ein solcher fortgesetzter Reflexionsprozess – aus zwei Gründen – nicht vereinfachen oder aber eingleisig ablaufen: Erstens steht nicht fest, dass die Naturwissenschaft per se die *teloi* bestimmen kann. Gottes Plan ist eine Wertfrage und nicht so sehr eine Frage naturwissenschaftlicher Wahrheit. Naturwissenschaftliche Erkenntnisse mögen diesen Wert stützen und bestätigen, sie können aber nicht letztgültig über ihn entscheiden. Zweitens wird jedes Urteil über *teloi* oder über die naturwissenschaftliche Argumentation zu ihren Gunsten zwangsläufig in Frage gestellt. Dementsprechend ist eine kontinuierliche Diskussion zum Verständnis von den *teloi* erforderlich. So ist die Stellvertreterschaft in der Praxis grundlegend sozialer und dialogischer Art.

Nasr (Schweiker, Johnson und Jung 2006, 300) spinnt den Faden noch ein wenig weiter und spitzt Gülens Perspektive zum Verantwortungsbegriff zu. Er nimmt Koranvers 7:172 in den Blick. Vor der Schöpfung fragt Gott die Menschen: „Bin Ich nicht euer Herr?" Sie sagten: „Doch, wir bezeugen es."

Nasr verweist darauf, dass in der Antwort der Menschen das Verb im Plural steht. Die bejahende Antwort spricht also nicht eine einzelne Person, die entsprechend auch kein bestimmtes Geschlecht repräsentiert; nein, sie ist die Antwort aller Menschen. In Nasrs Worten: „Menschsein heißt, ja gesagt zu haben. Gekennzeichnet von dieser Zustimmung hören wir ihren Widerhall tief in unserem Inneren." (Ebd.) Verantwortung ist also etwas gemeinsam Wahrgenommenes, eine soziale Antwort. Hier wird die gewaltige Verantwortung deutlich, die der Menschheit auferlegt ist, eine Verantwortung, die, wie Nasr feststellt, um so schwerer wiegt, gerade weil die Menschheit, anders als die übrige Natur, in ihrer Antwort frei ist. Frei nicht nur zu antworten, sondern frei im *Wie* der Antwort, die wir im Rahmen der Werte Gottes geben. Diese Freiheit stellt die Menschheit in echte Rechenschaftspflicht vor Gott. Eine solche Freiheit verlangt, dass jederzeit Verantwortung übernommen wird dafür, die Bedeutung der Werte Gottes in der Praxis zu erschließen, die keinesfalls im Formelhaften bleiben dürfen. Dies führt uns zwangsläufig zur Frage der Verantwortlichkeit.

Bei Gülen erwächst diese Verantwortlichkeit aus dem Rahmen, den die Rechenschaftspflicht setzt. Die persönliche Autonomie und Handlungsfähigkeit ist ein Geschenk Gottes, das den Menschen dazu befähigt, die Rolle als *khalifa (Stellvertreter)* auszufüllen. Aus dieser Handlungsautonomie erwächst die Freiheit des Einzelnen, die Gesellschaft zu verändern, soweit er sich zur Quelle dieser Freiheit und Handlungsvollmacht bekennt. Gott allein bestimmt unsere Ressourcen, teilt sie uns zu, erschafft sie und breitet sie alle vor uns aus (Gülen 1999, 94). Es handelt sich also um eine mittelbare Vollmacht, eine beschränkte Form der Subjekthaftigkeit, die, so Vahdat, projiziert wird „auf die Attribute der monotheistischen Gottheit – Attribute wie Allmacht, Allwissenheit und Willenskraft –, die sich die Menschen wiederum in Teilen zu eigen machen. Nach diesem Modell ist die Subjekthaftigkeit des Menschen bedingt durch die Subjekthaftigkeit Gottes. So wird das Subjektsein des Menschen nicht geleugnet, aber es ist doch nie unabhängig von dem Subjektsein Gottes und ist in diesem Sinne mittelbar." (Vahdat 2002, 134)

Immer wieder geht es hier um eine Schwerpunktsetzung beim Tun. Verantwortung erfordert zwangsläufig die Tat. Gülen stellt die passive Unterwerfung dem aktiven Dienst gegenüber. Im Herzen dieser Vorstellung steht das Konzept des *hizmet*, die Verkörperung des inneren Gottesbewusstseins in der Praxis. Es kann also keinesfalls um Frömmelei gehen, denn:

Diejenigen, die sich jederzeit der Gegenwart Gottes bewusst sind, müssen sich nicht von den Menschen absondern. (Gülen 1995, 87)

Unsere Handlungsautonomie stützt sich folglich auf eine ganzheitliche, dynamische Sicht des Menschen, in der sich Gefühlswelt, Geist, Vernunft und Tun verbinden.

Gott hat die Menschen nicht geschaffen, damit sie dann zu passiven Einsiedlern, Aktivisten ohne Vernunft und Geist oder Rationalisten ohne spirituelle Reflexion und Aktion werden. (Gülen 1999, 46)

Gülen gilt *hizmet* als Schlüsselprinzip, es bedeutet unermüdliche Verantwortung dafür, Werte praktisch umzusetzen. Jede Vorstellung vom freien Willen ist in diesem Sinne eingebettet im *hizmet*, ausgerichtet am Propheten als Mann der Tat, der „dem Lernen und der Ökonomie, der Landwirtschaft, dem menschlichen Handeln ganz allgemein und der Gedankenwelt gleichermaßen Beachtung [schenkte]. Er ermutigte seine Anhänger, stets gewissenhaft vorzugehen, und verurteilte Untätigkeit und Bettelei." (Gülen 2008b, 248)

Zwangsläufig stellt sich in diesem Zusammenhang die Frage, ob es sich hier um einen Hinweis auf eine Bedingtheit der Verantwortung handelt, also, ob das Heil von einer Reaktion abhängt. Gülen sagt recht deutlich, dass es kein Heilsversprechen geben kann. Er legt stattdessen nahe, dass in der Antwort auf Gottes Anruf Hoffnung und Furcht sich die Waage halten sollten und dass sich die Hoffnung auf gute Werke berufen kann (Gülen 1995, 40). Im Mittelpunkt der Aufmerksamkeit des Gläubigen steht jedoch nicht das eigene

Heil, sondern der Wunsch, Gott wohlgefällig zu sein. Dabei richtet er den Blick „ausschließlich auf [Gottes] Einverständnis mit dem alltäglichen Reden, Verhalten und Denken" (Gülen 2004, 6). Das heißt, der Einzelne ist ohne Unterlass aktiv und fragt: „Herr, was kann ich noch tun?" Gülen betont in diesem Zusammenhang regelmäßig, wie wichtig effizientes Zeitmanagement und eine gute Planung unserer Tätigkeiten sind. Diese Aspekte sind nicht wegzudenken, wenn es darum geht, verantwortlich zu handeln. Je mehr in jeder Situation solche Verantwortung ausgeübt wird, desto mehr Verantwortung entsteht: „Je mehr Gunstbeweise Gott uns zukommen lässt, desto mehr Verantwortung haben wir zu tragen." (Gülen 2006b, 161)

Die Verantwortlichkeit ist in diesem Zusammenhang auf der Beziehungsebene anzusiedeln, nicht auf der Ebene der Einzelperson. Verantwortlichkeit ist wesentlicher Bestandteil der fortgesetzten Interaktion, der sich die Menschheit nicht entziehen kann. Hier finden sich deutliche Anklänge an Niebuhrs Ansatz der existenziellen Reaktion auf das miteinander verwobene Netz des Lebens von Menschheit und Natur. Gülen verweist zudem auf die Notwendigkeit, innerhalb dieses Beziehungsrahmens Verantwortung zu üben, um einem Verlust der Handlungsautonomie vorzubeugen. Er schreibt:

„Nehmen wir durch kontinuierliches Handeln und Denken bestimmte Pflichten auf uns, sehen wir bestimmten Schwierigkeiten ins Auge und halten sie aus, ja man könnte sagen, verurteilen wir uns in gewissem Sinne selbst dazu, auch wenn dies vielleicht auf Kosten vieler anderer Dinge geht, so müssen wir fortgesetzt handeln und streben. Handeln wir nicht, wie wir sind, werden wir hineingezogen in die Wellen, die die Vorstöße und Aktionen anderer schlagen, in den Strudel fremder Pläne und Gedanken. Damit sind wir gezwungen, stellvertretend für andere zu handeln. Bleiben wir passiv, greifen wir in das Geschehen um uns her nicht ein, nehmen wir an den uns umgebenden Ereignissen nicht teil und bleiben wir gleichgültig, so ist es, als ließen wir zu, dass wir wie schmelzendes Eis vergehen." (Gülen 2005c, 59)

Gülen analysiert hier nicht die Dynamik von Verantwortung. Antworten bzw. reagieren wir jedoch nicht, könnte dies durchaus so interpretiert werden, dass wir die Verantwortung für eine Tat ablehnen bzw. leugnen und sie anderen zuweisen. In diesem Sinne ist Verantwortung – vergleichbar mit Tawneys (1930) Verständnis von Macht – sozial und wird, wenn wir sie nicht in Anspruch nehmen, auf die eine oder andere Weise von anderen übernommen. Hier finden sich unüberhörbare Anklänge an vom Holocaust geprägte Denker, auf die wir im Folgenden noch eingehen werden. Betrachtet man Verantwortung in einem derartigen sozialen Kontext, verlagert dies den Begriff weg vom traditionellen aristotelischen Rahmen und den ihm letztlich zugrunde liegenden, weithin individualistisch geprägten Thesen. In einem solchen Licht betrachtet, ist Verantwortlichkeit in der Handlungsautonomie der Einzelperson fokussiert und berücksichtigt nicht, dass diese anderer Menschen – Gülen würde sagen: letztlich Gottes – bedarf, um echte Freiheit und Autonomie zu gewinnen. Dies wiederum erfordert die Entwicklung verwandter Tugenden und Fähigkeiten, die im Bewusstsein für den Mitmenschen und der Befähigung, auf ihn einzugehen, wurzeln. Wohl nimmt Gülen die Tugenden sehr stark in den Blick, greift dabei aber über das aristotelische Tugendkonzept hinaus aus.

Folgt man dieser Argumentation, ergibt sich ein Verständnis von Verantwortlichkeit, das Verantwortung als im Wesen sozial und damit universal anerkennt (Carroll 2007). Die Verantwortlichkeit für Menschen oder Projekte ist häufig an bestimmte Rollen geknüpft, die der Verantwortung sowohl eine spezifische wie auch eine generelle Dimension verleihen. Bauingenieuren kann man so beispielsweise die Ver-

antwortung für die zukünftigen Generationen zuschreiben, die die von ihnen erbauten Brücken passieren oder mit den Auswirkungen ihrer Kernkraftwerke konfrontiert sind. Diese ethisch-moralische Verantwortlichkeit mögen sie durchaus mit anderen – nicht zuletzt mit Wirtschaftsunternehmen und dem Staat – teilen. Im Mittelpunkt steht bei Gülen das Bewusstsein universaler Verantwortung für alles.
Im Bezug auf wichtige türkische Persönlichkeiten schreibt er:

„Ihre Verantwortung ist derart, dass, welche Einsicht ein Einzelner auch gewinnt oder welche bewusste Willensentscheidung er trifft, alles in dieser Verantwortung inbegriffen ist: Verantwortung für Geschehnisse, Natur und Gesellschaft, Vergangenheit und Zukunft, Tote und Lebende, Junge und Alte, Gebildete und Analphabeten, Verwaltung und Sicherheit ... Alle und alles. Und selbstverständlich empfinden sie den Schmerz dieser vielschichtigen Verantwortung in ihrem Herzen – sie empfinden die unzähligen Aufgaben, von denen jede ohne Unterlass Aufmerksamkeit einfordert, wie unerträgliches Herzklopfen und Verzweiflung der Seele. [...] Der Schmerz und die Not, die das Bewusstsein für die eigene Verwantwortung gebiert, sind, so sie andauern, ein Gebet, ein Flehen, das nicht ungehört bleibt, und zugleich kraftvoller Ursprung weiterer Handlungsmöglichkeiten." (Gülen 2005c, 94–95)

Diese gewichtige Aussage hat mehrere bedeutsame Aspekte. Erstens zeigt sich, dass Gülens Theologie in weiten Teilen mit dem westlichen Begriff der praktischen Theologie beschrieben werden könnte. Er stützt seine Argumentation auf eine Reflexion über die konkrete Praxis bestimmter Personen und nicht auf die Anwendung verallgemeinerter Konzepte. Zweitens findet sich hier ein erster Ansatz zur Zusammenführung von Verantwortung und Bewusstsein – ohne dass er mögliche Implikationen weiter ausführt. Auch in den neutestamentlichen Evangelien steht diese Blickrichtung im Mittelpunkt (Robinson 2007). Die Verantwortung für den Bettler am Tor steht im Zusammenhang mit dem Bewusstsein, dass dort ein Bettler ist – was nahelegt, dass das Sich-des-Anderen-bewusst-Sein immer eine ethische und nicht allein epistemologische Grundlage hat. Hieraus ergibt sich, dass „bewusst" nicht „wertfrei" bedeutet. Wir haben uns entschieden, bewusst zu sein, und uns *für* die Dinge entschieden, derer wir uns bewusst sein wollen. Diese Entscheidung ist eine Wertentscheidung. Für Gülen wurzelt dieser Wert in der Beziehung zu Gott. Drittens ist dieses Verantwortungsbewusstsein universal, gilt allen Dingen und allen Menschen in Vergangenheit, Gegenwart und Zukunft. Es ist keine globale Verantwortung im Sinne eines Jonas. Jonas (1979/1981) spricht aus der Position eines Philosophen mit jüdischem Hintergrund, der eine nicht so sehr theologische wie ontologische Rechtfertigung für eine Verantwortung liefern will, die dem ganzen globalen Umfeld gilt. Trotzdem bildet, wie Vogel (2006, 215) feststellt, Jonas' ontologische Begründung ein Analogon zur jüdischen Schöpfungstheologie. Er verweist zunächst darauf, dass die lebendige Natur an sich gut ist, belegt durch die Fähigkeit der Materie, sich zu Leben zu organisieren (analog: Gott bescheinigt seiner Schöpfung, sie sei gut). Des Weiteren argumentiert er, die Erschaffung der Menschheit sei ein Ereignis höchster Bedeutung, da sie eine reflexive haushalterische Verantwortung für die Natur herstelle (analog: der als Ebenbild Gottes geschaffene Mensch). Drittens stellt er fest, dass die Notwendigkeit, verantwortlich zu handeln, ihre Antwort findet in der Fähigkeit der Menschheit, sich für das Ganze verantwortlich zu fühlen (analog: Gott schreibt dem Menschen das Bewusstsein für das Gute ins Herz). Hier ist Verantwortung also begründet in einer Identifizierung mit der Umwelt und dem geschärften Bewusstsein für die Rolle des Menschen im Bezug auf sie. Gülens Gedanke von der universalen Verantwortung gründet seinerseits eher im Schöpfer als im Geschöpf, in der Identifikation mit der Schöpferrolle Gottes und in der Reaktion als Mitschöpfer. Jonas neigt dazu, die Verantwortlichkeit in Verbindung mit der Verantwortung für die Folgen bzw. potenziellen Folgen menschlichen Handelns zu betrachten. Gülen wiederum geht es primär um die Verantwortlichkeit *für* Gottes Schöpfungsprojekt. Obwohl sie die Welt von unterschiedlichen Warten her betrachten und unterschiedlich argumentieren, artikulieren dennoch beide Autoren die Notwendigkeit, für die ganze Schöpfung Verantwortung zu übernehmen. Viertens klingt in Gülens Worten ein eher mystischer Ansatz zur Verantwortung an, wie wir ihn aus Dostojewskis „Die Brüder Karamasow" kennen. Markéll wird sich der Tatsache bewusst, dass er mit allem verbunden ist, und sagt: „... in Wahrheit ist ein jeder vor allen und für alles schuldig ..." (Dostojewski 1996, 471). Später formuliert der Staretz Sossima eine ähnliche Haltung, wobei er allerdings den Verantwortungsbegriff verlagert von der Verantwortlichkeit für verursachte Folgen zur Verantwortlichkeit für die Sünden der Menschheit:

> „... wenn du dich nur aufrichtig für alles und für alle verantwortlich machst, so wirst du auch sogleich einsehen, dass es sich tatsächlich so verhält und dass gerade du für alle und alles schuldig bist." (Ebd., 524)

Für Gülen würden sich aus dieser Sicht erhebliche Probleme ergeben, nicht zuletzt, weil sie unsere Handlungsautonomie hinterfragt. Tragen wir die *Schuld* für alle, dann lässt sich eine persönliche moralische Verantwortung kaum noch ernst nehmen. Einen anderen Zugang zu einem derartigen Verständnis von Verantwortlichkeit bietet Arendt. Sie definiert die Idee der Menschheit demgemäß, „dass wir in dieser oder jener Weise die Verantwortung für alle von Menschen begangenen Verbrechen, dass die Völker für alle von Völkern begangenen Untaten die Verantwortung werden auf sich nehmen müssen" (2000, 37). Damit meint sie nicht unbedingt eine enggefasste moralische Verantwortlichkeit für die Sünden anderer, sondern eher das Empfinden, dass die Menschheit die Verantwortung dafür übernehmen muss, aus diesen Sünden zu lernen. Ein weiterer vom Holocaust geprägter

Autor, Bauman, destilliert weiter: Menschen hätten die Neigung, die Verantwortung zu scheuen. Man könnte dieses Konzept als (zugegebenermaßen so nicht intendiertes) säkulares Analogon zur Erbsünde betrachten. In diesem Sinne wird Sünde als Meidung oder Leugnung von Verantwortung betrachtet. Bauman (2002) verweist auf die Forschungen von Milgram (1974, vgl. auch Zimbardo 2008), die ergaben, dass eine Mehrheit der Versuchsteilnehmer sich gegen die Übernahme persönlicher Verantwortung entschied und sie stattdessen Vertretern von Institutionen übertrug, ohne Werte oder Praxis zu hinterfragen. Dies legt nahe, dass die persönliche aufs Engste mit der universalen Verantwortung verknüpft ist, womit Verantwortung über die Codes der eng definierten ethnischen Gruppe hinausgreift. Bauman stellt fest, dass eine der Kernfragen, die der Holocaust aufwerfe, sich auf die Art und Weise richte, wie das Dritte Reich die „arische Rasse" genauestens eingrenzte und damit jegliche Verantwortung für alle und alles außerhalb dieser Grenzziehung von sich wies. Er fügt hinzu, ein starkes Empfinden vielschichtiger Rechenschaftspflicht biete einen Schutzmechanismus gegen eine derartige Eindimensionalität.

Diese Betrachtung von Verantwortung, wie sie auch Gülen und die Völker des Buches teilen, hat einen unbegrenzten Horizont. Genau aus diesem Grund ermahnt Jesus seine Jünger, die Vergebung nicht entsprechend dem Gesetz auf siebenmal noch auf siebenundsiebzigmal zu begrenzen (Matthäus 18,22). Der Sinn dieser Aussage liegt darin, dass wir, auch wenn wir an die Grenzen des Gesetzes stoßen und siebenmal vergeben haben, immer noch und weiter für die betreffende Person Verantwortung tragen. Bei Gülen scheint die Betonung eher auf der grenzenlosen Verantwortung vor Gott als auf der grenzenlosen Verantwortung für den Mitmenschen zu liegen. Verantwortung für andere gehört selbstverständlich dazu, wird aber durch die Notwendigkeit gemildert, Verantwortung für die eigene Antwort auf Gottes Anruf zu übernehmen.

Fünftens ist Gülen mit verschiedenen Autoren der jüdisch-christlichen Tradition und mit Bauman ein starkes Bewusstsein für das Leiden gemein, das mit dem Wissen um die universale Verantwortung einhergeht. Bauman (2002) meint, das moralisch bewusste Ich sei ständig von dem Verdacht geplagt, es sei nicht moralisch genug. Keine Antwort kann dem Anruf des Mitmenschen vollständig gerecht werden, so dass der Mensch nie zufrieden sein kann. (Vicini 2007, 438)

Bauman sieht dies, wie Levinas (1995), aufgrund der Unermessbarkeit des Gegenübers in gewissem Sinne als unvermeidlich an. So ist der verantwortlich handelnde Mensch permanent gefordert, in der und durch die Beziehung die richtige Antwort zu finden. In der Sicht Gülens ist primär Gott das Gegenüber. Dazu gehört in gewissem Sinne auch der Impuls, immer nach dem nächsten Projekt Ausschau zu halten. Wie Carroll feststellt (2007, 98), klingen hier jedoch auch mystische und auf Beziehung orientierte Gedanken Rumis an, die Leiden als Bedingung dafür betrachten, eine Person zu lieben und also für diese Person auch Verantwortung zu übernehmen:

„Es ist ein Sehnen, ein Leiden, ein aufgeregt klopfendes Herz und ein erzitternder Sinn, die nie aufhören, solange man ,verliebt' ist." (Ebd., 98)

Gülens Denken weist einen ausgeprägt existenziellen Aspekt auf (Carroll 2007), der eine Brücke schlägt zu Autoren wie Bauman.

Dessen ungeachtet ist Gülens Haltung zur universalen Verantwortung nicht retrospektiv und blickt rückwärts auf die moralische Verantwortung für alles; vielmehr ist sie prospektiv, proaktiv – übernimmt also Verantwortung für die gegenwärtige Situation – und sozial – akzeptiert, dass alle Anteil haben an der universalen Verantwortung, die folglich in einem sozialen Kontext erschlossen und ausgehandelt werden muss.

Simon Robinson

Verantwortung von Unternehmen

Gülens breit gefasster Ansatz zur Verantwortung lässt sich relativ leicht auf konkrete Kontexte anwenden, nicht zuletzt auch auf den Bereich Wirtschaft und Beruf. Man könnte gar sagen, im Rahmen dieses Ansatzes ist die kontextuelle Verantwortung eine zwingende Notwendigkeit. Beim Thema Unternehmensverantwortung neigen Autoren entweder dem liberalen Ansatz Friedmans (1983) oder Sternbergs (2000) zu oder vertreten eher interaktiv orientierte Positionen im Sinne der Stakeholderanalyse (Robinson 2008). Gülens Perspektive unterscheidet sich sehr klar von der Friedmans und Sternbergs. Letztere betrachten Verantwortung lediglich im Rahmen der Rechenschaftspflicht. Diese wiederum wird unmittelbar gekoppelt an die Beziehung zwischen Geschäftsführung und Eigentümern. Der Zweck ökonomischen Handelns wird dementsprechend eng definiert als Steigerung der Gewinne des Eigentümers innerhalb eines rechtlichen Rahmens. Gülen stellt seinerseits mit seinem Ansatz zur Verantwortung diese Perspektive grundlegend in Frage. Zunächst übersteigt das Konzept der Verantwortung vor Gott jede enggefasste Definition oder Zuweisung von Verantwortung. Verantwortung transzendiert ja gerade Einzelinteressen. Zweitens versucht der Friedmansche Ansatz, die Definition von Verantwortung ausschließlich auf die Rechenschaftspflicht zu beschränken und ist sich als Konsequenz der Handlungsautonomie oder Freiheit des Managers kaum bewusst. Drittens haben demnach Friedman und Sternberg kein Bewusstsein für die Verantwortlichkeit ökonomischen Handelns. Für Gülen geht die Verantwortlichkeit für die Schöpfung Hand in Hand mit der Rechenschaft vor Gott. Folglich gehören für Gülen zur unternehmerischen Verantwortung wohl bisweilen Aspekte wohltätigen Handelns, aber eigentlich geht es um eine kreative Entfaltung von Verantwortung in Partnerschaft mit anderen.

Am Stakeholder orientierte theoretische Ansätze zur Unternehmensverantwortung stützen sich auf eine eher interaktive, interdependente Sicht des gesellschaftlichen und materiellen Umfelds (Heath und Norman 2004), wodurch sich Überlappungen mit Gülens Standpunkt ergeben. Gülen legt allerdings größeren Wert auf die Grundlagen von Werten und Spiritualität, also auf menschliches Handeln im Sinne einer Antwort. So geht es bei Verantwortung nicht darum, einfach auf die Bedürfnisse meines Mitmenschen einzugehen, vielmehr begegne ich ihm als verantwortlichem Gegenüber und ermögliche ihm so eine Beteiligung an der Verantwortung. Gülens Ansatz zur Verantwortung hinterfragt also jede vereinfachende Stakeholder-Theorie, die nur auf Interessen oder Bedürfnisse abgestellt ist.

Gülens Haltung zu wirtschaftlichen Aktivitäten kann auch als Sakralisierung von Ökonomie und Naturwissenschaft verstanden werden. Im wissenschaftlichen Bereich entsteht so das Bild vom Technologen als mithilfe der natürlichen Ressourcen schöpferisch Tätigem. (Gülen 1995, 17) Hieraus ergeben sich gewichtige Fragen dazu, wie Verantwortung im Sinne der Verantwortlichkeit verstanden wird, wenn es um die Nutzung der Naturschätze geht. Dies ergänzt sich gut mit Erwägungen über Verantwortung und Identität im beruflichen Umfeld allgemein und im Ingenieurswesen im Besonderen (Robinson, Dixon, Moodley and Preece 2007). Die Verantwortung des Ingenieurs wird, auf der Grundlage seiner Identität als im Bereich Technologie schöpferisch Tätigem, in Bezug gesetzt zu seinem Berufsstand, den wichtigsten Stakeholders, der Umwelt und künftigen Generationen.

Im Blick auf das Wirtschaftssystem findet sich bei Gülen eine Akzeptanz für den Rahmen des freien Marktes. Ähnliches schreibt Michael Novak im Blick auf das katholische Arbeitsethos. Novak bewertet die Vermögensbildung per se als akzeptabel und den Markt als positive Kraft zum Guten, ja sogar zur Schaffung von Gemeinschaft (1990). Novak betrachtet dies nicht als ungehemmten Kapitalismus, er spricht sich für die Entwicklung einer anderen Freiheit als Grundlage eines solchen Kapitalismus aus, mit gemeinsamen ethisch-

moralischen Werten als Handlungsrahmen (1990). Aus Gülens Sicht besteht ebenfalls ein ethisch-moralischer Rahmen,
der Aktivitäten zur Vermögensbildung in einem weiteren sozialen Kontext betrachten muss. Auch einfachste Transaktio-
nen müssen Gottes Gesetz unterworfen sein.

Handeln Muslime so, unterwerfen sie sich in dieser konkreten Angelegenheit dem Gebot Gottes und überwinden so
ihre eigenen weltlichen Prioritäten. So sind muslimische
Kaufleute beispielsweise verpflichtet, ihre Kunden über jegliche Fehler an der Ware zu informieren. Dies mag zur Folge
haben, dass weniger oder kein Gewinn erwirtschaftet wird,
aber sie haben die Genugtuung, dass sie Gott gehorchen und
nicht ihren eigenen Wünschen dienen. (Gülen 2000, 29)

Aktuelle Ansätze zum Thema Unternehmensverantwortung messen zumeist der Verantwortung für die internen Beziehungen innerhalb der Firma ebenso viel Bedeutung bei wie
den Beziehungen nach außen (Robinson 2008). Zwei Elemente sind hier zu beachten. Erstens geht es um die Entwicklung einer Gemeinschaft, die die Menschenrechte und das
Wohl der Arbeitnehmenden achtet und auch der demokratischen Stimme der Belegschaft gewisse Aufmerksamkeit
schenkt. Beim zweiten Element geht es darum, die Mitarbeitenden zur Wahrnehmung ihrer persönlichen Verantwortung
zu ermutigen. Denken wir hier zum einen an die ganz praktischen Vorteile, die es hat, wenn Arbeitnehmer sich mit ihren
Erkenntnissen und Anliegen in die Unternehmenspraxis einbringen, einschließlich auch des Aufdeckens von Missbräu-
chen. Hierzu muss das Unternehmen als Ganzes zu Reflexion
und Selbstkritik befähigt werden, wobei die einzelnen Mitarbeitenden in diese Reflexionskultur einzubeziehen sind.
Andererseits stellt Bauman fest, dass die Strukturen einer Organisation selbst wesentlichen Einfluss darauf haben, ob die
einzelnen Mitarbeitenden ihre persönliche Verantwortung
ernst nehmen. Er betont die Gefahren, die aus einer Verwei-
gerung von Verantwortung erwachsen, und zeigt auf, dass in
diesem Zusammenhang Strukturen und Prozesse den Be-

schäftigten die Wahrnehmung von Verantwortung ermöglichen und diese an die Unternehmensverantwortung koppeln müssen. Demgemäß ist es erforderlich darauf zu achten, ob Strukturen bestehen, die die funktionale Verantwortung aufsplittern, da dies eine Auflösung der persönlichen Verantwortung zur Folge haben kann (Bauman 2002, vgl. auch Robinson 1992 sowie Megone und Robinson 2002).

Gülen schenkt dieser Dimension der Arbeitsorganisation nur geringe Beachtung. Hierfür gibt es zwei miteinander verbundene Gründe. Erstens bleibt bei ihm auch im unternehmerischen Kontext Verantwortung primär auf Gott bezogen und richtet sich weniger auf Organisationspsychologie und -entwicklung. Zweitens bewegt er sich in einem Kontext, der hauptsächlich von kleinen und mittleren Unternehmen geprägt ist. Dort ist das Risiko geringer, dass durch Arbeitsteilung ein etwaiges Bewusstsein für gemeinsam getragene Verantwortung beschädigt wird.

Allerdings ist auch in kleineren Firmen von Bedeutung, dass nach Gülens Ansatz Menschen zur zunehmenden Übernahme von Verantwortung befähigt werden sollen, was nahelegt, dass Wirtschaftsunternehmen die Aufgabe haben, in diesem Bereich bei ihren Mitarbeitenden Bewusstseinsbildung zu betreiben.

Die Sorge um das Wohl der Arbeitnehmer ist durchaus kein Bereich, dem Gülen keine Aufmerksamkeit schenkt. Ihm ist wichtig, dass der Muslim ein aktiver Bürger ist. Jeder Bürger wiederum muss die Menschenrechte achten, die im jeweiligen soziopolitischen Kontext gelten, einschließlich der Regelungen zum Wohl der Arbeitnehmenden.

Verantwortung in der Praxis

Im Zentrum praktischer Verantwortung stehen nach Gülen drei Elemente: Charakter, Zusammenarbeit und Kreativität. Gülen sieht den Sitz der Kraft und damit auch der Hand-

lungsautonomie im Charakter wie auch – in den Worten von
R. H. Tawney (1930) – „in der Seele". Die Seele verfügt nach
Gülen über drei Neigungen: „Vernunft, Zorn und Begierde"
(Mohamed 2007, 556). Der Umgang mit ihnen erfordert die
vier Kardinaltugenden Tapferkeit, Weisheit, Mäßigung und
Gerechtigkeit. Sie zügeln Begierde und Zorn und ermöglichen ein gewisses Maß an rationaler Selbstbeherrschung, die
die Emotionen nicht ausschaltet, sondern zügelt. Ethisch-moralische Charakterbildung steht so im Zentrum von Gülens
Ansatz zu Handlungsautonomie und Verantwortung. Sie ermöglicht die Verwirklichung persönlicher Verantwortung
und auf dieser Grundlage auch jegliche Annäherung an soziale oder gesellschaftliche Verantwortung (Toguslu 2007,
450). Verantwortung gründet prinzipiell in universalen Werten wie „Frömmigkeit, Schlichtheit, Vertrauen, Loyalität,
Treue, Demut, Bescheidenheit und Solidarität" (ebd. 455).
Hieraus leitet sich eine Bildung ab, die in der Charakterent-
wicklung gründet und eine Haltung vermittelt, die kontinuierliche Selbstkritik übt und auf die Erneuerung der eigenen
Person ausgerichtet ist. „Nur durch Selbstkritik vermag [der
Mensch] frühere Fehler wieder gut zu machen und Absolu-
tion durch Gott zu erlangen. Nur Selbstkritik erlaubt ihm,
seine innere Welt zu erneuern" (Gülen 2005b, 24). Von dieser
Warte aus betrachtet Gülen den Bereich Bildung insgesamt.
Es geht ihm darum, die Entwicklung von Verantwortung für
das eigene Denken, die zugrundeliegenden Werte und ihre
Verwirklichung in der Praxis zu ermöglichen.

Die Freiheit und das Bewusstsein für die eigene Handlungsautonomie, die im Zentrum dieser Überlegungen stehen,
bilden einen starken Kontrast zum liberalen Ansatz der negativen Freiheit (Berlin 1969), der Freiheit, zu tun was man will,
also der Freiheit von jeglichem Zwang. Gülen interessiert sich
offensichtlich auch nicht allzu sehr für die positive Freiheit,
die, so Berlin, sich in dem Bemühen verwirklicht, Chancen-
gleichheit herzustellen. Gülen steht hier Autoren wie Novak,
mit dessen Schwerpunktsetzung bei ethisch-moralisch be-

stimmter Freiheit (1990), wesentlich näher. Novaks Gedanke von der moralischen Freiheit stützt sich auf Thomas von Aquin, wobei die Selbstbeherrschung und die Ordnung der Leidenschaften betont werden. Es geht um die Einzelperson, die durch eine von Reflexion und Abwägung geprägte Entscheidungsfindung Handlungsautonomie entwickelt. Eine solche Handlungsautonomie entsteht gerade durch die Entwicklung der Tugenden, die dem beschriebenen Verhalten zugrunde liegen (1990, 16). Novak geht es primär darum, dass die Einzelperson Verantwortung für ihre Entscheidungen übernimmt. Die so verstandene Freiheit bildet die „Wurzel menschlicher Autonomie, Verantwortung und Würde" (ebd., 18), die gemeinsam den Menschen in die Lage versetzen, als Ebenbild Gottes zu handeln. Ebenso wie bei Gülen führt auch bei Novak die Wahrnehmung persönlicher Verantwortung zur weiter gefassten sozialen Verantwortung. Wird diese ihrerseits wahrgenommen, hat das eine bessere Verteilung der Ressourcen und verstärkte Zusammenarbeit bei der Verwirklichung sozialer Ziele zur Folge.

Der Vollzug einer solchen Charakterbildung erfordert – vergleichbar mit Aristoteles – eine entsprechende Praxis in Gemeinschaft, also die konkrete Entfaltung von Verantwortung in der Praxis. Unter anderem geht es hier darum, dass die Gemeinschaft islamischer Entscheidungsträger in der Wirtschaft Wege erschließt, wie sie in unterschiedlichen Bereichen ihren Beitrag leisten kann. Ein gutes Beispiel ist die Art und Weise, wie Wirtschaft und Bildung bei der Entwicklung der Gülen-Schulen zusammenarbeiten (Mohamed 2007). Hier werden mehrere Aspekte deutlich. Erstens ist Zusammenarbeit erforderlich, damit Verantwortung praktiziert werden kann. Kleine und mittlere Unternehmen können die Verwirklichung praktischer Verantwortung vorantreiben, wenn sie *gemeinsam* eine verantwortliche Praxis fördern. Zweitens gehört zur Zusammenarbeit, dass man die Verteilung von Verantwortung aushandelt. Dabei werden im Bewusstsein gemeinsam getragener Verantwortung Ressourcen und Grenzen wahrgenommen und die Reflexion darüber initiiert, wie im gegebenen Kontext das Gemeinwohl verwirklicht werden kann. Dies ist von besonderer Bedeutung für kleine und mittlere Unternehmen, denen im Vergleich zu großen Konzernen nur begrenzte Ressourcen zur Verfügung stehen. Gemeinsam können sie den wirkungsvollsten Beitrag für die Allgemeinheit leisten. Drittens entsteht dort, wo die Wirtschaft Bildung fördert, eine besondere Dynamik. In gewissem Sinne geht es dabei um Investitionen in die Zukunft von Verantwortung. Wo Entscheidungsträger der Wirtschaft Mittel für Bildungseinrichtungen zur Verfügung stellen, die ja einen spezifischen Schwerpunkt bei der Charakterformung setzen, wird der Schwerpunkt auf diesem *telos* gezielt konkretisiert. Viertens führt eine solche Aushandlung von Verantwortungsbereichen zwangsläufig weit über eine enge Sicht des Religiösen hinaus. Entsteht beispielsweise in einem Konfliktgebiet eine Schule (Uygur 2007), verlagert sich die Aufmerksamkeit weg von der Evangelisierung hin zur bedarfsorientierten Hilfeleistung, wodurch wiederum andere Stakeholder sich schöpferisch in die Friedensarbeit einbeziehen lassen. Fünftens wird so die Wirtschaft in eine Partnerschaft mit der Bevölkerung und der Politik einbezogen, wodurch das Konzept der bürgerschaftlichen Rolle von Unternehmen gestärkt wird. Der Gedanke bürgerschaftlichen Engagements greift in diesem Sinne über eine rein individualistische Sicht hinaus und nimmt die gegenseitige Verantwortung in den Blick, die wesentlich sozialer Art ist. Gülen betont hier, dass die Zivilgesellschaft und die Verantwortung des muslimischen Bürgers, einen Beitrag zu ihr zu leisten, sich nicht einfach auf die muslimische Gemeinschaft richten sollten. Wiederum sind mehrere Aspekte herauszustreichen:

Gülen vertritt eine Definition von Gemeinwohl, an der alle vollen Anteil haben können (Vicini 2007).

Vom Gemeinwohlgedanken zu den Menschenrechten ist es nur ein kleiner Schritt. Keles (2007) zeigt auf, wie Gülen aus dem Koran eine Grundlage für die Menschenrechte herleitet.

Verstärkt wird diese Argumentation durch Gülens Konzept von Bildung, wonach diese die Aufgabe hat, universale Werte und Tugenden zu fördern. Entsprechend ist Bildung ein entscheidendes Instrument für die Heranbildung mündiger Bürger. Bildung braucht solide naturwissenschaftliche Grundlagen, muss Sprachkenntnisse vermitteln und hohe Qualität anstreben, wenn sie Menschen hervorbringen soll, die in Wirtschaft und Gesellschaft Leitungsverantwortung übernehmen können. Der Islam kann auf diesem Wege den ihm zustehenden Platz in der Postmoderne einnehmen und so als Schlüssel zur gesellschaftlichen Entwicklung dienen (Ünal und Williams 2000, 308).

Vicini (2007, 441) verweist darauf, dass Gülen, in der Betonung praktischen Handelns, also der öffentlichen Dimension der Offenheit für Andere auf islamischer Seite, Muslime auch in ihrer staatsbürgerlichen Rolle in den Blick nimmt. Er zeigt auf, dass sie in der Lage sind, gemeinsam Verantwortung für die Praxis wie auch die ihr zugrundeliegende Weltanschauung zu übernehmen und die entsprechenden Themen offen zu diskutieren. Erneut werden hier universale Werte sowie die gemeinsame Übernahme von Verantwortung für die Gesellschaft betont. Gülen kann so bei *dar al-hizmet* einen Schwerpunkt setzen und den muslimischen Bürger als Beteiligten an einem kreativen Dialog über die Gesellschaft sehen (Yilmaz 2002). Das muslimische Verantwortungsgefühl für die Gesellschaft erstreckt sich auch auf die Sorge um den Frieden, ja die Demokratie selbst (Keles 2007, 701). In anderen Worten sollte der muslimische Bürger nicht einfach das Rechtssystem akzeptieren, in dem er sich bewegt, sondern sich aktiv für die Demokratie als Ideal bürgerschaftlicher Gesellschaft engagieren.

Sechstens wird so der zentrale Schwerpunkt jeglicher Förderung von praktischer Verantwortung beim Dialog gesetzt, einem Thema, dem Gülen große Bedeutung beimisst. Die dargelegte Analyse von Verantwortung vermittelt einen deutlichen Eindruck davon, wie in einem solchen Dialog selbst Verantwortung gefördert wird. Der Dialog mit mei-

nem Gegenüber befähigt mich dazu, meine Handlungsautonomie zu entfalten. Er erfordert es, Werte und Praxis
zu artikulieren, wodurch Denken und Handeln Klärung erfahren. Die Artikulation, die Entwicklung eines Diskurses,
gewinnt für Reflexion und Lernprozesse wesentliche Bedeutung. Der Einzelperson oder dem Unternehmen ermöglicht
sie einen Einblick, wie genau Werte und Praxis in Beziehung
stehen, und eröffnet so Lernmöglichkeiten.

Der Dialog erfordert zudem die Entfaltung des Bekenntnisses zur eigenen Haltung und zum Gegenüber. Es ist nicht
möglich, einen Dialog zu führen, ohne Zeit und Raum für
dessen Entwicklung einzuräumen, was wiederum eine nicht
wertende Haltung voraussetzt. Ein solches Bekenntnis zu
sich selbst und zum Gegenüber ist unerlässlich, soll aus der
Artikulation und Reflexion eine kritische Beurteilung von
Werten und Praxis erwachsen können. Wird Dialog praktiziert, üben die Beteiligten auch das Zuhören und damit Ein-
fühlung, Wertschätzung sowie das Eingehen auf andere Positionen ein. Nur wenn wir für beide Seiten offen sind, lernen
wir unser Gegenüber wie auch uns selbst kennen. Auch eine
zunehmend realistischere, wahrheitsgetreuere Bewertung der
Fakten einer gegebenen Situation wird durch den Dialog
möglich. Gute Beispiele hierfür finden sich häufig, wo Wirtschaft und Nichtregierungsorganisationen, ohne den nötigen
Austausch, aus den gleichen Daten gänzlich unterschiedliche
Schlüsse ziehen. Bei einem Fall wie dem der Brent Spar führte
dies zu Kontroversen und mangelhafter Entscheidungsfindung, was durch einen wirkungsvolleren Dialog hätte vermieden werden können (Entine 2002).

Der Dialog selbst schafft außerdem einen kontinuierlichen Rechenschaftsprozess zwischen den Beteiligten. Zum
einen stützt er sich nämlich auf einen – formellen oder informellen – Vertrag, der Erwartungen festlegt, die im Dialog
kontinuierlich überprüft werden. So wird die Entfaltung einer gemeinsamen Verantwortlichkeit ermöglicht, die also
über das schlichte Erkennen gemeinsamer Interessen hinaus-

geht. Als nächster Schritt folgt die Aushandlung von Verantwortungsbereichen. Hieraus erwächst neue Kreativität. Es wird deutlich, welche Potenziale insbesondere in Bereichen mit gemeinsamer Verantwortung bestehen, was die Reaktionsmöglichkeiten erweitert. Damit wiederum kann Hoffnung wachsen (Robinson 2007) und können echte Partnerschaften entstehen, in denen alle Beteiligten persönlich und als Gruppe verantwortlich mitwirken.

Zusammenfassung

Es gibt verschiedene Kritikpunkte an Gülens Perspektiven zur Verantwortung, nicht zuletzt hinsichtlich des Bezugs, den Gülen zu Freiheit und Autonomie herstellt. Hier geht es sowohl um die persönliche Ebene als auch um den Zusammenhang mit Disziplinen wie der Naturwissenschaft. So bleibt etwa unklar, wie die Naturwissenschaft Fragen zum Schöpfungsplan ohne größere Probleme klären könnte. Letztlich sind solche Urteile wertebasiert und nicht naturwissenschaftlicher Art.

Nichtsdestoweniger ist klar, dass im Zusammenhang mit dem Thema Verantwortung Gülens Perspektiven und die Praxis seiner Bewegung enorme Beiträge leisten können zur europäischen Debatte über das Wesen der unternehmerischen Verantwortung. In der angewandten Ethik ist das Konzept Verantwortung von großer Bedeutung. Manche Stimmen betrachten es als substanzielles, grundlegendes Prinzip (Tanner 1993). Andere, etwa Finch und Mason (1993), meinen, das Aushandeln von Verantwortungsbereichen stehe im Zentrum ethisch-moralischer Entscheidungsfindung. Ihre Untersuchungen über Familien mit nur einem Elternteil führen sie zu der Schlussfolgerung, dass solche Verhandlungen ein gängigerer Ansatz zur ethisch-moralischen Entscheidungsfindung sind als beispielsweise die Bezugnahme auf Prinzipien. Besonders wichtig scheint hier ihre Aussage, dass sich in der Tatsache, dass Verhandlungen geführt werden, an und für sich schon ein gemeinsames Bewusstsein für ethische Sinnhaftigkeit und Identität entfaltet. Wieder andere, so Schweiker (1995), vertreten die Haltung, dass das Verantwortungskonzept nicht genügend Substanz bietet, um als eigenständiges Prinzip gelten zu können. Verantwortung beruht immer auf dem Zweck, an dem sie ausgerichtet ist; für Schweiker besteht dieser in der Erhaltung der Integrität des Lebens und in der Antwort auf den Anruf Gottes. Verantwortung hat nach Schweiker trotzdem ihre Bedeutung im Blick auf die Verwirklichung individueller Freiheit und angesichts der zunehmenden Macht, über die die Menschheit verfügt. Gülen teilt Schweikers Haltung, denken wir etwa daran, wie er die vorrangige Rechenschaftspflicht gegenüber Gott betont. Entsprechend geht es nicht um die Frage, wie die Macht der Menschheit zu kontrollieren ist, inwiefern man für die Folgen seines Handelns per se verantwortlich ist, sondern vielmehr, wie alle Macht in der Antwort auf Gottes Beauftragung als Stellvertreter eingesetzt werden kann. Auf diese Grundlage stützt sich Gülens inhaltsreiches Verantwortungskonzept mit den folgenden Aspekten:

Universale Verantwortung: Hier nähert sich Gülen am stärksten an das Konzept der Verantwortung als substanzielles Prinzip an, das mit der bedingungslosen Liebe – *agape* bzw. *hesed* – identifiziert werden kann. Diese gänzlich grenzenlose Liebe ist es, die Verantwortung als fortgesetztes Bewusstsein, fortgesetzte Aufmerksamkeit für Gott und die Mitmenschen sowie das kontinuierliche Eingehen auf das göttliche und menschliche Gegenüber hervorbringt, was nie durch das blanke Befolgen von Regeln verwirklicht werden kann. Das existenzielle Wesen dieser Verantwortung hat auch zur Folge, dass man sich nie sicher sein kann, richtig und ausreichend reagiert zu haben.

Verantwortung als Rechenschaft vor Gott und Verantwortlichkeit für Seine Schöpfung: als Stellvertreterin Gottes ist der Menschheit diese Verantwortung übertragen. Hierin begründet sich eine Ethik des fortdauernden Dienstes, der im Kontext der Beziehung zu Gott steht, aber echter Dienst am Mitmenschen ist.

Verantwortung als Handlungsautonomie, die rationale Reflexion und Selbstkritik erfordert: Die Schwerpunktsetzung bei der Entfaltung der Vernunft hat u. a. mit der Wahrnehmung der Stellvertreterschaft Gottes zu tun. Fehlt es am Verständnis beispielsweise für naturwissenschaftlich-rationales Denken, kann man keinen Einfluss auf Gottes Schöpfung nehmen. Die Kriterien für die Selbstkritik sind auch ethisch-moralischer Art, nicht zuletzt im Blick auf Tugenden wie etwa die Demut. Wiederum steht Gott, nicht der Mensch, im Mittelpunkt des Handelns. Verantwortung in diesem Zusammenhang bedeutet Antwort, also aktives Tun. In diesem Sinne ist Verantwortung an Identität gekoppelt, entsteht also in der Praxis, nicht zuletzt durch die Rolle des Einzelnen in Wirtschaft, Bildung oder als Staatsbürger. Im Kern geht es hier um einen kreativen, kritischen Dialog.

Diese drei Elemente von Verantwortung schaffen einen bemerkenswerten, dynamischen Brückenschlag. Ersteres trägt, gemeinsam mit Autoren wie Sacks (2005), zum Diskurs über Verantwortung im öffentlichen Leben bei, wobei höchste Maßstäbe angelegt werden. Eher begrenzte philosophische Ansätze wie die Friedmans und Sternbergs werden so hinterfragt und ein Bezug zu existenzialistischen Denkern hergestellt. Carroll (2007) stellt fest, dass zwischen Gülen und Sartre im Blick auf deren existenzielle Auffassung von Verantwortung erhebliche Übereinstimmungen bestehen. Gülen unterscheidet sich von Sartre sowohl in seinem weiter gefassten Verständnis auf der Grundlage der Beziehung zu Gott als auch in der Betonung der Rechenschaftspflicht gegenüber Gott. Die hier stattfindende ethisch-moralische Rahmensetzung ist bei Sartre nicht ersichtlich.

Die Verantwortung auf der Grundlage der Rechenschaftspflicht gegenüber Gott stellt uns vor eine zweite Herausforderung und schlägt eine weitere Brücke, nicht zuletzt im Bereich Wirtschaft und öffentliches Leben. So kann gleichzeitig mit allen Akteuren des öffentlichen Lebens ein praxisbezogener Dialog über die Verwirklichung von Verantwortung – ein Thema, das allen wichtig ist – geführt werden und man kann sich in diesem Rahmen austauschen über die der Praxis zugrundeliegenden Glaubens- und Wertesysteme, was ja gewöhnlich selbst in der angewandten Ethik auffallend vermieden wird (Robinson 2007). Somit wird Verantwortung jenseits einer allzu simplen existenzialistischen Reaktion auf die Ebene der Reflexion, des Dialogs und der gemeinsamen Planung gehoben. Gülen redet der Handlungsautonomie energisch das Wort und setzt entsprechende Schwerpunkte bei rationaler Argumentation und Dialog. In gewisser Hinsicht wird hier die wichtigste Brücke von allen geschlagen. Ein praxisorientierter Dialog schafft die gemeinsame Bereitschaft, so zu lernen und zu handeln, dass alle an der Verantwortung teilhaben. Das heißt, dass Anteil an der Macht gegeben wird, die weder in persönlichen Beziehungen noch auf politischer Ebene genutzt werden darf, um die eigene Stoßrichtung durchzusetzen. Hier kommt das Doppelprinzip von Respekt und Gerechtigkeit zum Tragen. Respekt erfordert Aufmerksamkeit für den Anderen, Wertschätzung und Toleranz. Er ist unerlässlich, wenn ein Dialog stattfinden soll, der ernsthaft die Andersartigkeit und Besonderheit des Gegenübers wahrnehmen will. Verantwortung ist an die eigene Identität geknüpft, was wiederum Respekt erfordert, nicht zuletzt weil jeder Lernprozess mit Emotionen einhergeht, die wiederum an diese Identität gekoppelt sind. Gerechtigkeit bekräftigt die Universalität menschlicher Werte und kann zur Folge haben, dass Tradition in Frage gestellt wird, wo sie egozentrisch Nabelschau betreibt. Beide Aspekte sollten sich in der Praxis der Verantwortung immer die Waage halten.

Dieser Ansatz bietet eine Perspektive zur unternehmerischen Verantwortung, die auf transnationale Konzerne anwendbar ist, aber insbesondere für kleine und mittlere Unternehmen in Europa gangbare Wege eröffnet (Robinson 2008).

Gülen schlägt mit seinem Ansatz nicht nur Brücken, er bietet auch ein Verantwortungskonzept auf der Grundlage der Mitschöpferschaft, das Beziehungen zu Stakeholdern nicht auf Bedürfnisse und Interessen reduziert, sondern in dem Bewusstsein einer gemeinsamen Verantwortung begründet und ein Verfahren anbietet, wie Verantwortung in diesem Sinne von allen Beteiligten in der Praxis entfaltet werden kann.

Literatur

Alexander, J., *Capabilities and Social Justice*, Ashgate, Aldershot 2008.

Arendt, H., „Organisierte Schuld", in: Dies., *In der Gegenwart. Übungen im politischen Denken II*, Piper, München 2000, S. 26–37.

Bauman, Z., *Dialektik der Ordnung. Die Moderne und der Holocaust*, EVA Taschenbuch, 2002.

Berlin, I. „Two Concepts of Liberty", in: Quinton, A. (Hrsg.), *Political Philosophy*, Penguin, London 1969, S. 141–153.

Bonhoeffer, D., *Ethik*, 11. Aufl., Chr. Kaiser Verlag, München 1985.

Brown, M.,*Corporate Integrity*. Cambridge University Press, Cambridge 2005.

Carroll, B., *A Dialogue of Civilizations*, The Gülen Institute, Istanbul 2007.

Dostojewski, F. M., *Die Brüder Karamasow*, 27. Aufl., Piper, München/Zürich 1996.

Entine, J., „Shell, Greenpeace and Brent Spar. The politics of dialogue", in: Megone, C. and Robinson, S. (Hrsg.), *Case Histories in Business Ethics*, Routledge, London 2002, S. 59–95.

Friedman, M., „The social responsibility of business is to increase its profits", in: Donaldson, T. and Werhane, P. (Hrsg.), *Ethical Issues in Business*, Prentice Hall, New York 1983, S. 239–243.

Finch, J. and Mason, J., *Negotiating Family Responsibilities*, Routledge, London 1993.

Gülen, F., *Prophet Muhammad. Aspects of His Life*, Bd. 1, The Fountain, Fairfax 1995.

Gülen, F., *Prophet Muhammad. Aspects of His Life*, Bd. 2, The Fountain, Fairfax 1996.

227

Gülen, F., *Key Concepts in the Practice of Sufism*, Bd. 1, The Fountain, Fairfax 1999.

Gülen, F., *Essentials of Islamic Faith*, The Fountain, Fairfax 2000.

Gülen, F., „A Brief Overview of Islam", in: *The Fountain*, 45, 2004,
S. 4–6.

Gülen, F., *Fragen an den Islam*, Bd. 1, 4., überarb. Aufl., Fontäne-
Verlag, Mörfelden-Walldorf 2005a.

Gülen, F., *Sufismus. Smaragdgrüne Hügel des Herzens. Schlüsselkonzepte in der Praxis des Sufismus,* Fontäne-Verlag, Mörfelden-Walldorf 2005b.

Gülen, F., *The Statue of our Souls*, The Light, New Jersey 2005c.

Gülen, F., *Fragen an den Islam*, Bd. 2, Fontäne-Verlag, Offenbach
2006a.

Gülen, F., *Grundlagen des islamischen Glaubens*, 3., überarb. Aufl.,
Fontäne-Verlag, Mörfelden-Walldorf 2006b.

Gülen, F., *Hin zu einer globalen Kultur der Liebe und Toleranz*, 2.
Aufl., Fontäne-Verlag, Offenbach 2008a.

Gülen, F., *Muhammad, der Gesandte Gottes. Das Leben des Propheten*, 3. Aufl., Fontäne-Verlag, Offenbach 2008b.

Hauerwas, S. und Wells, S. (Hrsg.), *The Blackwell Companion to
Christian Ethics*, Blackwell, Oxford 2004.

Heath, J. und Norman, W., „Stakeholder theory, corporate gover-
nance and public management", in: *Journal of Business Ethics
*, 53 (3), 2004, S. 247–265.

Isik, H., „Questions and Answers", *The Fountain*, 34, 2000, S. 47.

Jonas, H., *Das Prinzip Verantwortung. Versuch einer Ethik für die
technologische Zivilisation,* Insel, 1979.

Jonas, H., *Macht oder Ohnmacht der Subjektivität? Das Leib-See-
le-Problem im Vorfeld des Prinzips Verantwortung,* Insel,
1981.

Keles, O., „Promoting Human Rights Values in the Muslim World.
The Case of the Gülen Movement", in: Yilmaz u. a. (Hrsg.),
The Muslim World in Transition, Leeds Metropolitan Univer-
sity Press, Leeds 2007.

Koehn, D., *Rethinking Feminist Ethics*, Routledge, London 1998.

Levinas, E., *Zwischen uns. Versuche über das Denken an den Anderen,* Hanser, 1995.

McKenny, P., „Responsibility", in: Meilander G. und Werpe-
howski, W. (Hrsg.), *Theological Ethics*, Oxford University
Press, Oxford 2005, S. 237–253.

Megone, C. und Robinson, S. (Hrsg.), *Case Histories in Business Ethics*. London: Routledge 2001.

Milgram, S., *Das Milgram-Experiment: Zur Gehorsamsbereitschaft gegenüber Autorität*, Rowohlt, 1974.

Mohamed, Y., „The Ethical Theory of Fethullah Gülen and its Practice in South Africa", in: Yilmaz u. a. (Hrsg.), *The Muslim World in Transition*, Leeds Metropolitan University Press, Leeds 2007, S. 552–571.

Nasr, S. H., „Standing before God. Human Responsibilities and Human Rights", in: Schweiker, W., Johnson, M. und Jung, K. (Hrsg.), *Humanity Before God*, Augsburg, Minneapolis 2006, S. 209–237.

Niebuhr, H. R., *The Responsible Self*, Harper and Row, New York 1963.

Novak, M., *Morality, Capitalism and Democracy*, IEA, London 1990.

Robinson, S., *Serving Society*, Grove, Nottingham 1992.

Robinson, S., *Agape, Moral Meaning and Pastoral Counselling*, Aureus, Cardiff 2001.

Robinson, S., Dixon, R., Moodley, K. und Preece, C., *Engineering, Business and Professional Ethics*, Heinemann Butterworth, London 2007.

Robinson, S., *Spirituality, Ethics and Care*, Jessica Kingsley, London 2007.

Robinson, S., „Can the marketplace be ethical?", in: Wetherly, P. und Otter, D. (Hrsg.), *The Business Environment*, Oxford University Press, Oxford 2008, S. 187–212.

Sacks, J., *To Heal a Fractured World. The Ethics of Responsibility*, Continuum, London 2005.

Schweiker, W., *Responsibility and Christian Ethics*, Cambridge University Press, Cambridge 1995.

Sternberg, E., *Just Business*, Oxford University Press, Oxford 2000.

Tanner, K., „A Theological Case for Human Responsibility in Moral Choice", in: *Journal of Religion*, 73, 1993, S. 592–612.

Tawney, R. H., *Equality*, Allen and Unwin, London 1930.

Taylor, C., *Quellen des Selbst: Die Entstehung der neuzeitlichen Identität*, Suhrkamp, Frankfurt 1996.

Toguslu, E., „Gulen's Theory of Adab and Ethical Values of the Movement", in: Yilmaz u. a. (Hrsg.), *The Muslim World in*

Transition, Leeds Metropolitan University Press, Leeds 2007, S. 445–458.

Uygur, S., „Islamic Puritanism as a Source of Economic Development. The Case of the Gulen Movement", in: Yilmaz u. a. (Hrsg.), *The Muslim World in Transition*, Leeds Metropolitan University Press, Leeds 2007, S. 445–458.

Vahdat, F., *God and the Juggernaut. Iran's Intellectual Encounter with Modernity*, Syracuse University Press, Syracuse 2002.

Vicini, F., „Gülen's Rethinking of Islamic Pattern and its Socio-political Effects", in: Yilmaz u. a. (Hrsg.), *The Muslim World in Transition*, Leeds Metropolitan University Press, Leeds 2007, S. 430–444.

Vogel, L., „Natural Law Judaism? The Genesis of Bioethics in Hans Jonas, Leo Strauss, and Leon Kass", in: Schweiker, W., Johnson, M. und Jung, K. (Hrsg.), *Humanity Before God*, Augsburg, Minneapolis 2006, S. 209–237.

Yilmaz, I., „Dynamic Legal Pluralism in England. The Challenge of Postmodern Muslim Legality to Legal Modernity", in: *Journal of Ethnic and Migration Studies*, Sping, 28, 2., 2002.

Zimbardo, P., *Der Luzifer-Effekt. Die Macht der Umstände und die Psychologie des Bösen*, Spektrum Akademischer Verlag, Heidelberg 2008.

M. Fethullah Gülen

Islam und Demokratie – eine Gegenüberstellung[1]

Heutzutage ist es schon schwierig genug, über die Religion und insbesondere über den Islam zu schreiben oder zu sprechen. Noch schwieriger ist es jedoch, den Islam mit modernen politischen Systemen zu vergleichen. Dieses Problem ist vor allem dadurch bedingt, dass die Religion, die sich im Wesentlichen mit den nicht veränderbaren Seiten des menschlichen Lebens befasst und die Gegenstand der Erfahrung, der Empfindung und des Erlebens ist, in der modernen Kultur mit empirischen Methoden durchleuchtet wird. Anthropologie, Religionswissenschaft, Psychologie und Psychoanalyse analysieren die Religion auf diese Art und Weise. Andererseits halten aber auch viele Menschen, die sich als religiöse Menschen bezeichnen, die Religion für einen Gegenstand der Philosophie bzw. für ein ganz und gar mystisches Phänomen. Im Falle des Islams kommt erschwerend hinzu, dass der Islam sowohl von einigen Muslimen als auch von herrschenden politischen Mächten der modernen Welt als eine politische, gesellschaftliche und ökonomische Ideologie betrachtet wird.

Im Mittelpunkt aller Diskussionen um Religion, Demokratie und andere politische Systeme oder Philosophien sollte der Mensch stehen. Denn nur diese Herangehensweise erlaubt eine präzise und verlässliche Bewertung und Analyse der jeweiligen Diskussionsgegenstände. Wenn man z. B. die Religion und insbesondere den Islam mit einem demokratischen oder einem anderen politischen, gesellschaftlichen oder wirtschaftlichen System vergleicht, wird man recht schnell erkennen, dass dieser Vergleich hinkt. Denn während

---

[1] Aus dem Englischen von Wilhelm Willeke.

231

sich die Religion ganzheitlich mit Wesen und Leben des Menschen beschäftigt und dabei alle oben genannten Dimensionen mit berücksichtigt, befassen sich politische, soziale und wirtschaftliche Systeme und Ideologien nur mit bestimmten Teilbereichen des gesellschaftlichen Lebens. Darüber hinaus sind sie auf das Diesseits beschränkt und ziehen ein Leben nach dem Tode meistens nicht in Betracht.

Die hier angesprochenen Dimensionen des menschlichen Lebens, mit denen sich die Religion auseinandersetzt, sind an keine Zeiten und Epochen gebunden, sondern allgemein gültig. Sie besaßen für die ersten Menschen die gleiche Bedeutung und Gültigkeit wie für uns heute. Auch in der Zukunft werden sie sich nicht verändern. Weltliche Systeme hingegen sind einem ständigen Wandel unterworfen. Sie können nur mit Bezug zu den Zeiten, in denen sie ihre Wirkung ausüben und dominieren, beurteilt werden.

Der Glaube an einen Gott, das Jenseits, Propheten, Offenbarungsschriften, Engel und die Vorherbestimmung unterliegt hingegen keinem Wandel. Gleiches gilt auch für das Gebet zu Gott und für die universellen ethischen Werte, die bereits von den Gesellschaften der ersten Menschen anerkannt und akzeptiert wurden. Wenn wir also die Religion und insbesondere den Islam mit der Demokratie vergleichen, dürfen wir dabei nicht aus den Augen verlieren, dass die Demokratie keine messbare Größe ist und in verschiedenen Ländern zu verschiedenen Zeiten unterschiedlich verstanden wird. Die Religion hingegen hält unveränderliche Regeln und Werte für das menschliche Leben bereit. Ein Vergleich zwischen der Demokratie als politisches und gesellschaftliches System und dem Islam muss sich also auf die Lehren des Islams für das weltliche Leben beschränken.

Das wichtigste Ziel des Islams und seine unveränderlichen Dimensionen spiegeln sich auch in den Richtlinien wider, die er für jene Aspekte unseres Lebens erlässt, die Veränderungen unterworfen sind. Der Islam spricht sich nicht explizit für eine bestimmte Regierungsform aus. Er fordert uns nicht dazu auf, Staaten nach einem bestimmten Modell zu entwerfen. Stattdessen gibt er Grundprinzipien vor, die den Staatsgebilden der Menschen einen gewissen Spielraum lassen. Staatsstruktur und Regierungsform sind den äußeren Rahmenbedingungen anzupassen, ohne dass die Grundprinzipien verletzt werden sollten. Wenn wir Islam und Demokratie einander gegenüberstellen, sollten wir daher die islamischen Grundprinzipien untersuchen und sie mit den Werten der heutigen modernen und freiheitlichen Demokratien vergleichen.

Obwohl demokratische Strukturen kein gänzlich neues Phänomen sind, feierten sie erst mit der Amerikanischen und der Französischen Revolution (1776 bzw. 1789–99) ihren Durchbruch. Anstelle eines Monarchen stellte nun das Volk die Regierung. Dem Individuum wurde ein höherer Wert als der Gesellschaft zugebilligt. Jedem Individuum sollte die Freiheit gewährt werden, sein Leben selbst zu gestalten. Natürlich lebten die Menschen damals wie heute in Gemeinschaften zusammen, daher durften die Grundfreiheiten des Menschen dem gesellschaftlichen Leben keinen Schaden zufügen. Entscheidendes Kriterium für eine demokratische Gesellschaft war und ist jedoch, dass sie nach Wohlstand und Glück der einzelnen Individuen strebt.

Der Islam kennt keine Diskriminierung hinsichtlich ethnischer Zugehörigkeit, Hautfarbe, Aussehen oder Herkunftsland. Alle Menschen sind hinsichtlich ihres Menschseins und vor dem Gesetz so gleich *wie die Kammzacken*, wie es ein Hadith auf den Punkt bringt. Auch der Hadith *Ihr alle stammt von Adam ab, Adam jedoch aus der Erde. O Diener Gottes, seid Brüder!* unterstreicht dieses Gleichheitsprinzip. Dem Islam zufolge sind auch der Besitz von Eigentum und Macht, die Abstammung von einer bestimmten Familie oder eine frühere Geburt nicht mit dem Anspruch verknüpft, über andere gebieten zu dürfen.

Im Islam gelten folgende grundlegenden Prinzipien:

1. Das Recht besitzt absolute Priorität.
2. Gerechtigkeit und die Herrschaft des Gesetzes sind grundlegend.
3. Jedes Individuum hat bestimmte Rechte, die der Gesellschaft nicht geopfert werden dürfen. Glaube, Vernunft (Recht auf eine gesunde Seele und einen gesunden Geist), Leben, Eigentum und Familie stehen unter besonderem Schutz.
4. Diese Grundprinzipien bilden die Quelle für die Glaubensfreiheit, die freie Praktizierung des Glaubens, das Recht auf freie Meinungsbildung, auf Privateigentum, auf Eheschließung und auf Nachwuchs.
5. Daneben basieren auch Individualität, Intimität und die Unantastbarkeit des Lebens auf diesen Grundprinzipien.
6. Im Islam gilt das Prinzip der Individualität von Schuld. Kein Mensch darf für Verstöße gegen Recht und Gesetz durch andere verantwortlich gemacht werden.
7. Außerdem darf ein Mensch erst dann für schuldig befunden werden, wenn seine Schuld zweifelsfrei bewiesen wurde.
8. In der Staatsverwaltung sind beratende Gremien unverzichtbar.

Alle Rechte sind gleich wichtig, und die Rechte des Individuums dürfen nicht den Rechten der Gesellschaft geopfert werden. Dem Islam zufolge besteht die Gesellschaft aus bewussten Individuen mit einem freien Willen, die für sich selbst und ihre Mitmenschen verantwortlich sind. Hinzu kommt eine kosmische Dimension.

Eine wichtige Rolle für den Vergleich zwischen Islam und Demokratie spielt daneben auch die Vorherbestimmung. Ganz im Gegensatz zu jeder Art von Fatalismus und zur fatalistischen (deterministischen) ‚Geschichtlichkeit‘ der westlichen Geschichtsphilosophien des 19. Jahrhunderts betrachtet der Islam den Menschen als den Motor der Geschichte.

Jeder einzelne Mensch beeinflusst durch seinen freien Willen und sein Verhalten sowohl sein Umfeld im Diesseits als auch das eigene zukünftige Leben im Jenseits. Vom Menschen aufgebaute Gesellschaften entscheiden letztlich durch ihren Glauben, ihre Weltanschauung und vor allem durch ihre Lebensweise über ihr Schicksal – ihren Aufstieg oder ihren Fall. Der Koranvers *Gewiss, Allah ändert die Lage eines Volkes nicht, ehe sie (die Leute) nicht selbst das ändern, was in ihren Herzen ist* (13:11) weist uns darauf hin, dass die Gesellschaften ihr Schicksal selbst in der Hand halten. *Wie ihr seid, so werdet ihr regiert,* heißt es in einem Hadith. Die hier beschriebenen Grundprinzipien des Islams sind also zwar nicht mit demokratischen Prinzipien identisch, stehen aber andererseits auch nicht im Widerspruch zu diesen. Die Prinzipien, die in dem besagten Koranvers und in dem Hadith zum Ausdruck kommen, und die Grundprinzipien der Demokratie – der ‚Selbstregierung des Volkes' – führen also zum gleichen Ziel.

Die Tatsache, dass der Islam den freien Willen des Menschen für seine eigene Zukunft und die seiner Gesellschaften in den Vordergrund stellt, macht es erforderlich, dass die Regierungsverantwortung dem Volk übertragen wird. Bei der Vermittlung seiner Prinzipien wendet sich der Koran an das ganze Volk: *O ihr Menschen, o ihr, die ihr glaubt!* Die Pflichten, die der moderne Staat seinen Bürgern auferlegt, korrespondieren im Grunde mit jenen Pflichten, die der Islam den Muslimen auferlegt. Entsprechend ihrer Bedeutung werden die islamischen Pflichten als zwingend erforderlich, prinzipiell erforderlich und empfehlenswert klassifiziert (als ‚kollektive Pflichten', ‚kollektive Erfordernisse' oder als ‚kollektive Sunna').

Folgende Passagen finden sich im Koran:

> *Ihr, die ihr glaubt! Tretet allesamt ein in das Heil.*
> (2:208)
> *Ihr, die ihr glaubt, spendet von dem Guten, das ihr erwarbt, und von dem, was Wir für euch aus der Erde hervorkommen lassen.* (2:267)
> *Allah befiehlt euch, die anvertrauten Güter ihren Eigentümern zurückzugeben; und wenn ihr zwischen Menschen richtet, nach Gerechtigkeit zu richten.* (4:58)
> *Seid auf der Hut bei der Wahrnehmung der Gerechtigkeit, und seid Zeugen für Allah, auch dann, wenn es gegen euch selbst oder gegen Eltern und Verwandte geht.* (4:135)
> *Und wenn sie jedoch zum Frieden geneigt sind, so sei auch du ihm geneigt, und vertraue auf Allah.* (8:61)
> *Wenn ein Frevler euch eine Kunde bringt, so vergewissert euch (dessen), damit ihr nicht anderen Leuten in Unwissenheit ein Unrecht zufügt und hernach bereuen müsst, was ihr getan habt.* (49:6)
> *Und wenn zwei Parteien der Gläubigen einander bekämpfen, dann stiftet Frieden zwischen ihnen.* (49:9)

Die Bevölkerung von Staaten kommt ihren Pflichten nach, indem sie die notwendigen Institutionen gründet und so nach dem Prinzip der Arbeitsteilung verfährt. Die Gesamtheit der von den Menschen gegründeten Institutionen bildet dann das Staatsgefüge. Der Islam tritt für einen Staat ein, der auf einem ‚gesellschaftlichen Abkommen' basiert. Eine solche Staatsform sieht freie Wahlen der Bürger zur Entscheidung über die Zusammensetzung des Regierungsapparates vor. Sie verlangt von den an der Regierung beteiligten Parteien, dass sie sich immer wieder zu beratenden Gesprächen zusammenfinden. Das Volk kontrolliert in diesem Staatsmodell die Regierung.

Vor allem während der Regierungszeit der ersten vier Kalifen (632–661) wurde diesen grundlegenden Prinzipien der Herrschaft umfassend Rechnung getragen. Nach dem Tod Alis, des vierten Kalifen, wurde das politische System aber auf Grund von inneren Konflikten und den globalen Verhältnissen jener Zeit in ein Sultanat umgewandelt. Im Gegensatz zum Kalifat wurde die Macht im Sultanat innerhalb der Familie des Sultans weitergereicht. Obwohl fortan keine freien Wahlen mehr abgehalten wurden, wurden aber andere Prinzipien, die auch im Zentrum der Demokratien von heute stehen, nach wie vor hochgehalten. Der Islam ist die Religion des Universums; denn Islam bedeutet nichts anderes als Gehorsam und Unterwerfung gegenüber Gott, dem Herrn des Universums. Im ganzen Universum lässt sich keine Unordnung feststellen. Alles im Universum ist ‚Muslim', weil alles Gott gehorcht, indem es sich Seinen Gesetzen unterwirft. Selbst Menschen, die sich weigern, an Gott zu glauben, oder etwas anderes bzw. jemand anderen als Gott anbeten, sind – soweit es ihre körperliche Existenz betrifft – Muslime. Denn das ganze Leben des Menschen, vom Embryozustand bis zum Zerfall zu Staub nach dem Tode, all sein Zellgewebe und all seine Gliedmaßen folgen dem Lauf, der von den Gesetzen Gottes diktiert wird. Im Islam sind daher Natur, Gott und der Mensch nicht voneinander getrennt. Sie sind einander nicht fremd, und mit Sicherheit stehen sie auch nicht in Gegnerschaft zueinander. Gott gibt Sich dem Menschen durch die Natur und den Menschen zu erkennen; Mensch und Natur sind zwei Bücher (der Schöpfung), und Gott wird durch jedes Wort in ihnen sichtbar.

Das sollte uns Menschen Anlass geben, alles im Universum so zu betrachten, als gehöre es zu dem gleichen Einen Gott, zu dem auch wir selbst gehören. Mit anderen Worten: Nichts im Universum kann uns fremd sein. Unsere Sympathie, unsere Liebe und unser Dienst dürfen sich nicht auf bestimmte Menschen einer bestimmten Hautfarbe oder Ethnie beschränken. All dies brachte der Prophet mit seinem Ausspruch *Ihr Diener Gottes, seid einander Brüder und Schwestern!* auf den Punkt.

Ein weiterer sehr wichtiger Punkt ist, dass der Islam alle früheren Religionen anerkennt. Er akzeptiert alle Propheten und Schriften, die anderen Völkern zu anderen Zeiten gesandt wurden. Ja, er akzeptiert sie nicht nur, sondern betrachtet den Glauben an sie auch als verpflichtendes Grundprinzip für jeden Muslim. Damit bekräftigt der Islam die elementare Einheit aller Religionen. Ein Muslim ist gleichzeitig ein Anhänger von Abraham, Moses, David, Jesus und allen anderen hebräischen Propheten. Deshalb durften Christen und Juden unter der Herrschaft islamischer Mächte immer ihre eigenen Religionen pflegen.

Ziel des gesellschaftlichen Systems ist dem Islam zufolge, dass Mensch und Gesellschaft tugendhaft sind und dadurch das Wohlgefallen Gottes erlangen. Das Prinzip von wechselseitiger Unterstützung und Solidarität ersetzt im Islam das Prinzip des Konflikts. Die Beziehungen zwischen den Menschen bauen dem Islam zufolge nicht auf Stärke, sondern auf Recht auf. Recht verlangt nach Einheit an Stelle von Spaltung und Streit. Solidarität wird durch Tugenden gefördert. Das Prinzip wechselseitiger Unterstützung bedeutet, dass man einander beisteht und Hilfe leistet. Der Glaube und gemeinsame Gefühle und Werte sorgen für Brüderlichkeit und Zusammenhalt an Stelle von Feindseligkeit. Wenn die Seele des Menschen angespornt wird, sich zu vervollkommnen, und der Besitzer der Seele in seinem ganzen Wesen reift, dann wird er sowohl in dieser als auch in der kommenden Welt sein Glück finden.

Die Demokratie ist ein System, das Zeit braucht, das sich entwickelt und entwickeln muss. Bis zum heutigen Tage folgt die Demokratie verschiedenen Entwicklungen und wird dies auch in Zukunft tun. Sie wird zu einem gerechten System heranwachsen, das noch mehr als heute schon auf Menschlichkeit, Recht und Wahrheit beruhen wird. Die Demokratie sollte also alle Seiten des Menschen berücksichtigen. Sie sollte die Bedürfnisse des Menschen achten, ohne die spirituelle und geistige Ebene des menschlichen Entwicklungsprozesses zu vernachlässigen. Die Demokratie sollte den Horizont der Menschen erweitern. Sie sollte auch das Leben nach dem Tode in Betracht ziehen und nicht vergessen, dass der Mensch ein Geschöpf mit Bedürfnissen ist, die nicht mit seinem Tod enden. Wenn ihr dies gelingt, wird sie in ein Stadium der Reife eintreten, in dem die ganze Menschheit glücklicher sein wird als in der Gegenwart. Islamische Prinzipien wie Gleichheit, Gerechtigkeit und Toleranz können ihr dabei helfen.

Wilhelm Willeke

Werke von Fethullah Gülen in deutscher Sprache

Fethullah Gülen hat im Laufe seines Lebens unzählige Vorträge, Predigten und Reden gehalten und auch eine ganze Bibliothek von Büchern verfasst. Er hat sich einen internationalen Ruf als Friedensaktivist, Intellektueller, religiöser Lehrer und Dozent, Autor und Dichter, Denker und spiritueller Meister erworben. Nichtsdestoweniger sind seine Gedanken und Schriften in Deutschland bis heute relativ unbekannt geblieben.

In den vergangenen zehn Jahren wurden jedoch einige seiner Bücher ins Deutsche übersetzt, und man begegnet dort einer sehr ausgewogenen Stimme, die glaubwürdig zwischen Orient und Okzident, Tradition und Moderne, Herz und Verstand zu vermitteln weiß. Einen guten Einstieg in die Gedankenwelt Gülens bietet zum Beispiel das Buch *Die Smaragdgrünen Hügel des Herzens*, eine Einführung in den Sufismus. Der Sufismus besitzt in der Geschichte des Islams einen festen Platz und eine lange Tradition. Er repräsentiert vor allem die spirituelle Dimension des Islams. Sein Ziel liegt in der Erkenntnis des wahren Wesens Gottes, des Menschen und des Seins. In diesem Buch bringt Gülen seinen Leserinnen und Lesern die Schlüsselkonzepte des Weges der Sufis nahe. Außerdem geht er auf die Entwicklung des Sufismus von seinen Ursprüngen bis heute ein. Inzwischen sind auch Band 2 und 3 dieser Themenreihe erschienen.

Theologische Grundbegriffe und Glaubenskonzepte des Islams und Fragen zum Themenkomplex Islam und Alltagsleben werden in dem Buch *Fragen an den Islam* behandelt, das in zwei Teilen erschienen ist. Diese beiden Bände wenden sich an Muslime und Nichtmuslime gleichermaßen. Jedem, der ein Interesse am Islam hat, werden hier tiefe Einblicke in dessen Welt gewährt. Verständlich und anschaulich wird erklärt, wo die Herausforderungen der Muslime in der Welt von heute liegen. Zudem werden Perspektiven für ein besseres Miteinander in der Zukunft aufgezeigt.

Das Buch *Muhammad – der Gesandte Gottes* ist der Person des Propheten Muhammad gewidmet und beleuchtet sein Leben aus ganz unterschiedlichen Perspektiven. Es beschreibt die historische Situation auf der Arabischen Halbinsel zu seiner Zeit und lässt Augenzeugen zu Wort kommen. Es verdeutlicht, warum der Prophet auch für die Gegenwart so wichtig ist und warum die Muslime der Sunna des Propheten und dem Koran tatsächlich vertrauen dürfen.

In dem Buch *Die Grundlagen des islamischen Glaubens* geht es – wie der Name schon sagt – um die unveränderlichen Prinzipien des Islams, die schon seit Jahrhunderten Gültigkeit besitzen. Hier kommen Themen wie die islamische Gottesvorstellung, die Wiederauferstehung des Menschen, die Prophetenschaft Muhammads und die Authentizität des Korans zur Sprache. Das Buch bildet ein Gegengewicht zur hektischen tagespolitischen Berichterstattung über den Islam in den Medien, weil Gülen sich die Zeit nimmt, Dinge, die ihm bedeutsam und essenziell erscheinen, ausführlich zu erörtern.

Das Buch *Perlen der Weisheit* reiht Weisheiten, Sinnsprüche und Aphorismen wie Perlen einer Kette aneinander. Grundwahrheiten, Lebensregeln und Standpunkte zu den unterschiedlichsten Themen werden höchst kunstvoll in Worte gefasst und präzise auf den Punkt gebracht. Deutlicher als in jedem anderen Werk Gülens tritt in diesem Band seine Gabe hervor, Millionen von Menschen in aller Welt zu inspirieren und dazu anzuregen, sich uneigennützig für die Gemeinschaft und die Mitmenschen einzusetzen.

Das Buch *Hin zu einer globalen Kultur der Liebe und der Toleranz* ist vor allem ein flammendes Plädoyer für den interreligiösen Dialog als Alternative zum viel beschworenen ‚Zusammenprall der Zivilisationen‘. Die Leserinnen und Leser dieses Buches erfahren, dass eine sachgemäße Interpretation der islamischen Lehren Vertrauen schafft und spirituelle Werte wie Vergebung, inneren Frieden, soziale Gerechtigkeit, Rechtschaffenheit und Vertrauen in Gott stiftet. Indem der Autor diesen islamischen Werten, die auch von vielen Gläubigen anderer Glaubensbekenntnisse geteilt werden, Ausdruck verleiht, ermuntert er einerseits die Muslime zum Dialog und regt andererseits Nichtmuslime zum Meinungsaustausch über gemeinschaftliche Ideale an. Er appelliert an uns alle, Verantwortung zu übernehmen und uns für andere zu engagieren.

Auch die Bücher *Fethullah Gülen – Aufsätze Perspektiven Meinungen* und *M. Fethullah Gülen und seine Bewegung* enthalten Aufsätze und Zitate von Gülen selbst. Darüber hinaus jedoch präsentieren sie den Leserinnen und Lesern seine Person und sein Wirken in der Gesellschaft. Sie erleichtern allen, die an seiner Botschaft und seinem Werk interessiert sind, den Einstieg ins Thema.

Kürzlich ist ein weiteres Buch von Gülen auf Deutsch erschienen, die Textsammlung *Die Statue unserer Seele*. Dort analysiert der Autor mit scharfem Blick den schleichenden Verfall der muslimischen Welt in den vergangenen Jahrhunderten. Er legt den Finger in Wunden, die bis heute nicht verheilt sind, und benennt viele Gründe für den Niedergang, die umgehend einleuchten. Als ganz wesentlich erachtet er, dass die Muslime sich selbst ihrer eigenen Stärken beraubt haben. Gülen ist Realist. Er beschreibt die gegenwärtige Situation als sehr kritisch und demütigend, aber keineswegs als hoffnungslos.

Aus seiner Bestandsaufnahme der Lage der muslimischen Gemeinschaft in Vergangenheit und Gegenwart heraus entwirft er das Bild eines Prototyps des Muslims der Zukunft. Diese Menschen werden sich auf alte Stärken besinnen, um so ihre Kultur, ihre Identität und ihre Religion zurückzugewinnen. Diese Stärken werden sie mit den Erfordernissen der Moderne vereinen und allen Muslimen ein leuchtendes Vorbild sein.

Besonders wichtig erscheinen die letztgenannten beiden Bücher, daher sollen im Folgenden einige Stellen daraus zitiert werden. In dem Buch *Hin zu einer globalen Kultur der Liebe und der Toleranz* geht es um eines der wohl wichtigsten Anliegen Gülens – den Dialog zwischen Menschen, Kulturen, Religionen und Völkern. Dialog ist keine Zeitverschwendung, sagt Gülen, sondern ein absolutes Muss. Er zählt zu den Pflichten der Muslime und macht unsere Welt zu einem friedlicheren und sichereren Ort. Der verstärkte Kontakt westlicher Gesellschaften mit dem Islam im Zuge der Globalisierung ist leider häufig von Ablehnung und Angst begleitet, wohl vor allem aufgrund der weit verbreiteten Unwissenheit über diese Weltreligion und aufgrund von Vorurteilen. Während in Öffentlichkeit und Presse immer wieder Reizthemen und Konflikte geschaffen und geschürt werden, werden Stimmen, die zu Dialog und Kooperation auffordern, nur allzu gern überhört. Wie anders ist es zu erklären, dass Gülen hierzulande noch nahezu unbekannt ist?

Gülen schreibt, dass die Völker und Menschen im globalen Dorf der Gegenwart mehr denn je aufeinander angewiesen und voneinander abhängig sind. Wo verschiedene Glaubensvorstellungen und Ethnien zusammenleben – ob sie es wollen oder nicht – sind Dialog und Toleranz geradezu zwingend erforderlich. Niemand darf daran gehindert werden, in Übereinstimmung mit seinen eigenen Prinzipien zu leben. Erst wenn die Unterschiede zwischen den Menschen als wertvoller Teil der menschlichen Existenz akzeptiert werden, ist wahrer Friede möglich. Sonst drohen Konflikte, Streitigkeiten und letztlich sogar der Untergang der Welt. Den Vorwurf, die Religion und insbesondere auch der Islam seien für Konfrontationen und Spannungen verantwortlich, weist Gülen entschieden zurück:

Es ist absolut unaufrichtig, die Religion für Konfrontationen zwischen unterschiedlichen gesellschaftlichen Schichten verantwortlich zu machen. Konflikte zwischen Menschen und Gruppen von Menschen resultieren aus Unwissenheit, aus dem Streben nach persönlichem Vorteil oder aus wiederstreitenden Interessen zwischen Gruppen, Parteien und Klassen. Die Religion aber billigt so etwas nicht und verzeiht es auch nicht.[1]

Gülens Anliegen eines intensiven Dialogs auf allen Ebenen versucht die von ihm inspirierte sogenannte Gülen-Bewegung in die Praxis umzusetzen. Die Bewegung ist im Laufe der letzten Jahrzehnte immer weiter angewachsen und inzwischen längst nicht mehr nur in der Türkei aktiv, sondern zum Beispiel auch in Deutschland. Rund um den Erdball hat sie Bildungseinrichtungen ins Leben gerufen und betreibt vorbildliche soziale Projekte.

Hervorgegangen ist diese Bewegung nicht zuletzt aus dem Appell Gülens für mehr Eigenverantwortung. Und an diesem Punkt setzt das Buch *Die Statue unserer Seele* an. Dort wird die Eigenverantwortung als der entscheidende Faktor auf dem Weg in eine bessere Zukunft der Menschheit beschrieben. Diese Zukunft soll und wird nach Gülens Überzeugung auch vom Wiederaufblühen der muslimischen Welt abhängen. Hierzu ein Zitat aus dem Buch:

„Die islamische Gemeinschaft bedarf dringend einer Restauration. Sie benötigt eine umfassende Erneuerung ihrer geistigen, spirituellen und intellektuellen Qualitäten. Sie muss mit neuem Leben erfüllt werden, und dabei müssen ernsthafte Bemühungen unternommen werden, die grundlegenden Prinzipien der Religion so ausgedehnt und weit zu fassen, wie es die Flexibilität der Gebote Gottes gestattet. Diese Prinzipien sollen die Bedürfnisse von Menschen aus allen Gesellschaftsschichten überall und jederzeit erfüllen und alle Facetten des Lebens mit einbeziehen."[2]

Gülen erinnert die Muslime daran, dass ihre Gemeinschaft einst über Jahrhunderte hinweg den Lauf der Geschichte geprägt hat. Eine ähnliche Rolle könnten sie auch in Zukunft

[1] Gülen, Fethullah: Die Statue unserer Seele. Offenbach 2009, S. 20.
[2] Ebenda, S. 21.

wieder spielen. Was dem aber bis heute im Wege steht, ist vor allem mangelnde Selbstkritik. Daher verlangt Gülen von den Muslimen und der muslimischen Welt, die nötigen Anstrengungen zu unternehmen, um sich die Fähigkeit zur persönlichen Selbstkritik wieder anzueignen. Seiner Ansicht nach haben die Muslime ihr Schicksal selbst in der Hand, müssen aber endlich Initiative zeigen. Ihre Gesellschaften können sich durchaus von Grund auf erneuern, diese Erneuerung müsse aber von innen heraus erfolgen, in den Herzen der Menschen ihren Anfang nehmen. Gülens Menschenbild ist überaus positiv. Er glaubt daran, dass alle Menschen wertvolle Qualitäten besitzen, denen allerdings Raum gegeben werden muss, damit sie sich entfalten können. Gülen fordert die Muslime und die Menschen insgesamt auf, nicht tatenlos herumzusitzen und darauf zu warten, dass Gott oder irgendeine andere Instanz ihnen zu Hilfe eilt. Er ermuntert sie, entschlossen an ihrer eigenen Weiterentwicklung und Vervollkommnung zu arbeiten und sich dabei um ein Gleichgewicht zwischen materiellen und spirituellen Werten zu bemühen. Erst eine Synthese von Sachkenntnissen und vernünftigen moralisch ethischen Werten ermögliche den Menschen, aktiv an der Gestaltung einer positiven Zukunft der Menschheit mitzuwirken. Die Schulen, die Anhänger Gülens in aller Welt gegründet haben, stellen einen Versuch dar, einer solchen Synthese auf die Sprünge zu helfen. Sie stehen ganz im selbstlosen Dienst an den Menschen. Ihr Ziel ist es, Kindern und Jugendlichen eine hochwertige Ausbildung zu bieten und sich für eine Versöhnung der Völker und Kulturen einzusetzen.

Es ist wohl keine Übertreibung, wenn behauptet wird, dass Gülen einen neuen Bildungs- und Erziehungsstil kreiert hat, der sich anschickt, Naturwissenschaften und spirituelle Werte miteinander zu versöhnen. Dieser Stil führt zu einem islamischen Mittelweg, der sich kritisch mit der Moderne auseinandersetzt. Gülen ist überzeugt, dass die wahre Bestimmung der Völker und Nationen in der Erneuerung oder

‚Zivilisierung' von Individuum und Gesellschaft durch ethisch-sittliches Handeln liegt.

Wieder und wieder mahnt Gülen Engagement, Wissenserwerb, Selbstbeherrschung und Zurückhaltung an, nicht ohne daran zu erinnern, dass Gott uns Menschen für diese Qualitäten belohnen wird. Gülen unterstreicht, wie wichtig es ist, sich in Geduld zu üben, und führt seinen Leserinnen und Lesern vor Augen, dass Ausdauer und Stehvermögen auch im Koran gleich mehrfach gepriesen werden.

Vehement verurteilt er den Einsatz von Gewalt zur Durchsetzung politischer Ziele und hat dies auch in der Vergangenheit stets getan. In der aufgeklärten Welt von heute gebe es keinen anderen Weg, die Mitmenschen von den eigenen Ideen zu überzeugen, als mit Hilfe von Argumenten. Den Versuch, Ziele mit brutaler Gewalt durchzusetzen, bezeichnet er als intellektuelle Bankrotterklärung.

Eine Begründung für die Prämisse absoluter Gewaltfreiheit liefert vielleicht folgende Textpassage:

„Für Gott ist das Leben von herausragender Bedeutung. Das ganze Sein ist darauf ausgerichtet, Leben hervorzubringen. Das Leben ist ein Mysterium Gottes, bei dem sich die Materie zu Gunsten des Lebens immer weiter entwickelt. Ein lebloser Körper, mag er auch so groß wie ein Berg sein, ist einsam, passiv und statisch. Das Leben hingegen ermöglicht es sogar einem so kleinen Tier wie der Biene, mit der ganzen Welt in Kontakt zu treten und die Blumen als ihre Freunde zu betrachten. Sie unterhält unzählige Beziehungen und steht in Kontakt mit ganz unterschiedlichen Formen der Schöpfung – mit der Sonne ebenso wie mit der Luft oder dem Menschen. [...] Da der Islam jedes einzelne Individuum als eine Spezies betrachtet, gilt ihm die Tötung eines einzigen Menschen als genauso schwer wiegend wie die Tötung der ganzen Menschheit, während die Errettung eines einzigen menschlichen Lebens mit der Errettung der ganzen Menschheit gleichgesetzt wird."[3]

„Keine der von Gott offenbarten Religionen basiert auf Auseinandersetzungen und Konflikten – nicht die Religionen von Moses und Jesus, und auch nicht die Religion des Propheten Muhammad. Im Gegenteil, diese Religionen und insbesondere auch der Islam wenden sich entschieden gegen Aufruhr, Verrat, Streit und Unterdrückung. *Islam* heißt übersetzt Frieden, Sicherheit und Wohlergehen. In einer Religion, die auf Frieden, Sicherheit, Wohlergehen und Harmonie in der Welt basiert, sind Krieg und Konflikt fehl am Platze."[4]

Im Koran steht sinngemäß, dass Gott unterschiedliche Stämme und Völker erschaffen hat, damit diese voneinander lernen. Diese Sichtweise macht sich auch Gülen zu eigen, und so lehnt er keineswegs alle technischen, politischen oder kulturellen Aspekte der westlichen Moderne ab. Er sagt:

„Wir bejahen die Unverzichtbarkeit von Technik, Technologie und industrieller Fertigung ebenso vorbehaltlos wie den Wert von Wissenschaft und Erkenntnis. [...] Dringender als alles andere benötigen wir heute aufgeklärte Köpfe, universelle Perspektiven und spirituelle Lehrmeister mit weiten Horizonten. [...] Unsere Pflicht besteht darin, ein Konzept zu entwickeln, das die Schöpfung und den Lauf der Dinge aus einer islamischen Perspektive betrachtet und sie mit islamischem Denken durchleuchtet. Um dieses Ziel zu erreichen, sollten wir uns ein nachhaltiges Wissen über die Menschheit, das Leben und das Universum aneignen."[5]

---

[3] Gülen, Fethullah: Hin zu einer globalen Kultur der Liebe und der Toleranz. Offenbach 2006, S. 294.
[4] Ebenda, S. 317.
[5] Gülen (2009), S. 137/138, S. 12.

Eine Neuorientierung von Denken und Handeln wird, so Gülen, Menschen hervorbringen, die sich durch ihre hohen Ideale auszeichnen:

> „Ein Mensch mit Idealen respektiert die Werte, denen er sich mit gründlicher Selbstkontrolle verpflichtet fühlt. Er verrichtet seine Pflichten so freudig, als handele es sich um Gebete, und lebt das Leben eines Helden der Liebe und der Begeisterung. Indem er genau darauf achtet, auf Seiten der Wahrheit zu stehen und sich an sie zu halten, bringt er ein ums andere Mal seine Vorliebe für erhabene Ziele zum Ausdruck. In den tiefsten Tiefen seines Herzens führt er einen beständigen Kampf, in dem er darum ringt, sein Ego zu kontrollieren."[6]

Was Gülen anstrebt, ist eine Erneuerung der Gesellschaft von innen heraus, die in den Herzen der Menschen ihren Anfang nimmt. Er erkennt an, dass Recht und Ordnung unabdingbar sind, bestreitet aber, dass sich auf Zwang und Repressionen eine tugendhafte Gesellschaft aufbauen lässt. Ganz im Gegenteil pflegt er seine Stimme zu erheben, wo Freiheiten unnötig eingeschränkt werden. Gülen schätzt die Demokratie und parlamentarische Systeme, rät aber dazu, ihnen eine spirituelle Dimension zu verleihen. So könne man zum einen den Auswüchsen rein säkularer Ideologien vorbeugen und zum anderen der Stagnation und Verknöcherung einer religiösen Gesellschaft entgegenwirken, die sich nicht an ihre Umwelt anzupassen versteht. Gülen plädiert für eine ganzheitliche Demokratie:

> „Die Demokratie ist ein System, das jedem, der unter seinem Schutz lebt, die Chance geben kann, die eigenen Gefühle und Gedanken zu leben und auszudrücken. [...] In einem demokratischen Land sollte aber auch jeder dazu

---

[6] Ebenda, S. 142.

in der Lage sein, seine demokratischen Rechte und Pflichten wahrzunehmen."[7]

„Nichts spricht dagegen, islamische Traditionen und Sitten mit der Demokratie zu verschmelzen. Meiner Meinung nach wäre eine solche Form der Demokratie absolut lebensfähig. Von dieser Interpretation würde die Demokratie profitieren, schließlich sind die Bedürfnisse der Menschen nicht rein weltlicher Natur. Auf der einen Seite stehen freies Denken und die Freiheit, Geld zu verdienen, auf der anderen Seite aber das Leben nach dem Tod. Ich bin für die Ewigkeit erschaffen. Nur sie kann mich erfüllen. Eine voll ausgereifte Demokratie muss also Aspekte beinhalten, die mir dabei helfen, meine Wünsche in dieser Hinsicht zu erfüllen. Das heißt, die Demokratie benötigt eine metaphysische Dimension. Die Demokratie muss eine Seite aufweisen, die dazu in der Lage ist, dem Jenseits Rechnung zu tragen. Was spricht gegen eine solche Demokratie?"[8]

Wenn in der deutschen Öffentlichkeit verlangt wird, dass sich die Muslime stärker in die Gesellschaft einbringen sollen, dann würde Fethullah Gülen diese Forderung wohl sofort unterschreiben. Seine Botschaft ist eine Botschaft des friedvollen Miteinanders und der Zuversicht und zugleich eine Absage an jede Form von Gewalt. Mit seinem Werk setzt er deutliche Akzente: Menschenliebe, Dialog, Toleranz, Bildung und Engagement – das sind ihm neben seinem Glauben die Garanten für eine bessere Zukunft.

---

[7] Gülen (2006), S. 53.
[8] http://de.fgulen.com/content/view/169/9. Interview der Journalistin Nuriye Akman von der Tageszeitung *Zaman* mit Fethullah Gülen, März/April 2003.

Glossar

ağabey
Großer Bruder; Bezeichnung für ältere bzw. erfahrenere Männer; Ausdruck des Respekts

cemaat, jama'at
Gruppe aus Menschen in der Gesellschaft; Gesamtheit von Individuen, die sich um das gleiche Gefühl, den gleichen Gedanken, das gleich Ideal, das gleiche Ziel und die gleiche Idee vereinen und die ihre Leben entsprechend der einenden Linie ausrichten (nach Gülen)

dar al-hizmet
arab. „Haus des Dienstes". Im Gegensatz zu den Begriffen dar al-islam und dar ul-harb, welche darstellen, ob der Islam in einem Gebiet die Herrschaft innehat oder nicht, bezeichnet dar al-hizmet alle Gebiete als Orte des Dienstes an Gott.

ders
Unterricht

fiqh
Jurisprudenz; die Kenntnis/Wissenschaft der praktischen islamischen Bestimmungen, die anhand von detaillierten Beweisen aus Koran und Sunna abgeleitet werden.

hizmet
Dienste und Aktivitäten des Einzelnen für die Menschheit

ikhlas
Aufrichtigkeit, Rechtschaffenheit und Reinheit in Ansichten und Lebensführung; Makellosigkeit der Absicht; Nichtbeachtung weltlicher Ziele in der Beziehung zu Gott und Loyalität in der Dienerschaft Gottes

ijtihad / idschtihad
Verfahren zur Rechtsfindung durch eine zeitgenössische Interpretation von Koran und Sunna

müsbet hareket
positives, produktives Handeln

nefs
Triebseele; verleitet den Menschen zu Übel und Bösem; die Läuterung des nefs zählt zu den wichtigsten Aufgaben des Muslims.

pir
pers. der alte weise Mann; im türkischsprachigen Raum wird der Begriff als Titel des Gründers eines Sufi-Ordens verwendet.

suffa
arab. Sitzbank, Sofa; den Namen suffa erhielten die Gefährten des Propheten, die sich in Medina neben der dortigen Moschee niedergelassen und sich dort mit dem Studium der islamischen Lehre auseinandergesetzt hatten.

tadriji ijtihad
stufenweise Neuinterpretation der islamischen Tradition

tariqa
Sufi-Orden

umma
arab. Gemeinschaft; die Gemeinschaft der Muslime

zakat
arab. Reinigung; Sozialabgabe, beinhaltet vom Wortstamm her Bedeutungen wie Wachstum, Reinigung und Läuterung. Wer nach Abzug aller Lebenshaltungskosten über ein bestimmtes Vermögen verfügt, hat diese Abgabe als sozialen Ausgleich an Bedürftige zu leisten. Die Sozialabgabe beträgt 2,5 Prozent des Barvermögens.

Autorenverzeichnis

Dr. Bekim Agai wurde 1974 geboren. Nach seinem Studium der Islamwissenschaft, Geschichte und Psychologie in Bonn und Kairo machte er 1999 seinen Magister in Islamwissenschaft an der Rheinischen Friedrich-Wilhelms-Universität Bonn. In den folgenden Jahren war er Doktorand der Volkswagen Stiftung im Forschungsprojekt „Islamische Bildungsnetzwerke im lokalen und transnationalen Kontext" und promovierte im Jahre 2003 an der Ruhr Universität in Bochum (Titel der Dissertation: Das Bildungsnetzwerk um Fethullah Gülen). Seit 2003 ist Agai wissenschaftlicher Assistent am Orientalischen Seminar der Universität Bonn. Seine Forschungsschwerpunkte sind Reiseberichtsforschung und Islam in der Türkei und Europa.

Dr. Michael Blume, geb. 1976, studierte Religionswissenschaft an der Universität Tübingen (Magisterarbeit über die Identitätsarbeit junger Muslime in Deutschland), wo er auch über Religion und Hirnforschung promovierte. Lehraufträge u. a. in Tübingen, Leipzig, Heidelberg. 2009 erschien von ihm und Rüdiger Vaas: „Gott, Gene und Gehirn. Was Glaube nützt. Zur Evolution der Religiosität", Hirzel 2009. Blume war Gründungs- und ist Ehrenvorsitzender der Christlich-Islamischen Gesellschaft (CIG) Region Stuttgart e.V. Beruflich ist er in der Grundsatzabteilung des Staatsministeriums Baden-Württemberg tätig.

Prof. Dr. Claudia Derichs studierte Japanologie, Arabistik und Sozialwissenschaften an den Universitäten Bonn, Tokio und Kairo. Während ihres Studiums war sie als Wissenschaftsjournalistin tätig. 1994 erhielt sie den Doktortitel an der Universität Bonn. Während ihrer Promotion war sie Lehrbeauftragte an der Freien Universität Berlin. Darauf folgten Tätigkeiten als wissenschaftliche Mitarbeiterin an den Universitäten Potsdam und Duisburg. Von 1996 bis 1998 übernahm sie die Vertretung des Lehrstuhls für Politik Ostasiens an der Universität Duisburg. Nach ihrer Anstellung an der Universität Duisburg-Essen ist Derichs heute Professorin für das Fach Politikwissenschaften an der Universität Hildesheim. Ihre Forschungsschwerpunkte liegen in der Politik Japans, politischer Islam und Nationenbildung in Südostasien sowie genderbezogene politikwissenschaftliche Asienforschung. Sie veröffentlichte zahlreiche Bücher und Artikel auf diesen Gebieten. Zu ihren letzten Artikeln gehören u. a. „Frauen und Frauenrechte in muslimisch geprägten Gesellschaften" und „Frauen als Akteurinnen politischen Wandels in islamischen Transformationsstaaten".

Prof. Dr. Johann Evangelist Hafner (*1963); Studium der Katholischen Theologie und Philosophie in Augsburg, Philippinen und München. 1990–2003 Assistent am Lehrstuhl für Pastoraltheologie an der Universität Augsburg. 1995 Promotion zur philosophischen Begründung von Umweltethik. 2001 Habilitation für Systematische Theologie (Selbstdefinition des Christentums. Ein systemtheoretischer Zugang zur frühchristlichen Ausgrenzung der Gnosis). 2004 Diakon. Seit 2004 Professor für Religionswissenschaft (Schwerpunkt Christentum) an der Universität Potsdam. Arbeitsschwerpunkte: Systemtheoretische Theologie, Angelologie und Religionstheorie.

Dr. Rainer Hermann wurde 1956 in Lörrach geboren. Nach dem Wehrdienst studierte er Volkswirtschaftslehre und Islamwissenschaft (Arabisch, Persisch, Türkisch) in Freiburg, Rennes, Basel und Damaskus. Er ist Diplom-Volkswirt und Dr. phil. mit einer Arbeit über moderne syrische Geistesgeschichte. 1989 wurde er Redakteur bei der Bundesstelle für Außenhandelsinformation in Köln, 1990 deren Korrespondent in Kuwait und 1991 in Istanbul. Im Jahre 1998 trat er der Wirtschaftsredaktion der Frankfurter Allgemeinen Zeitung mit Sitz in Istanbul bei. Er ist Autor des Buchs „Wohin geht die türkische Gesellschaft? Kulturkampf in der Türkei" (München 2008). Seit 2008 ist er Nahostkorrespondent der Frankfurter Allgemeinen Zeitung mit Sitz in Abu Dhabi.

Rabbiner Prof. Dr. Walter Homolka (Ph.D. King's College London, D. H.L.Hebrew Union College – Jewish Institute of Religion New York) wurde 1964 in Landau an der Isar geboren. Der Rektor des Abraham Geiger Kollegs an der Universität Potsdam ist Honorarprofessor ihrer philosophischen Fakultät. 2010 wurde er zum Vizepräsidenten der European Union for Progressive Judaism, London) gewählt. Er ist Chairman der Leo Baeck Foundation und Vorsitzender des Ernst Ludwig Ehrlich Studienwerks. Walter Homolka arbeitet im Gesprächskreis Juden und Christen beim Zentralkomitee der deutschen Katholiken mit. 2004 von Staatspräsident Jacques Chirac zum Ritter der französischen Ehrenlegion ernannt. Zahlreiche internationale Ehrungen.

Ercan Karakoyun, geboren 1980 in Schwerte (NRW), absolvierte 2005 sein Studium der Raumplanung an der Universität Dortmund mit dem Schwerpunkt Stadtsoziologie (mit einem Stipendium der Friedrich-Ebert-Stiftung). Seit 2007 arbeitet er an seiner Promotion an der Johann Wolfgang Goethe-Universität in Frankfurt a.M. zum Thema „Transnationalität als Herausforderung für die soziale Integration" und ist Geschäftsführender Vorsitzender des FID BERLIN e.V. Seine Arbeits- und Forschungsschwerpunkte sind Wohnsoziologie, Zusammenhänge von sozialem und räumlichem Wandel, Integrationsfragen, Migrationssoziologie sowie interkultureller und interreligiöser Dialog.

Professor Dr. Admiel Kosman wurde 1957 in Haifa geboren. Zwischen 1970 und 1984 besuchte er verschiedene Yeshivot, darunter Netiv Meir, Torah ve-Emuna, Mekor Chaim in Israel. 1978 nahm er ein Talmudstudium an der Bar Ilan Universität in Israel auf und schloss 1993 mit einer Promotion mit Auszeichnung (summa cum laude) zum Thema „Halachische Kategorien des vollständigen Arbeitsverbots am Schabbat und an Feiertagen" ab. Seit 1984 arbeitet Admiel Kosman zunächst als Hochschuldozent und seit 1997 als Professor im Fachbereich Talmud der Bar Ilan Universität. Seit 1994 war er Vizepräsident der Abteilung für Grundlagen in Jüdischen Studien für alle Universitätsstudenten sowie Herausgeber der „Daf Shvui", der wöchentlich erscheinenden Arbeitspapiere der Universität. 1998 war er als Gastprofessor am Institut für Nahoststudien an der University of California in Berkeley und an der Graduate Theological Union (G.T.U.) in Berkeley. Seit dem Frühsommer 2003 unterrichtet Admiel Kosman als Lehrstuhlinhaber der Professur für Rabbinische Studien im Institut für Religionswissenschaften und im Kollegium Jüdische Studien an der Universität Potsdam. Zugleich ist er Studienleiter für die akademische Ausbildung am Abraham Geiger Kolleg. Admiel Kosman veröffentlichte im Laufe seiner Karriere zahlreiche Artikel. Seine Forschungsschwerpunkte sind: Gender und Theologie und Talmudische Spiritualität. Außerdem ist er regelmäßiger Kolumnist für die israelische Tageszeitung Ha'aretz sowie ein sehr bekannter Dichter in der hebräischen Sprache.

Prof. Dr. Thomas Michel SJ wurde 1941 in St. Louis/USA geboren. Nach dem Studium der Philosophie und Theologie wurde er 1967 zum katholischen Priester geweiht. Nach dem Studium der Arabistik und Islamwissenschaften in Ägypten und dem Libanon absolvierte er eine Dissertation über die Gedanken des muslimischen Gelehrten Ibn Taymiyya aus dem 14. Jahrhundert und erhielt dafür im Jahre

1978 den Doktortitel von der Universität von Chicago. Im Jahr 1988 wurde er Leiter des Amtes für den Islam der Asienabteilung des päpstlichen Rates für den interreligiösen Dialog. Er lehrte an zahlreichen Universitäten, unter anderem an der Northwestern und der Columbia Universität in den USA, an der Sanata Dharma-Universität und am Driyarkara Institut für Philosophie in Indonesien, in Ankara, an der Dokuz Eylül, der Selcuk und der Harran Universität in der Türkei sowie am Päpstlichen Institut für arabische/islamische Studien in Rom. Heute ist er Generalsekretär des Jesuitenordens für den interreligiösen Dialog in Rom und Ökumenischer Generalsekretär für die Föderation der asiatischen Bischofskonferenzen. Er hat viel über die Gedanken von Said Nursi und M. Fethullah Gülen geschrieben.

Pfr. Prof. Dr. Simon Robinson, geboren in Harden, Großbritannien, ist Running Stream Professor für Applied and Professional Ethics an der Leeds Metropolitan University. Nach seinem Abschluss in Philosophie an der Universität Edinburgh begann er seine Karriere in der psychiatrischen Sozialarbeit und nahm daraufhin am Seminar für anglikanische Priester in Oxford teil. Darauf folgten Tätigkeiten u. a. als Krankenhauskaplan in der Diözese Durham und eine Weiterbildung als Kaplan an der Heriot-Watt Universität sowie eine Doktorandentätigkeit in christlicher Sozialethik am New College in Edinburgh. Robinson kehrte 1990 als anglikanischer Kaplan und Ehrenmitglied des Instituts für Theologie der Universität Leeds wieder nach Yorkshire zurück. Er ist Mitglied des Center for Business and Professional Ethics, und hat Ethik in der Technik, Gesundheit, Medizin und Wirtschaft gelehrt. Er hat u. a. Kurse für angewandte Spiritualität auf dem Gebiet der Medizin und im Gesundheitswesen entwickelt. Robinson hat zahlreiche Schriften in den Gebieten Unternehmens- und Bioethik, Ethik und Spiritualität der Gesundheitsversorgung sowie Werte in der Hochschulbildung veröffentlicht.

Prof. Dr. Leonid R. Sykiainen ist Professor und Vorsitzender der Juristischen Fakultät der State University-Higher School of Economics in Moskau und seit 2000 Professor des Instituts für Asien- und Afrikawissenschaften der Staatlichen Universität Moskau. Er ist Mitglied des Wissenschaftlichen Rates für Dissertationen am Institut für Staat und Recht der Russischen Akademie der Wissenschaften und der State University-Higher School of Economics. Er ist zudem als Berater innerhalb des Wissenschaftlichen Beirats für das Innenministerium der Russischen Föderation tätig. Er hat zahlreiche Veröffentlichungen zum islamischen Recht und zu rechtsvergleichenden Fragen.

Wilhelm Willeke wurde 1965 in Dortmund geboren. Nach dem Abitur studierte er Islamwissenschaft, Arabistik, Geschichte und Soziologie an der Universität Bochum. Anschließend ging er für zwei Jahre nach Damaskus, um sich dort intensiv mit der arabischen Sprache und mit der islamischen Kultur zu befassen. Nach einer Tätigkeit als freier Übersetzer in Köln arbeitet er seit mittlerweile vielen Jahren als Lektor und Übersetzer für den Fontäne-Verlag. Zu seinen Übersetzungen gehören Bücher von Sefik Can, Ali Ünal und Ismail Büyükcelebi sowie mehrere Werke von Fethullah Gülen. Als Lektor begleitete er unter anderem die kürzlich erschienene Koran-Edition von Ali Ünal. Außerdem ist er Redakteur der Zeitschrift „Die Fontäne", die vierteljährlich ebenfalls im Fontäne-Verlag erscheint.